너도 나도 따라할 수 있는

인공지능 입문

(수학이론과 실습)

민조홍 지음

KYOWOO

서문

이세돌 기사와 알파고와의 흥미진진한 바둑대국 이후, 전 세계적으로 인공지능 열기가 뜨겁습니다. 인공지능을 탑재한 로봇이 단순노동업무들을 담당하고, 밤새도록 인공지능 프로그램이 세계 주식시장들을 넘나들며 지치지도 않고 돈을 벌고 있습니다. 많은 전문가들이 앞으로의 세상에서 인공지능은 점점 더 우리 삶의 일부분을 차지할 것이라고 예상하고 있습니다. 인공지능이 미디어에서 점점 더 비중이 커져가고 있습니다만, 사실 인공지능을 제대로 이해하고 자신의 목소리를 내기 보다는 '누가 뭐라고 하더라'가 릴레이처럼 재생산되고 증폭되고 있는 것 같습니다. 낯설고 이해하기 어려운 것에 두려움을 느끼기 십상입니다. 몇몇 영화에서는 슈퍼인공지능에 종속된 비참한 인간상을 미래모습으로 그려내곤 합니다. 배트맨에서 악당 팔코니가 어린 부르스 웨인에게 "This is a world you don't understand. And you always fear what you don't understand." 라고 조롱합니다. 대상을 이해해야 불필요한 두려움을 씻어내고 다가올 시련들을 극복할 힘이 생깁니다.

이 책은 입문서로서 여러분을 인공지능 분야로, 이제 안내를 시작합니다. 입문서로 이 책을 구상할 때, 두 가지 원칙을 정했습니다. 공자가 말하기를 학문하는 데 삼단계가 있다고 합니다. 들으면서 배우면 대부분 잊는다고 합니다. 실물을 보면서 배우면 잊지 않는다 합니다. 자기가 직접 만들고 경험하는 것이 최고단계라 합니다. 인공지능 이론을 배우고 각 단원마다 실습예제를 두는 것이 첫 원칙입니다. 거의 완결된 코드를 제공하니 각 예제들을 꼭 실습하고 ,관심 있는 분야에 응용해 보기를 추천합니다.

두 번째 원칙은 배우는 학생의 눈높이에 초점을 맞추는 것입니다. 사실 강의의 주인공은 학생이고, 책의 주인공은 독자라고 생각합니다. 아무리 달변이고 참신한 강의내용이라 하더라도 청중이 이해하지 못하면 의미가 퇴색합니다. 저와 같은 평범한 학자들은 대개 글을 쓰거나 강연을 할 때 필요이상으로 어깨에 힘이 들어가고는 합니다. 청중과의 교감을 벗어나 본인만의 옛 기억으로 날아 들어가 길을 잃게 만들고, 때로는 불필요하게 다른 생각주머니에서 말 꾸러미들이 터져 나와 듣는 이들을 질식시키는 사례가 많은 것 같습니다.

이화여자대학교 유망전공 사업은 시대의 흐름과 부합하고 발전성이 높은 학과에 1년에 약 1억 원의 예산을 투입해 학과의 성장을 돕고 있습니다. 이화여대 수학과는 지난 3년간 유망전공 사업의 수혜를 받아 매년 6개월 동안 참여교수들이 소규모의 학생들과 팀을 이뤄 열심히 공부하고 그 결과를 국제학회에 발표하며 해외연구자들과 교류해 왔습니다. 필자는 박예솜, 이윤경, 박초희, 박승희, 이유나 학부 학생들과 지난 여름, 가을 동안 기계학습에 대한 연구를 해 왔습니다. 또한 서지원, 정보라, 최주연 석사과정 학생들과 기계학습의 핵심인 최적화문제에 대한 연구를 하고, 최근 의미있는 연구결과를 학회에 보고하였습니다.

서문

교수와 학생들이 힘을 합쳐 하나의 성과를 이루었지만, 그 성과를 느끼고 해석하는 것에는 분명 개인차가 있습니다. 이 차이는 다른 사람에게 그 성과를 설명할 때도 확연히 드러나기 마련입니다. 이 책은 학생들과의 연구결과를 바탕으로 쓰여졌습니다. 내친김에 이 교재 집필의 많은 부분을 학생들에게 맡겨 보기로 하였습니다. 학생들도 흔쾌히 동의하고 약 5개월 동안 각자 분야를 나누어 책을 써 왔습니다. 집필의 두 번째 원칙을 따라, **학생들이 자기 또래의 친구들에게 친근하게 차근차근 설명하듯이 썼습니다.** 나이 든 제가 볼 때, 가끔 나라면 다르게 할 텐데라는 생각이 들 때도 있었습니다. 수학 이론과 실습의 내용은 모두 제 검증을 거쳤습니다만, 내용의 표현과 전달은 학생들에게 위임하였습니다.

인공지능 입문서 집필을 계획하면서부터 염두에 둔 사람이 인공지능 전문가 이일용씨입니다. 30년 경력의 컴퓨터 프로그래머입니다. 본업을 제쳐두고 그는 최근 15년 동안 인간의 지능과 욕구를 분석하는데 온 힘을 기울여 왔고, 최근 인간지능에 대한 역작 '지능의 충격'을 탈고하였습니다. 워낙 생각이 깊은 사람이라 기대를 하고 읽어 보았는데, 역시나 배울 바가 많고 그의 고심이 한 줄 한 줄 묻어나는 듯했습니다. 그가 밝힌 인간 지능의 본질은 보통 사람들이 생각하는 지능과 많이 다른 것 같습니다. 지연성 분리뇌, 번식욕구의 선형화, 지능에 의한 감정의 동작원리 등이 그의 핵심철학인 것 같습니다.

인간지능은 말 그대로 인간의 지능을 기계가 따라하는 것입니다. 따라서 인공지능을 논하기 전에 인간의 지능의 성격과 원리를 파악하는 것이 중요하겠지요. 이일용씨에 따르면 구글의 알파고와 같은 인공지능들은 바둑과 같은 결정적인 게임의 계산을 그저 잘할 뿐입니다. 보다 본질적인 지능은 결론으로부터 원인을 추정하는 것, 자기 자신을 인지하고 독백을 하는 등의 지성행위에 있는데, 인공지능은 이런 관점에서 아직 시작도 안한 것이라고 합니다. 이와 관련된 글과 인공지능을 탑재한 로봇설계에 대한 글을 기고해 주었습니다. 저 또한 그의 글을 읽고 많이 배우고 지능과 지성에 대해 생각해 보려고 합니다. 추사의 그 유명한 그림, 세한도에 이런 글귀가 있습니다. "겨울이 되어서야 소나무와 잣나무가 시들지 않는다는 것을 알게 된다." 오랫동안 야인으로 있는 일용씨가 지금 그의 전성기에도 세상의 관심을 받고 그의 큰 뜻을 펼쳐 보이기를 기대합니다.

이화여대 연구실에서

2018년 2월

민조홍 씀

차례

Chapter 1. AdaBoosting

최주연, 정보라, 서지원, 박예솜, 민조홍

Chapter 2. Face Lifting

박예솜, 이윤경, 박초희, 박승희, 민조홍

Chapter 3. Game Programming

박예솜, 이윤경, 박초희, 박승희, 이유나, 민조홍

Chapter 4. 글자 자동 인식

민조홍

차례

Chapter 5. 인공지능 로봇

이일용

민조홍

APPENDICES

Chapter 1

AdaBoosting

최주연 · 정보라 · 서지원 · 박예솜 · 민조홍

1.1 수학이론

좋아하는 운동경기가 있나요? 야구, 축구, 농구 경기들이 일 년 내내 흥미롭게 진행되고 있습니다. 대부분의 프로 스포츠의 경합은 몇 개월 동안 리그전(모든 팀들이 순서대로 맞붙는다)을 펼쳐 순위를 결정한 다음, 상위 순위의 몇 개 팀들의 토너먼트(지는 팀은 탈락)를 통해 최종 우승팀을 결정합니다. 2016년, 한국프로야구 우승팀은 두산 베어스이고, 미국 프로농구 (NBA) 우승팀은 Golden-state Worriers (골스)이며, 전 유럽 프로축구 (Champion's league) 우승팀은 스페인의 Real Madrid입니다.

리그전이 진행되면서 팀별 수준을 점점 가늠할 수 있기 마련입니다. 2016년 골스는 서부지구 최강자여서, 보통 실력의 Portland Blazers와 경기를 벌일 때 별로 흥미를 끌지 못했습니다. 예상대로 4:0, 일방적인 골스의 승리. 이렇듯 골스가 서부 최강자라면 동부최강자로는 Cleveland Cavaliers가 있습니다. 두 팀 모두 거의 무패의 성적으로 각각 서부, 동부 우승을 확정했고, 전체 우승을 놓고 벌이는 최종라운드가 남아있었습니다. 많은 사람들이 이 최종라운드에 집중하며 결과를 궁금해 했습니다. 그것은 마치 모든 것을 자를 수 있는 칼과 모든 것을 막을 수 있는 방패의 대결과도 같이 흥미진진했습니다. 여러 논평과 예측들이 난무하고, 사람들은 궁금증을 참지 못해 스포츠도박으로 몰려들어, 자신의 예상을 증명하고 싶어 했습니다.

사람들마다 관전 포인트가 다르고, 예상의 근거들이 다를 것입니다. 일반적으로 가장 많이 쓰이는 승률 예측방법은 피타고리안 승률입니다. 오로지 팀의 득·실점으로만 승률을 예측합니다.

$$(\text{승률기대값}) = \frac{(\text{득점})^2}{(\text{득점})^2 + (\text{실점})^2}$$

이러한 승률 기대값을 기준으로 경기를 하는 양 팀의 승패를 예측하는 근거도 있을 것입니다.

개별선수들의 게임당 출전시간, 자유투 성공률, 필드골 성공률, 3점 슛 성공률, 평균 득점수, 리바운드 참여율, 어시스트 횟수, 블락 횟수 등 역량을 평가하는 기준을 근거 삼아

팀의 승패를 예측할 수도 있을 것입니다.

(기대값) = ∑출전선수 개인의 역량*게임당 평균 출전시간

이러한 합을 이용하여 양 팀의 기대값으로 승률을 예측할 수도 있을 것입니다.

또는 각각의 역량을

(기대값) = ∑출전선수 개인의 자유투성공률*게임당 평균 출전시간

(기대값) = ∑출전선수 개인의 필드골성공률*게임당 평균 출전시간

(기대값) = ∑출전선수 개인의 3점슛성공률*게임당 평균 출전시간

(기대값) = ∑출전선수 개인의 평균득점수*게임당 평균 출전시간

비교하여 양 팀의 승률을 예측할 수도 있을 것입니다.

한 의사결정나무 분석에 의한 분석에 의하면

(기대값) = 0.438*스틸수 + 0.393*수비리바운드수 + 0.329*굿디펜스
+ 0.317*공격리바운드 − 0.296*턴오버 + 0.175*2점슛성공률
+ 0.144*3점슛성공률 − 0.113*자유투유파울
+ 0.034*테크니컬파울 − 27.478

로 서로의 승패를 예측하기도 한다고 합니다.

또, 팀마다 원정경기나 특정 기간에 승률이 갑자기 오르거나 떨어지는 경우를 고려하며 승패를 분석하는 경우도 있을 것입니다. 또는 특정 기간(월 기준)이 되었을 때 선수들의 자유투성공률 예를 들어 3월의 경기이면 (기대값) = [0 0 1 0 0 0 0 0 0 0 0 0]·[월별자유투성공률] 이러한 기대값으로 예측할 수도 있을 것이고, 특정 필드에서 경기할 때 팀의 평균 득점수 등 복합적으로 여러 요인들을 고려하는 예측도 있을 것입니다.

여러 개의 일리가 있는 관점들을 한 데 모아서, 각각의 관점보다 훨씬 뛰어난 통합관점을 만들면 어떨까요? 이러한 관점의 통합을 Boosting이라고 합니다. 1997년 Yoav Freund와 Robert Schapire는 수학적 원리를 기반으로 한 혁신적인 Adaptive Boosting (Ada+Boost) 알고리듬을 발표하였습니다. 이 글에서, 저는 여러분께 AdaBoost를 자세히 설명하고, 그 수학이론의 증명 또한 제시하겠습니다. 내용이 어려울 수 있으니, 천천히 차근차근 제 설명을 따라오시기 바랍니다.

한 경기를 구성하는 요소들은 무엇이 있을까요? 일단, 홈팀과 상대팀이 있습니다. 각 팀의 역량을 수치화한다면 팀의 승률, 슈팅 성공률, 평균 블락 횟수 등을 조합하여 표현할 수 있을 것입니다. 경기의 결과를 표현하는 가장 대표적인 수치들은 다음 표와 같습니다. 특별히 이 중 개인 파울수와 턴오버수는 팀의 역량에 부정적인 요소이므로 수치가 클수록 팀의 역량이 낮다는 것을 표현하는 것이 되겠습니다. 각 팀을 나타내는 숫자를 포함하여, 팀 별로 다음과 같은 17개의 수치를 일렬로 모아 벡터를 만들어 합하면 한 경기를 벡터 $x \in R^{36}$로 표현할 수 있습니다. 경기의 승패는 $y \in \{+1, -1\}$로 나타내겠습니다. $y = +1$은 홈팀의 승리, $y = -1$은 원정팀의 승리입니다. 2016년 NBA의 리그경기 수를 총 N개라고 하면 우리에게는 $\{x_i, y_i\}_{i=1}^{N}$의 데이터가 주어져 있습니다.

경기	x																																		y
	홈팀																	원정팀																	승패
	FG	FGA	FGR	3P	3PA	3PR	FT	FTA	FTR	OR	DR	TOT	A	PF	ST	TO	BL	FG	FGA	FGR	3P	3PA	3PR	FT	FTA	FTR	OR	DR	TOT	A	PF	ST	TO	BL	
#1	45	94	0.47	13	35	0.37	14	19	0.74	11	40	51	31	22	12	14	5	32	87	0.37	9	27	0.33	15	20	0.75	13	29	42	17	22	6	18	6	1
#2	39	75	0.52	13	19	0.68	22	22	1	5	29	34	22	18	5	12	3	40	82	0.49	8	24	0.33	16	16	1	6	25	31	19	19	9	11	5	1
#3	40	85	0.47	7	33	0.21	13	18	0.72	8	27	35	24	19	11	16	6	47	98	0.48	12	24	0.5	23	26	0.88	21	34	55	25	19	13	13	3	-1

FG: 필드골 성공 수, FGA: 필드골 시도 수, FGR: 필드골 성공률, 3P: 3점 슛 성공 수, 3PA: 3점 슛 시도 수, 3PR: 3점 슛 성공률,
FT: 자유투 성공 수, FTA: 자유투 시도 수, FTR: 자유투 성공률, OR: 공격리바운드 수, DR: 방어리바운드 수, TOT: 총 리바운드 수,
A: 어시스트 횟수, PF: 개인 파울 수, ST: 스틸 수, TO: 턴오버 수, BL: 블락 횟수

이 외에도 위와 같은 수치를 우리는 선수별로 각각 생각할 수도 있고 감독의 연차, 감독의 역대 승률, 선수의 올스타 선발여부, 키, 몸무게, 연봉 또는 선수의 포지션 등의 구성 요소도 생각할 수 있습니다. 선수 포지션의 경우, 포지션은 포인트가드(PG), 슈팅가드(SG), 스몰포워드(SF), 파워포워드(PF), 센터(C)로 전부 다섯 가지이므로 R^5에 속하는 벡터로 표현할 수 있습니다. 예를 들어 스테픈 커리(Stephen Curry)의 경우는 포인트 가드이자 슈팅가드이므로, 역할 5개의 o/x로 표현하면 [1,1,0,0,0]이고, 파우 가솔(Pau Gasol)은 센터역할만을 수행하므로, 0,0,0,0,1 로 역할을 표현할 수 있습니다.

경기승패를 예측한다는 것은 경기의 데이터, 즉 벡터 x가 주어졌을 때, 승패결과 y에 대한 예상값 $\tilde{y}$를 만드는 것 입니다. 입력 x에서 출력 $\tilde{y}$를 만드는 일련의 과정으로, 수학용어로는 함수에 해당합니다. 즉 $\tilde{y} = f(x)$이고 $\tilde{y} \simeq y$. 여러 명의 전문가들, 도박사들이 각기 다른 예측전략들을 모은다는 것은, 즉 우리가 여러 개의 함수들 $f : x \to \tilde{y}$을 갖고 있다고 볼 수 있습니다. 예측전략, 즉 함수의 총 개수가 L개라고 가정하겠습니다.

이제 예측전략들을 모아 통합예측을 만드는 과정을 시작하겠습니다. 먼저, 주어진 N개의 데이터들의 중요도를 설정합니다. 별다른 중요도 차이가 없다면 아래와 같이 합이 1이 되도록 weight를 N개로 나눕니다.

$$D_0(i) = \frac{1}{N}, \quad i = 1, \cdots, N$$

각 예측함수 f에 대해, 예상과 실제결과의 오차를 위 weight를 사용해 숫자로 계산합니다.

$$error_0(f) := \sum_{i=1}^{N} D_0(i) \begin{cases} 1 & \text{if } f(x_i) \neq y_i \\ 0 & \text{if } f(x_i) = y_i \end{cases}$$

L개의 예측함수들 중에서 위 $error_0$를 최소화하는 함수를 고르고, g_1이라 부르겠습니다. 그리고, 이 때의 오차 $error_0(g_1)$를 ϵ_1이라고 하겠습니다. 만약 $\epsilon_1 = 0.3$이면, g_1의 예측의 30%는 틀린 것입니다.

예측의 정확도를 더 높이려면 어떻게 해야 할까요? '신에게는 아직 열두 척의 배가 있사옵니다.' 라는 이순신 장군님의 말씀처럼, 아직 우리에게는 $L-1$개의 예측함수들을 더 쓸 여지가 있습니다. g_1의 약점을 보완하기 위해, weight를 수정하겠습니다.

$$D_1(i) := D_0(i) \cdot \begin{cases} e^{\alpha_0} & \text{if } g_1(x_i) \neq y_i \\ e^{-\alpha_0} & \text{if } g_1(x_i) = y_i \end{cases}, \quad i = 1, \cdots, N$$

임의의 양수 α_1에 대해 $e^{\alpha_1} > e^{-\alpha_1}$이므로, 이제 g_1의 약점에 보다 중요도가 높아졌다는 것에 주목하기 바랍니다. Weight의 합을 1로 normalization을 합니다.

$$Z_1 := \sum_{i=1}^{N} D_0(i) \cdot \begin{cases} e^{\alpha_0} & \text{if } g_1(x_i) \neq y_i \\ e^{-\alpha_0} & \text{if } g_1(x_i) = y_i \end{cases}$$

$$D_1(i) := \frac{D_0(i)}{Z_1} \cdot \begin{cases} e^{\alpha_0} & \text{if } g_1(x_i) \neq y_i \\ e^{-\alpha_0} & \text{if } g_1(x_i) = y_i \end{cases}, \quad i = 1, \cdots, N$$

약점을 보완한 weight들을 이용해 오차를 아래와 같이 계산합니다.

$$error_1(f) := \sum_{i=1}^{N} D_1(i) \begin{cases} 1 & \text{if } f(x_i) \neq y_i \\ 0 & \text{if } f(x_i) = y_i \end{cases}$$

$L-1$개의 함수들 중에서, $error_1$값이 최소가 되는 함수를 고르고 g_2라고 부르겠습니

다. $error_1$이 작다는 것은 $D_1(i)$가 큰 값에서 대부분 g_2가 대부분 정확하리라 짐작할 수 있습니다. 즉 g_1이 실패한 곳에서 g_2가 성공할 가능성이 높습니다. 앞서와 마찬가지로,

g_2의 오차값 : $\epsilon_2 := \sum_{i=1}^{N} D_1(i) \begin{cases} 1 & \text{if } g_2(x_i) \neq y_i \\ 0 & \text{if } g_2(x_i) = y_i \end{cases}$

새로운 weight의 총합 : $Z_2 := \sum_{i=1}^{N} D_1(i) \cdot \begin{cases} e^{\alpha_1} & \text{if } g_2(x_i) \neq y_i \\ e^{-\alpha_1} & \text{if } g_2(x_i) = y_i \end{cases}$

g_2를 보완하는 새로운 weight : $D_2(i) := \frac{D_1(i)}{Z_2} \cdot \begin{cases} e^{\alpha_1} & \text{if } g_2(x_i) \neq y_i \\ e^{-\alpha_1} & \text{if } g_2(x_i) = y_i \end{cases}, \ i = 1, \cdots, N$

AdaBoost 알고리듬은 g_1과 g_2를 통합해 $g(x) = \alpha_1 g_1(x) + \alpha_2 g_2(x)$ 함수를 제안합니다. $g_1(x), g_2(x) \in \{+1, -1\}$ 이지만, $g(x)$의 값은 $\pm\alpha_1 \pm \alpha_2$로서, 일반적으로 $+1$이나 -1이 아닙니다. 이로 인해 $g(x) > 0$이면 $+1$로, 아니면 -1로 판별합니다. 통합예측의 오차는 따라서

$$error(g) := \sum_{i=1}^{N} \frac{1}{N} \begin{cases} 1 & \text{if } sgn(g(x_i)) \neq y_i \\ 0 & \text{if } sgn(g(x_i)) = y_i \end{cases} \text{ 으로}$$

주어집니다. 여기서 $sgn(x) = \begin{cases} 1 & \text{if } x > 0 \\ -1 & else \end{cases}$. AdaBoost의 핵심은 다음의 부등식입니다. 이 부등식을 다음내용에서 자세히 증명하겠습니다. 지금은 전체적인 흐름을 이해하시기 바랍니다.

$$error(g) \leq Z_1 Z_2$$

산술, 기하 평균부등식에 의해

$$Z_1 = e^{\alpha_1}\epsilon_1 + e^{-\alpha_1}(1-\epsilon_1) \geq 2\sqrt{\epsilon_1(1-\epsilon_1)} \text{ 이고,}$$
$$Z_2 = e^{\alpha_2}\epsilon_2 + e^{-\alpha_2}(1-\epsilon_2) \geq 2\sqrt{\epsilon_2(1-\epsilon_2)}$$

Z_1, Z_2를 최소로 만드는 $\alpha_1 = \frac{1}{2}log\left(\frac{1-\epsilon_1}{\epsilon_1}\right)$ 그리고 $\alpha_2 = \frac{1}{2}log\left(\frac{1-\epsilon_2}{\epsilon_2}\right)$입니다. 이 선택해 의해

$$error(g) \leq 2\sqrt{\epsilon_1(1-\epsilon_1)}\,2\sqrt{\epsilon_2(1-\epsilon_2)} \text{ 입니다.}$$

만약 $\epsilon_1 = \epsilon_2 = 0.3$ 이면, $error(g) \leq 0.84$로 오히려 g_1보다도 못합니다. 하지만

$g_1, g_2, \cdots, g_{40}$을 사용하고, $\epsilon_1 = \epsilon_2 = \cdots = \epsilon_{40} = 0.3$이라면, $error(g) \leq 0.03$으로 97% 이상의 정확도를 갖게 됩니다. 지금까지의 의도를 바탕으로 AdaBoost 알고리듬은 다음과 같이 치밀하게 구성되어 있습니다.

AdaBoost algorithm

data set : $(x_1, y_1), \cdots, (x_N, y_N)$, $x_i \in R^d, y_i \in \{1, -1\}, \forall i$

예측함수들 : $g_1, \cdots, g_L : R^d \rightarrow \{1, -1\}$

procedure :

1: $D_0(i) = \frac{1}{N}, \ i = 1, \cdots, N$

2: $F_0(x) = 0$

3: for $t = 1, \cdots, T$

4: 예측함수들 가장 작은 오차 $\epsilon_t = \sum_{i=1}^{N} D_t(i) \begin{cases} 1 & \text{if } g_t(x_i) \neq y_i \\ 0 & \text{if } g_t(x_i) = y_i \end{cases}$ 를 갖는 g_t를 선택한다.

5: $\alpha_t = \frac{1}{2} \log\left(\frac{1-\epsilon_t}{\epsilon_t}\right)$

6: $Z_t = 2\sqrt{\epsilon_t(1-\epsilon_{t)}}$

7: $F_{t+1}(x) = F_t(x) + \alpha_t \cdot g_t(x)$

8: $D_{t+1}(i) = \frac{D_t(i)}{Z_t} \cdot \begin{cases} e^{\alpha_t} & \text{if } g_1(x_i) \neq y_i \\ e^{-\alpha_t} & \text{if } g_1(x_i) = y_i \end{cases}$

9: end for

통합예측함수 : $F(x) = \alpha_1 g_1(x) + \cdots + \alpha_T g_T(x)$

Theorem $\frac{1}{N} \sum_{i=1}^{N} \begin{cases} 1 & \text{if } sgn(F_T(x_i)) \neq y_i \\ 0 & \text{if } sgn(F_T(x_i)) = y_i \end{cases} \leq \prod_{t=1}^{T} 2\sqrt{\epsilon_t(1-\epsilon_t)}$

증명하기

증명을 시작하기에 앞서, 부등식의 좌변은 앞에서 설명했던 바와 같이 error를 뜻합니다.

$$error(F_t) := \sum_{i=1}^{N} \frac{1}{N} \begin{cases} 1 & \text{if } sgn(F_t(x_i)) \neq y_i \\ 0 & \text{if } sgn(F_t(x_i)) = y_i \end{cases}$$

즉, $F_t(x_i)$의 값과 y_i의 값이 다르게 나오는 횟수를 전체 N으로 나눈 것으로, 두 값이 다를 확률을 의미합니다. 그런데 $F_t(x_i),\ y_i \in \{\pm 1\}$이므로, 이들의 곱은 $F_t(x_i)y_i \in \{\pm 1\}$입니다. $F_t(x_i)$와 y_i의 값이 다르다면 두 값의 곱은 -1, 즉, 음수가 될 것입니다. 이 사실을 이용하여 $error(F_T)$를 다시 써보면,

$$error(F_t) = \sum_{i=1}^{N} \frac{1}{N} \begin{cases} 1 & \text{if } F_t(x_i)y_i < 0 \\ 0 & \text{if } F_t(x_i)y_i \geq 0 \end{cases}$$

그런데 $F_T(x_i) = \sum_{t=1}^{T} \alpha_t g_t$이고,

$\sum_{i=1}^{N} \frac{1}{N} \begin{cases} 1 & \text{if } F_T(x_i)y_i < 0 \\ 0 & \text{if } F_T(x_i)y_i \geq 0 \end{cases} \leq \sum_{i=1}^{N} \frac{1}{N} \exp(-F_T(x_i)\,y_i)$이므로,

$$\begin{aligned} error(F_T) &\leq \sum_{i=1}^{N} \frac{1}{N} \exp(-F_T(x_i)y_i) \\ &= \sum_{i=1}^{N} \frac{1}{N} \exp(-y_i \sum_{t=1}^{T} \alpha_t g_t) \end{aligned}$$

지수 법칙에 의해, 다음과 같이 전개할 수 있습니다.

$$\begin{aligned} \exp(-y_i \sum_{t=1}^{T} \alpha_t g_t) &= e^{-y_i \sum_{t=1}^{T} \alpha_t g_t} = e^{-y_i(\alpha_1 g_1(x_i) + \alpha_2 g_2(x_i) + \cdots + \alpha_T g_T(x_i))} \\ &= e^{-y_i \alpha_1 g_1(x_i)} e^{-y_i \alpha_2 g_2(x_i)} \cdots e^{-y_i \alpha_T g_T(x_i)} \\ &= \prod_{t=1}^{T} e^{-y_i \alpha_t g_t(x_i)} \\ &= \prod_{t=1}^{T} \exp(-y_i \alpha_t g_t(x_i)) \end{aligned}$$

따라서

$$error(F_T) \leq \sum_{i=1}^{N} \frac{1}{N} \prod_{t=1}^{T} \exp(-y_i \alpha_t g_t(x_i))$$

그런데 이미 알고 있듯이 $g(x_i),\ y_i \in \{\pm 1\}$ 이므로, 이들의 곱은 $g(x_i)y_i \in \{\pm 1\}$ 입니다. 그리고 위의 exponential 함수로 표현한 것은 우리의 알고리듬에서 D_{t+1}에 해당합니다. 따라서 다음과 같이 전개됩니다.

$$\begin{aligned} &= \frac{1}{N} \sum_{i=1}^{N} \prod_{t=1}^{T} \frac{D_{t+1}(i)}{D_t(i)} Z_t \\ &= \frac{1}{N} \sum_{i=1}^{N} \left(\prod_{t=1}^{T} Z_t \right) \frac{D_{T+1}}{D_0(i)} \end{aligned}$$

여기서 $D_0(i) = \frac{1}{N}$ 이고, D_{T+1}은 distribution이므로, $\frac{1}{N} \sum_i \frac{D_{T+1}}{D_0(i)} = 1$ 입니다. 그러므로 이를 정리하면,

$$= \prod_{t=1}^{T} Z_t$$

지금까지 우리는 다음과 같은 식을 유도해 낸 것입니다.

$$error(F_T) \leq \prod_{t=1}^{T} Z_t$$

여기서 우리는 산술 기하 평균 부등식을 이용하여 Z_t가 최솟값을 갖도록 하는 α_t의 값을 선택할 것입니다.

$$\begin{aligned} Z_t &= \sum_{i:y_i = g_t(x_i)} D_t(i) e^{-\alpha_t} + \sum_{i:y_i \neq g_t(x_i)} e^{\alpha_t} \\ &= (1-\epsilon_t) e^{-\alpha_t} + \epsilon_t e^{\alpha_t} \\ &\geq 2\sqrt{(1-\epsilon_t)\epsilon_t} \end{aligned}$$

이 때, 등호가 성립할 때, 즉, Z_t를 최소화 하는 α_t를 선택할 수 있습니다.

$$(1-\epsilon_t) e^{-\alpha_t} = \epsilon_t e^{\alpha_t}$$

$$\therefore \alpha_t = \frac{1}{2} ln \left(\frac{1-\epsilon_t}{\epsilon_t} \right)$$

따라서 α_t를 대입하여 우리는

$$\begin{aligned} Z_t &= (1-\epsilon_t)\sqrt{\frac{\epsilon_t}{1-\epsilon_t}} + \epsilon_t\sqrt{\frac{1-\epsilon_t}{\epsilon_t}} \\ &= 2\sqrt{\epsilon_t(1-\epsilon_t)} \end{aligned}$$

이와 같은 결과를 얻을 수 있습니다.

최종적으로 우리는 다음과 같은 식을 증명하였습니다.

$$\therefore \ \frac{1}{N}\sum_{i=1}^{N}\begin{cases} 1 & \text{if } sgn(F_T(x_i)) \neq y_i \\ 0 & \text{if } sgn(F_T(x_i)) = y_i \end{cases} \leq \prod_{t=1}^{T} 2\sqrt{\epsilon_t(1-\epsilon_t)}\ .$$

1.2 NBA

그렇다면 지금까지 알아본 Adaboost 알고리듬을 바탕으로 실제 데이터에 적용해 보겠습니다. 학습에 사용한 데이터는 2016년 NBA 경기별 팀 데이터입니다. 이 때, 한 경기의 데이터를 나타내는 벡터가 어떻게 구성되어 있는지 알아보겠습니다. 이 벡터에는 해당 경기를 진행한 홈 팀과 원정 팀의 경기 정보가 들어가게 됩니다. 우선, 어떤 팀끼리 경기를 했는지에 대한 정보가 담겨있어야겠죠? NBA에는 총 30개의 팀이 있으며, 각 팀의 이름을 알파벳 순으로 나열하여 Atlanta(0번)부터 Washington(29번)까지 순차적으로 번호를 부여합니다. 해당 경기를 진행한 홈 팀과 원정 팀은 이렇게 부여한 번호를 사용하여 나타냅니다. 각 팀의 번호와 경기의 결과를 나타내는 17가지의 수치들을 모두 모은 것을 $x_i \in R^{36}$라고 하고, 홈 팀이 승리하면 +1, 원정 팀이 승리하면 -1의 승패의 결과를 $y_i \in \{+1, -1\}$ 라고 합시다. 학습 데이터는 $\{x_i, y_i\}$ 를 차례로 모두 종합하여 최종적으로 벡터를 구성합니다. 설명으로만 들어서는 잘 모를 수 있으니, 다음과 같이 알아보기 쉽게 표로 만들어 보았습니다.

학습 데이터 $\{x_i, y_i\} =$

홈팀	FG	FGA	FGR	3P	3PA	3PR	FT	FTA	FTR	OR	DR	TOT	A	PF	ST	TO	BL	원정팀	FG	FGA	FGR	3P	3PA	3PR	FT	FTA	FTR	OR	DR	TOT	A	PF	ST	TO	BL	승패

FG: 필드골 성공 수, FGA: 필드골 시도 수, FGR: 필드골 성공률, 3P: 3점 슛 성공 수, 3PA: 3점 슛 시도 수, 3PR: 3점 슛 성공률,
FT: 자유투 성공 수, FTA: 자유투 시도 수, FTR: 자유투 성공률, OR: 공격리바운드 수, DR: 방어리바운드 수, TOT: 총 리바운드 수,
A: 어시스트 횟수, PF: 개인 파울 수, ST: 스틸 수, TO: 턴오버 수, BL: 블락 횟수

이렇게 구성된 학습 데이터를 바탕으로 2017년 현재 진행되고 있는 NBA 경기들의 승패를 예측해보도록 하겠습니다. 승패 예측을 위한 Adaboost 알고리듬 구현에 앞서, weak classifier에 대한 이야기를 먼저 하고자 합니다. 우리가 가진 학습 데이터 중 하나의 경기 데이터에서 홈팀과 원정팀의 팀명(0에서 29까지의 정수)은 weak classifier를 사용할 때 필요한 정보가 아닙니다. 다만 경기에 대한 17가지 수치들은 반드시 필요하겠지요. 간단히 몇 가지 weak classifier에 대해 설명하겠습니다. 첫 번째 정보는 필드골 성공 수(FG)입니다. 필드골 성공 수가 많은 팀일수록 이길 확률이 높다고 예상할 수 있습니다. 이와 비슷하게, 필드골 시도 수(FGA), 3점 슛 성공 수(3P) 등도 수치가 더 높은 팀이 이길 확률이 더 높습니다. 다만, 개인 파울수(PF)와 턴오버수(TO)는 수치가 높을수록 그 팀의 역량이 떨어진다고 볼 수 있고, 이길 확률 역시 낮아질 것입니다. 이러한 내용들을 종합하여 총 17개의 weak classifier를 만듭니다. 그리고 앞서 설명했던 의사결정나무 분석을 바탕으로 한 weak classifier도 마지막으로 추가하여 총 18개의 weak classifier가 완성되었습니다.

g_1= (홈 팀의 FG > 원정 팀의 FG)이면 +1 그렇지 않으면 -1

…

g_{14}= (홈 팀의 PF < 원정 팀의 PF)이면 +1 그렇지 않으면 -1

…

g_{17}= (홈 팀의 BL > 원정 팀의 BL)이면 +1 그렇지 않으면 -1
g_{18}= (홈 팀의 기댓값(A) < 원정 팀의 기댓값(A))이면 +1 그렇지 않으면 -1
기댓값(A)=0.438*ST+0.393*DR+0.317*OR-0.296*TO+0.175*FGR+0.144*3PR +0.034*FTR-27.,478

이제 Adaboost 알고리듬을 구현하여 데이터에 적용해보도록 하겠습니다. 538개의 데이터를 Adaboost 알고리듬을 통해 학습시킴으로써 마침내 strong classifier를 구할 수 있습니다. 다음은 최종 strong classifier $F(x)=\alpha_1 g_1(x)+\cdots+\alpha_T g_T(x)$의 α_t값들을 출력해낸 것입니다.

α_1	α_2	α_3	α_4	α_5	α_6	α_7	α_8	α_9
0.393252	0.074232	0.763481	0.316635	0.090686	0.515599	0.405107	0.139497	0.080625

α_{10}	α_{11}	α_{12}	α_{13}	α_{14}	α_{15}	α_{16}	α_{17}	α_{18}
0.121551	0.123800	0.001275	0.219490	0.321219	-0.002597	0.178907	0.161420	0.612669

이제 경기 승패 예측을 해보겠습니다. 2017년 10월 21일부터 28일까지 진행된 60개의 경기에 대해 테스트 해본 결과, 총 41개의 경기를 올바르게 예측하였습니다. 결과의 일부를 보여드리자면 다음과 같습니다. 다음 표는 10월 21일자 경기의 실제 결과와 Adaboost를 통한 예측 결과를 함께 나타낸 것입니다.

2017년 10월 21일 경기 결과

홈팀	원정팀	스코어	실제 결과	Adaboost 결과	예측 결과
인디애나	포틀랜드	96 : 114	-1	-1	Correct
밀워키	클리블랜드	97 : 116	-1	-1	Correct
필라델피아	보스턴	92 : 102	-1	-1	Correct
워싱턴	디트로이트	115 : 111	1	1	Correct
샬럿	애틀랜타	109 : 91	1	1	Correct
브루클린	올랜도	126 : 121	1	-1	Wrong
미네소타	유타	100 : 97	1	1	Correct
댈러스	새크라멘토	88 : 93	-1	-1	Correct
뉴올리언스	골든스테이트	120 : 128	-1	-1	Correct
피닉스	LA레이커스	130 : 132	-1	1	Wrong

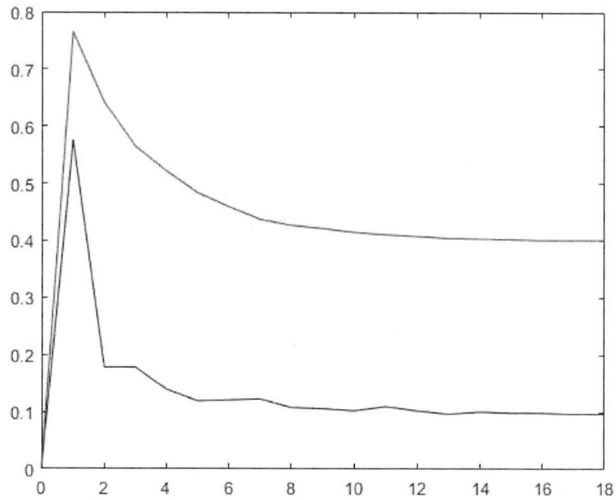

앞서 구현한 Adaboost 알고리듬의 Error와 위의 Theorem에서 확인한 Error bound를 그래프로 나타내 보면 아래와 같습니다. 가로축은 t축이고 그 때의 Error bound는 붉은 선, Error는 파란 선의 그래프로 나타내었습니다. Error와 Error bound가 감소하는 추세를 보이기는 하지만 어느 순간부터는 t값이 증가하여도 값에 큰 변화가 없는 것을 확인할 수 있습니다.

연습문제

다음과 같이 NBA 팀 데이터가 주어져 있을 때, 아래의 strong classifier를 이용하여 두 팀 중 어느 팀이 승리할지 예측하시오.

NBA 팀 데이터 :

	FG	FGA	FGR	3P	3PA	3PR	FT	FTA	FTR	OR	DR	TOT	A	PF	ST	TO	BL
A팀	317.94	665.51	0.49	67.82	176.59	0.33	173.72	211	0.78	73.52	234.51	308.03	133.63	137.8	48.48	90.38	40.02
B팀	235.65	529.79	0.45	69.79	196.72	0.32	113.1	143.18	0.79	59.06	205.48	264.54	136.23	133.74	55	101.23	36.33
C팀	191	427.16	0.45	53.2	149.73	0.27	59.42	77.88	0.74	56.05	163.2	219.25	82.67	101.96	34.53	58.3	29.37
D팀	276.29	598.87	0.45	66.77	170.42	0.39	134.31	163.42	0.8	56.71	203.58	260.3	153.76	100.61	53.64	83.09	35.77

Strong classifier : $F(x) = \alpha_1 g_1(x) + \cdots + \alpha_{18} g_{18}(x)$

α_1	α_2	α_3	α_4	α_5	α_6	α_7	α_8	α_9
0.393252	0.074232	0.763481	0.316635	0.090686	0.515599	0.405107	0.139497	0.080625

α_{10}	α_{11}	α_{12}	α_{13}	α_{14}	α_{15}	α_{16}	α_{17}	α_{18}
0.121551	0.123800	0.001275	0.219490	0.321219	-0.002597	0.178907	0.161420	0.612669

1. (홈 팀 A) v.s. (원정 팀 B)
2. (홈 팀 C) v.s. (원정 팀 D)

1.3 Face Recognition

위의 주어진 사진을 보세요. 왼쪽 사진은 사람입니까? 그렇죠. 그러면 오른쪽 사진은 사람입니까? 아니지요. 사진을 보고 이게 사람인지 아닌지 판별하는 일은 매우 쉬운 일입니다. 이제 컴퓨터가 사진을 보고 사람인지 아닌지 판별한다고 생각해보세요. 간단하지 않은 일입니다. 어떻게 하면 컴퓨터가 사람 얼굴을 알아볼 수 있을까요? 그러면 우리는 어떻게 사람 얼굴을 알아보는 걸까요? 위의 두 사진을 다시 봐봅시다. 무엇을 기준으로 하나는 사람이고 하나는 동물임을 알았나요? 둘 다 눈코입이 있지만 생김새가 다르고, 눈썹과 피부색 등 사람은 동물과 다른 특징이 있습니다. 우리는 어릴 적부터 경험을 통해 이런 사람의 특징들을 익혔습니다. 이처럼 어떤 대상을 인식하기 위해서는 그 대상의 특징을 알아야

합니다. 그래서 사람 얼굴의 특징을 찾도록 컴퓨터를 학습시켰습니다. 이것이 Supervised Learning입니다. 다양한 Supervised Learning 알고리즘 중 위에서 소개한 AdaBoost를 이용해 컴퓨터를 학습시키도록 하겠습니다.

먼저 AdaBoost 알고리즘을 적용하기 위해서는 수많은 데이터 $\{x_i, y_i\}_{i=1}^{N}$가 필요합니다. 여기에서 x_i는 300x500 크기의 사람과 동물 사진이고, 사람이면 $y_i = 1$, 동물이면 $y_i = -1$ 입니다. 사람얼굴의 특징을 찾아내기 위해 Haar feature를 사용합니다.

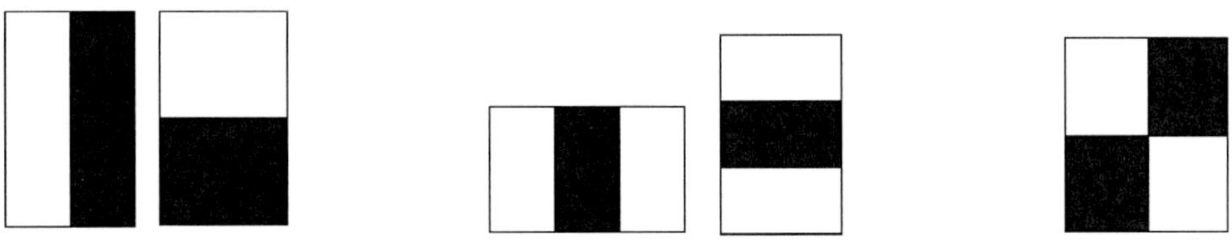

Haar−features

Haar-feature는 위의 그림처럼 흰색, 검은색 사각형들로 이루어진 사각형입니다. 각 feature들이 다양한 크기로 사진 위를 돌아다니며 흰 사각형과 검은 사각형 안의 픽셀 값들의 차이 $f_j(x)$을 계산합니다.

$$f_j(x) = |\text{ (pixels in white) - (pixels in black) }|$$

이렇게 단순한 사각형들로 사람얼굴의 특징을 찾아낸다는 것이 놀라울 것입니다.

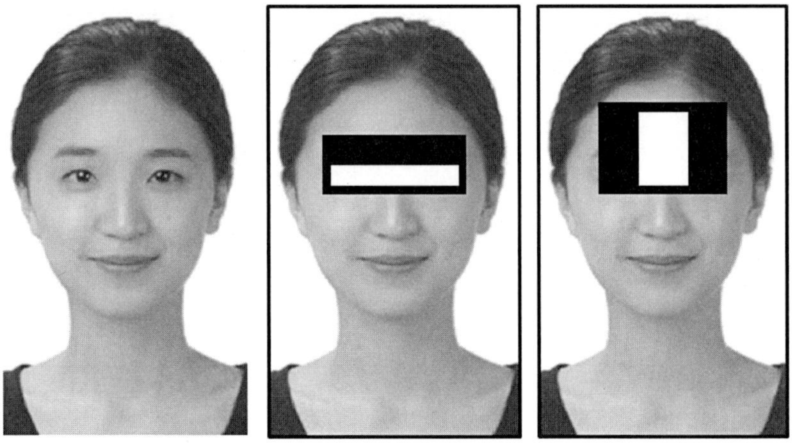

예를 들어, 가운데 사진은 눈과 눈 밑의 광대를 나타내고, 마지막 사진은 양 눈과 그 사이의 콧대를 나타냅니다.

모든 feature에 대해서 아래와 같이 예측함수 $h_j(x)$을 만드는데, 각 예측함수는 예측을 잘못한 사진이 가장 적도록 하는 최적의 threshold θ_j을 결정합니다.

$$h_j(x) = \begin{cases} 1 & \text{if } f_j(x) < \theta_j \\ -1 & otherwise \end{cases}$$

위에서 소개한 Adaboost 알고리즘을 이용하여 통합 예측 함수를 만들면, 이 통합 예측 함수가 사람 얼굴의 특징을 잘 가지고 있어 사진을 잘 분류할 것입니다.

실제 코드를 살펴보겠습니다.

먼저 training 데이터를 설정해야 합니다.

```
#include "Display.h"
struct Image

{
    double pixel[300][500];

};
const int NUM_IMAGE = 72;
Image  Xs[NUM_IMAGE];

int  Value[NUM_IMAGE];
```

Image라는 struct를 만들어 각 사진이 300x500 픽셀 값을 가지도록 설정합니다. 이 코드에서는 72개의 사진을 학습 시킬 것이고 이 중 62개는 사람, 10개는 동물 사진입니다. 여기에서 Xs가 주어진 사진들이고, Value가 각 사진에 대응하는 라벨(±1)입니다. 여기에서 training 사진들을 각각 픽셀 300×500 크기의 24비트 비트맵 파일로 저장해야 합니다.

```
void file_name(int i, char name[100])
{
    if (i<10)          sprintf(name, "test00%d.bmp", i);
    else if (i<100) sprintf(name, "test0%d.bmp",  i);
```

```
    else                sprintf(name, "test%d.bmp",    i);
}

void load_image()
{
    for (int i = 1; i <= NUM_IMAGE; i++)
    {
        char name[100];
        file_name(i, name);

        Display disp;
        disp.load_bmp(name);
        for (int j = 0; j < disp.m_imax; j++)
        for (int k = 0; k < disp.m_jmax; k++)
        {
            unsigned char r, g, b;
            RGB_SPLIT(disp.m_rgb[j][k], r, g, b);
            Xs[i - 1].pixel[j][k] = (r + g + b) / (3 * 255.0);
        }
    }
}

void generate_value()
{
    for (int i = 0; i<62; i++)
    {
        Value[i] = 1;
    }
    for (int i = 62; i<NUM_IMAGE; i++)
    {
        Value[i] = -1;
    }
}
```

먼저 load_image() 함수로 이미지를 불러올 것입니다. 학습 시킬 이미지들은 파일 이름이 'test001.bmp', 'test002.bmp',… ,'test072.bmp'로 저장되어있습니다. 이렇게 저장된 파일 이름을 각 순서대로 불러오는 함수가 file_name입니다. 이 함수와 load_image()를 이용해 이미지 개수인 72개의 Xs에 각 이미지의 300×500개의 픽셀 값을 저장하는데, Xs[i-1].pixel[j][k]는 i-1번째 그림의 (j,k) 위치 픽셀 값입니다. i가 아니라 i-1인 이유는 사진은 1부터 시작하는데 c++에서는 0부터 시작되기 때문입니다. 이 때 픽셀 값은 이미지의 R, G, B값을 따로 받아 이들을 더해서 3*255 나누는데 이는 흑백 처리를 하는 과정입니다. 그리고 generate_value() 함수를 이용해서 라벨 값을 만듭니다.

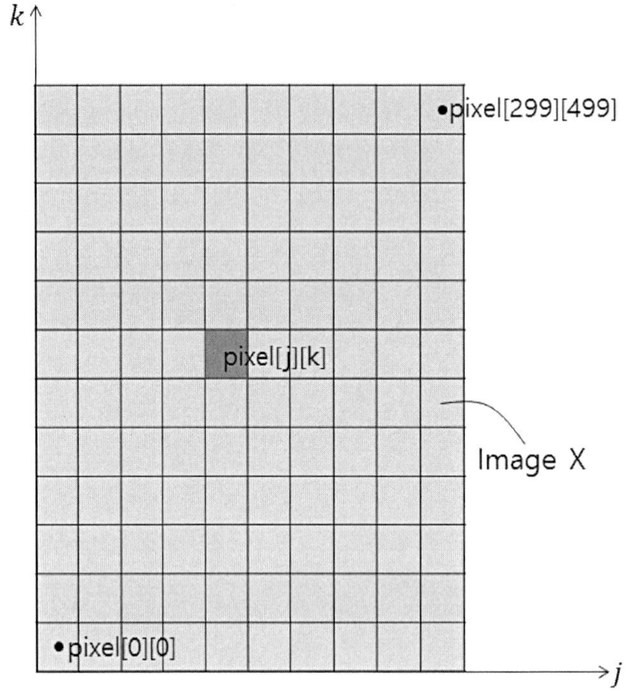

이미지 좌표계

```
struct Feature
{
    int imin; int imax;
    int jmin; int jmax;
    int theta; // threshold

    // difference of two averages in the two regions
```

```
virtual double f(const Image& X) = 0;
virtual int     type() = 0;
double h(const Image& X)
{
    double fx = f(X);
    if (fx >theta) return 1;
    else              return -1;
}
// brute-force search of the theta

void train(const double W[NUM_IMAGE], double& error)
{
    //-------------------------------------------------
    // f values
    //-------------------------------------------------
    double fs[NUM_IMAGE];

    for (int i = 0; i<NUM_IMAGE; i++)
        fs[i] = f(Xs[i]);
    //-------------------------------------------------
    // iteration on theta
    //-------------------------------------------------
    error = 1E8;
    for (double theta = 0; theta <= 1; theta += 0.02)
    {
        //-------------------------------------------------
        // error
        //-------------------------------------------------
        double e = 0;
        for (int i = 0; i<NUM_IMAGE; i++)
        {
            int h = (fs[i]>theta) ? 1 : -1;
            e += W[i] * abs(h - Value[i]);
        }

        if (e<error)
        {
            error = e;
```

```
                this->theta = theta;
            }
        }
    }
};
```

Feature라는 struct를 만들었습니다. 이 struct 안에는 각 feature의 위치와 크기를 나타내는 imin, imax, jmin, jmax가 있고, threshold인 θ가 있습니다. 또한 예측함수 h가 f값과 θ를 이용해서 구현되어 있습니다. void train()는 오류를 최소화 하는 threshold θ를 구하는 함수입니다. 그리고 type는 5가지의 Haar-feature 종류를 나타냅니다. type은 아래 그림과 같습니다.

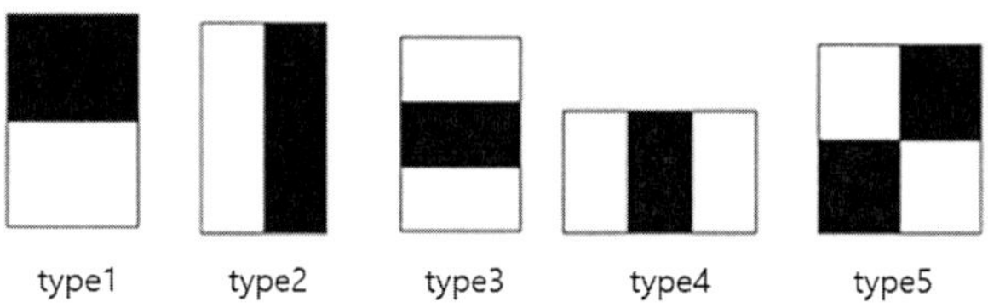

Haar feature의 type

이제 각 type의 feature 대한 struct를 살펴보겠습니다. 각 type에 따라 struct를 각각 만드는 이유는 각 타입 별로 흰 사각형과 검은 사각형의 위치와 개수가 달라 f의 계산 방법이 달라지기 때문입니다.

```
struct Feature1 : public Feature
{
    double f(const Image&X)
    {
        int jcen_m = (jmin + jmax - 1) / 2;
        double sum = 0;
        for (int i = imin; i <= imax; i++)
        for (int j = jmin; j <= jmax; j++)
        {
            if (j <= jcen_m) sum += X.pixel[i][j];
            else             sum -= X.pixel[i][j];
```

```
        }

        sum /= ((imax - imin + 1)*(jmax - jmin + 1) / 2.);
        return (sum > 0) ? sum : -(sum);
    }
    int type() { return 1; }
};
struct Feature3 : public Feature
{
    double f(const Image&X)
    {
        int jcen_1 = (2 * jmin + jmax - 1) / 3;
        int jcen_2 = (jmin + 2 * jmax - 1) / 3;

        double sum = 0;
        for (int i = imin; i <= imax; i++)
        for (int j = jmin; j <= jmax; j++)
        {
            if ((j <= jcen_1) || (j >= jcen_2)) sum += X.pixel[i][j];
            else                                 sum -= 2.*X.pixel[i][j];
        }
        sum /= ((imax - imin + 1)*(jmax - jmin + 1) / 2.);
        return (sum > 0) ? sum : -(sum);
    }
    int type(){ return 3; }
};
struct Feature5 : public Feature
{
    double f(const Image&X)
    {
        int icen_m = (imin + imax - 1) / 2;
        int jcen_m = (jmin + jmax - 1) / 2;

        double sum = 0;
        for (int i = imin; i <= imax; i++)
        for (int j = jmin; j <= jmax; j++)
        {
            if (((i <= icen_m) && (j <= jcen_m)) || ((i >= icen_m) && (j >= jcen_m)))
                sum += X.pixel[i][j];
```

```
            else sum -= X.pixel[i][j];
        }
        sum /= ((imax - imin + 1)*(jmax - jmin + 1) / 2.);
        return (sum > 0) ? sum : -(sum);
    }
    int type(){ return 5; }
};
```

struct Feature1은 type1 Haar feature의 struct입니다. 이는 struct Feature에 상속되어 있습니다. type1 feature는  다음과 같이 생겨 함수 f는 j의 중앙값(jcen_m)을 구한 다음 이를 기준으로 왼쪽과 오른쪽 픽셀 값의 차이를 계산합니다. type2는 type1과 유사하고, type4는 type3와 유사하므로 직접 해보시길 바랍니다.

하지만 Haar feature의 개수가 매우 많기 때문에, 이런 식으로 하나의 Haar feature에 대해 f값을 계산 할 때 각 픽셀 값을 하나하나 더하고 뺀다면 시간이 상당히 오래 걸립니다. 계산 시간을 줄이기 위해 integral image(적분 영역)라는 개념을 사용합니다. integral image의 (i,j)값은 (i,j) 위치 보다 왼쪽 아래에 있는 픽셀 값들을 모두 더한 값을 가집니다.

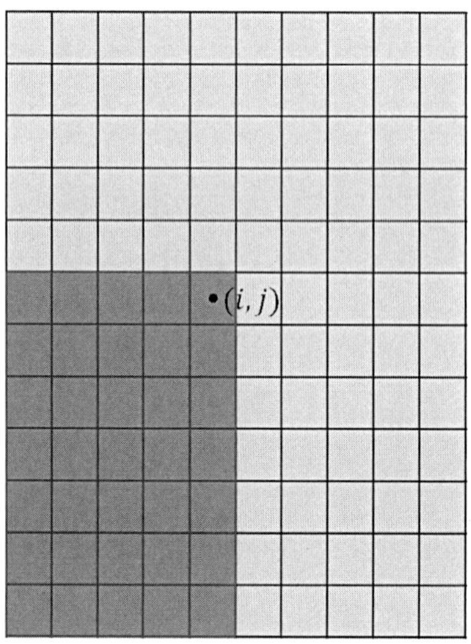

integral image

integral image를 사용하면 사각형 내부의 픽셀 값의 합을 구하는데 단 4개의 값만이 이용됩니다.

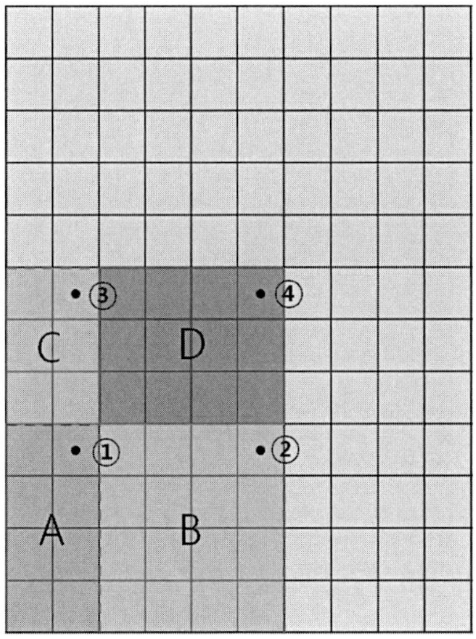

위의 그림에서 사각형 D 내부의 픽셀 값들의 합을 구해보겠습니다. 이 때 ①은 사각형 A, ②는 사각형 A+B, ③은 사각형 A+C, ④는 사각형 A+B+C+D 내부의 픽셀 값들의 합입니다. 따라서 사각형 D 내부의 픽셀 값들의 합은 ①-(②+③)+④ 로 구해집니다.

다음은 integral image를 구하는 코드입니다.

```
void generate_integral_images()
{
    for (int a = 0; a <NUM_IMAGE; a++)
    for (int i = 0; i < 300; i++)
    for (int j = 0; j < 500; j++)
    {
        if (i == 0 && j != 0)Xs[a].pixel[i][j] += Xs[a].pixel[i][j - 1];
        if (i != 0 && j == 0)Xs[a].pixel[i][j] += Xs[a].pixel[i - 1][j];
        if (i != 0 && j != 0)Xs[a].pixel[i][j] += Xs[a].pixel[i - 1][j]
                                                + Xs[a].pixel[i     ][j - 1]
                                                - Xs[a].pixel[i - 1][j - 1];
    }
}
```

이제 type 1 feature의 f값을 integral image를 이용해 구해봅시다.

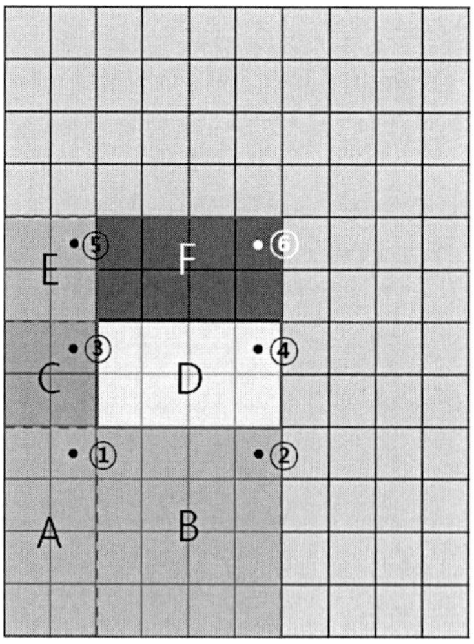

위의 그림처럼 F-D가 구해야 하는 값입니다. 먼저 F=⑥-(⑤+④)+③, D=④-(③+②)+① 입니다. 따라서

F-D = (⑥-(⑤+④)+③) - (④-(③+②)+①)
= ⑥-⑤-2×(④-③)+②-①
= (⑥-2×④) + (-⑤+2×③+②-①).

만약에 imin=0이면 ①=③=⑤=0이고, jmin=0이면 ①=②=0입니다. 따라서 imin=0인지와 jmin=0인지를 고려해 계산을 합니다.

아래는 이와 같은 방법으로 type 1 feature의 f값을 구하는 코드입니다.

```
struct Feature1 : public Feature
{
    double f(const Image&X)
    {
        int jcen_m = (jmin + jmax - 1) / 2;
        double sum = X.pixel[imax][jmax] - 2 * X.pixel[imax][jcen];
        if (imin == 0 && jmin == 0)
            sum += 0;
        else if (imin == 0 && jmin != 0)
            sum += X.pixel[imax][jmin - 1];
        else if (imin != 0 && jmin == 0)
            sum += 2 * X.pixel[imin - 1][jcen] - X.pixel[imin - 1][jmax];
```

```
        else if (imin != 0 && jmin != 0)
            sum += 2 * X.pixel[imin - 1][jcen] + X.pixel[imax][jmin - 1]
                    -     X.pixel[imin - 1][jmax] - X.pixel[imin - 1][jmin - 1];
        sum /= ((imax - imin + 1)*(jmax - jmin + 1) / 2.);
        return (sum > 0) ? sum : -(sum);
    }
    int type() { return 1; }
};
```

이와 동일한 방식으로 나머지 type에 대해서도 integral image를 이용하여 각 struct를 만들면 됩니다. integral image를 사용하면 속도가 확연히 빨라지지만 이 책에서는 학습시키는 사진 수가 100장 정도로 많지 않아 integral image를 사용하지 않았습니다. 이 점 참고 바랍니다.

```
const int NUM_FEATURE = 7232;
Feature* pF[NUM_FEATURE];

void generate_features()
{
    int count = 0;
    // Feature 1
    for (int width = 40;        width <= 300; width += 40)
    for (int height = 80;      height <= 500; heigh += 80)
    for (int xmin = 0;   xmin < 300 - width; xmin   += 40)
    for (int ymin = 0;   ymin < 500 - height; ymin   += 40)
    {
        pF[count] = new Feature1;
        Feature& F = *(pF[count]);
        F.imin = xmin;
        F.imax = xmin + width;
        F.jmin = ymin;
        F.jmax = ymin + height;
        count++;
    }
     // Feature 2
    for (int width = 80; width <= 300; width += 80)
    for (int height = 40; height <= 500; height += 40)
```

```
for (int xmin = 0; xmin <= 300 - width; xmin += 40)
for(int ymin = 0; ymin <= 500 - height; ymin += 40)
{
    pF[count] = new Feature2;
    Feature& F = *(pF[count]);
    F.imin = xmin;
    F.imax = xmin + width;
    F.jmin = ymin;
    F.jmax = ymin + height;
    count++;
}
// Feature 3
for (int width = 40; width <= 300; width += 40)
for (int height = 60; height <= 500; height += 60)
for (int xmin = 0; xmin <= 300 - width; xmin += 40)
for (int ymin = 0; ymin <= 500 - height; ymin += 60)
{
    pF[count] = new Feature3;
    Feature& F = *(pF[count]);
    F.imin = xmin;
    F.imax = xmin + width;
    F.jmin = ymin;
    F.jmax = ymin + height;
    count++;
}
// Feature 4
for (int width =  60; width <= 300; width += 60)
for (int height = 40; height <= 500; height += 40)
for (int xmin = 0; xmin < 300 - width; xmin += 60)
for (int ymin = 0; ymin < 500 - height; ymin += 40)
{
    pF[count] = new Feature4;
    Feature& F = *(pF[count]);
    F.imin = xmin;
    F.imax = xmin + width;
    F.jmin = ymin;
    F.jmax = ymin + height;
    count++;
}
```

```
    // Feature 5
    for (int width = 40; width <= 300; width += 40)
    for (int height = 40; height <= 500; height += 40)
    for (int xmin = 0; xmin < 300 - width; xmin += 30)
    for (int ymin = 0; ymin < 500 - height; ymin += 30)
    {
        pF[count] = new Feature5;
        Feature& F = *(pF[count]);
        F.imin = xmin;
        F.imax = xmin + width;
        F.jmin = ymin;
        F.jmax = ymin + height;
        count++;
    }
}
```

위는 5개 타입의 feature를 순서대로 만드는 코드인데 width와 height가 사각형의 크기를 나타내고, xmin과 ymin이 feature의 위치를 나타냅니다.

이제 예측함수들로 부터 AdaBoost 알고리즘을 이용해 통합 예측 함수를 만드는 코드를 소개하겠습니다.

```
const int T = 5;
double alpha[T];
int index_best_feature[T];

void AdaBoost()
{
    double W[NUM_IMAGE];
    // initialize weights
    {
        int m = 0;
        for (int i = 0; i<NUM_IMAGE; i++)
        {
            if (Value[i] == 0) m++;
        }
        for (int i = 0; i<NUM_IMAGE; i++)
        {
```

```
            if (Value[i] == 0) W[i] = 1 / (2.*m);
            else W[i] = 1 / (2.*(NUM_IMAGE - m));
        }
    }
    // iteration
    for (int t = 0; t<T; t++)
    {
        // normalize weights
        {
            double sum = 0;
            for (int i = 0; i<NUM_IMAGE; i++)
            sum += W[i];
            for (int i = 0; i<NUM_IMAGE; i++)
            W[i] /= (2 * sum);
        }
        // train each feature
        double error = 10000;
        int best_feature = -1;
        for (int j = 0; j<NUM_FEATURE; j++)
        {
            double curr_error;
            pF[j]->train(W, curr_error);
            if (error>curr_error)
            {
                error = curr_error;
                best_feature = j;
            }
        }
        index_best_feature[t] = best_feature;
        Feature& F = *(pF[best_feature]);
        // update weights
        error += 1E-8;
        double beta = error / (1 - error);
        alpha[t] = -log(beta);
        for (int i = 0; i<NUM_IMAGE; i++)
        {
            if (((pF[best_feature]->h(Xs[i])) - Value[i]) == 0) W[i] = W[i] * beta;
        }
```

```
    }
}

int strong_classifier(const Image& X)
{
    double sum = 0;
    double sum_ = 0;
    for (int t = 0; t<T; t++)
    {
        sum += alpha[t] * pF[index_best_feature[t]]->h(X);
        sum_ += alpha[t];
    }
    if (sum >= .5*sum_) return  1;
    else                return -1;
}
```

일단 예측함수를 고르는 개수 T를 정하고 각 T개의 α와 예측함수의 index를 저장하는 double alpha[T]와 int index_best_feature[T]를 설정해 놓습니다. void AdaBoost() 함수를 통해 alpha와 index_best_feature를 구합니다. 우선 weight를 초기화 시킵니다. T번 동안의 iteration에서 먼저 weight를 normalize하고 각 feature마다 오류를 계산해 오류가 가장 작은 feature에 대한 예측함수를 선택합니다. 이를 index_best_feature에 저장합니다. 그리고 α를 계산해서 저장하고 weight를 업데이트합니다.

AdaBoost() 함수에서 구한 α와 선택된 T개의 예측함수들의 index를 가지고 linear sum으로 통합 예측 함수인 strong_classifier를 만듭니다. 이제 이 strong_classifier에 아무런 이미지 X를 넣으면, 이 이미지가 사람인지 아닌지를 AdaBoost를 통해 구한 통합예측함수가 판단합니다.

다음은 위에서 만든 코드들을 이용해 통합 예측 함수를 만들고 이를 이용해 테스트를 해보는 main문입니다.

```
#include "Display.h"
#include "AdaBoost.h"

void main()
```

```
{
    load_image();
    generate_value();
    //generate_integral_images();
    generate_features();
    AdaBoost();

    Image Y;
    for (int i = 78; i <= 87; i++)
    {
        Display disp;
        char name[100]; file_name(i, name);
        disp.load_bmp(name);
        for (int j = 0; j < disp.m_imax; j++)
        for (int k = 0; k < disp.m_jmax; k++)
        {
            unsigned char r, g, b;
            RGB_SPLIT(disp.m_rgb[j][k], r, g, b);
            Y.pixel[j][k] = (r + g + b) / (3 * 255.0);
        }
        int result = strong_classifier(Y);
        printf("result of test_%d is %d\n", i, result);
    }
    for (int i = 0; i<NUM_FEATURE; i++) delete pF[i];
}
```

결과

test 이미지	test1	test2	test3	test4	test5	test6	test7	test8	test9	test10
실제	1	1	1	1	1	-1	-1	-1	-1	-1
컴퓨터	-1	1	1	1	1	1	-1	-1	-1	-1

Face Lifting 코드로 test이미지 10개에 대해 판별해 보았습니다. 먼저 test1부터 test5까지는 사람(1) 그리고 test6부터 test10까지는 동물(-1)입니다. 코드로 판별한 결과 test1과 test6을 제외하고 모두 맞춰 80%의 성공률을 볼 수 있습니다.

연습문제

1. 나머지 type2와 type4에 대한 struct를 구하는 코드를 작성하시오.
2. 나머지 4가지 type의 feature를 생성하는 코드를 작성하여 void generate_features() 코드를 완성하시오.

Chapter 2

Face Lifting

박예솜 · 이윤경 · 박초희 · 박승희 · 민조홍

요즘은 범죄 현장은 다양한 과학 수사 기법으로 범죄현장을 다각도에서 바라봅니다. 특히나 무엇보다도 CCTV는 객관적 상황에 대해 더 잘 진술하고 세부적인 상황을 담고 있어 우선적으로 확인되는 증거물입니다. 그런데 2015년도 일명 청주 크림빵 뺑소니 사건에서 CCTV에 뺑소니 차량이 찍혔음에도 불구하고 차량번호는 물론이고 예측했던 차량 종류도 용의자가 잡힌 후 전혀 다른 차종이었습니다. 이 사건을 계기로 CCTV의 화질의 문제와 더불어 한 쪽 면만 보이는 사진일 경우엔 정확한 정보를 얻기 힘들다는 사실을 알게 되었습니다.

이 중 사람의 단면사진이 가지는 한계점을 보안하기 위해 몽타주와 CCTV를 결합한 3차원 몽타주를 고안하게 되었습니다. 3차원 몽타주란 CCTV에서 얻은 단면 사진을 근거로 3차원 정보를 주어 2차원 평면 사진에서 얻은 3차원 입체사진입니다. 3차원 몽타주의 장점은 하나의 2차원 정보로 3차원 데이터를 구성할 수 있다는 점입니다. 기존의 2차원 사진으로 3차원 입체사진을 얻을 때는 여러 장의 2차원 사진을 종합해 얻었습니다. 따라서 기존은 단순히 데이터를 종합해 얻은 결과물 이었다면 저희가 고안한 방법은 하나의 2차원 사진이 가지고 있는 수많은 정보를 이용해 3차원 데이터를 구현할 수 있습니다.

인간은 사진 한 장을 통해 사진 속 사물이 실제로 어떻게 생겼는지 상상하고 꽤나 유사하게 유추할 수 있습니다. 이는 사람은 수많은 경험을 하면서 얻은 정보를 토대로 비슷한 상황에 대해서 적용하는 능력이 있기 때문입니다. 하지만 컴퓨터는 사진 한 장만으로 3차원 데이터를 구상하는 일을 직접적으로 수행하기 어렵습니다. 어떻게 하면 컴퓨터는 사람처럼 사진 한 장만으로 입체를 인식할까요? 저희는 인간이 기존의 다양한 정보를 가지고 3차원 정보를 유추한다는 점을 착안해 컴퓨터에게 사람 얼굴이 기본적으로 가지는 정보—예를 들어 코는 다른 얼굴 부위 중 높게 솟아 있고 눈은 둥근 모양을 띄고 있다—를 입력해 정면사진 한 장만으로 입체적인 모습이 나타날 수 있도록 프로그램을 구성했습니다. 프로그램을 구현하기 위해 필요한 다른 몇 가지 작업으론, 사람의 주요 이목구비를 찾는 방법, 얼굴 형태로 굴곡지게 만드는 함수 등이 있는데, 이어지는 장들에서 구체적인 3차원 몽타주를 구현하는 방법을 순차적으로 소개할 예정입니다.

2.1 Feature Detection

한번 사람의 얼굴에 대해 상상해봅시다. 사람마다 상상한 생김새는 상이하겠지만 얼굴의 형태는 유사할 것입니다. 보통 우리가 사람의 얼굴을 상상할 때 타원형의 얼굴에 눈썹 그 밑에 두 눈, 그리고 코, 그 아래 입술을 그려낼 것입니다. 우리는 사람 얼굴의 특징적인 부위로 눈, 코 끝, 입, 턱을 설정하였습니다. 왜냐하면 눈, 코, 입, 턱의 위치로 알려진 사람의 얼굴 비율을 이용해 다른 부위를 유추할 수 있기 때문입니다. 다시 말해 눈, 코, 입, 턱 위치를 알면 사람 얼굴 전체를 표현할 수 있습니다. 이제부터 우린 컴퓨터가 스스로 눈, 코, 입, 그리고 턱을 찾게끔 할 것입니다.

아이디어는 이렇습니다. 앞장의 Face Recognition에서 Haar-feature를 이용해 사람얼굴을 판별했었습니다. 이때 Haar-feature는 픽셀 값을 통해 동물과는 다른 사람 얼굴의 특징을 찾아내는 역할을 했었습니다. 예를 들어 ▯▮▯ 이와 같은 모양의 Haar-feature는 사람 눈의 특징을 담고 있습니다. 실제 표본이 되는 사람 눈 이미지를 단순한 직사각형에 불과한 Haar-feature 대신에 사용하면 보다 정확한 위치를 탐색할 수 있을 것입니다. 표본이 되는 눈 이미지를 하나 고르고, 이 눈과 주어진 test 이미지의 픽셀 값의 차이를 비교하면 정확한 위치에서 픽셀 값의 차이가 최소가 될 것입니다. 그런데 사람마다 눈의 모양은 비슷하지만 크기와 위치는 다를 것입니다. Haar-feature와 마찬가지로 표본 이미지를 다양한 크기로 변화시키면서 test 이미지 위를 돌아다니며 픽셀 값을 비교하도록 하였습니다. 코, 입, 턱도 눈과 마찬가지 방법으로 표본이 되는 대표 사진을 고르고 그들을 feature로 사용합니다. 저희가 선정한 표본이미지는 아래와 같습니다. 대표 사진이 다음과 같이 설정되어 있기 때문에 우리가 3차원 입체화 시킬 수 있는 인물 사진은 약간의 미소를 띠는 사진만 가능합니다. 만약 환하게 웃고 있거나 울고 있는 사진에 대해서도 입체화시키려면 다음 표정에 대한 대표 사진을 추가하면 됩니다.

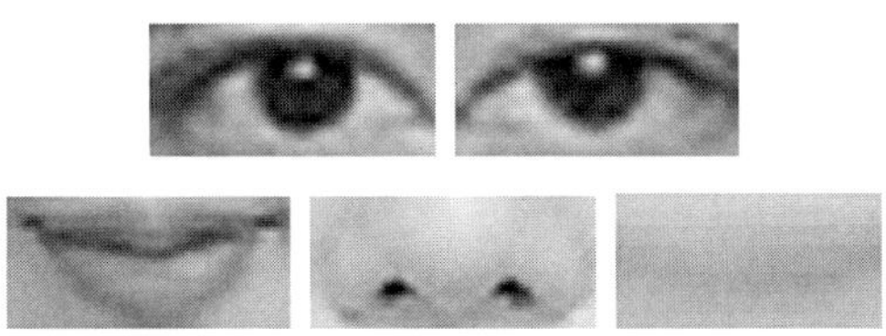

대표사진

하지만 대표 사진이 인물 사진 전체를 돌면서 눈, 입 등을 찾으면 시간이 오래 걸립니다. 따라서 300x500 인물 사진에서 해당 위치 근처를 입력받아 근처를 탐색하도록 해 대표 사진이 국한된 구간 내에서만 찾게끔 하였습니다.

대표 사진과 얼굴 사진의 픽셀 값의 차이를 구하는 difference 함수에서는 다음과 같이 $l_2 norm$ (유클리드 노름)을 사용하였습니다.

$$difference = \sqrt{\sum_{(i,j) \in \text{대표사진의 영역}} |(\text{대표사진}(i,j)\text{에서의 픽셀}) - (\text{얼굴사진}(i,j)\text{에서의 픽셀})|^2}$$

그리고 feature의 크기가 클수록 해당하는 픽셀 수가 많아져 difference가 커지므로, feature의 면적으로 나눠주었습니다. 여기까지 코드를 살펴보겠습니다.

```
#ifndef IMAGE_H_
#define IMAGE_H_

#include "Display.h"
struct Image
{
double r[300][500];
double g[300][500];
double b[300][500];
};

void file_name(int i, char name[100])
void image_load(const char* file_name, Image& Y)

#endif
```

위의 코드는 헤더 파일 Image.h입니다. 함수들은 Face Recognition에서와 동일합니다. 이제 feature와 difference함수를 만들어 보겠습니다.

```
#include "Image.h"
#include "Display.h"
struct Feature
{
    double R_orig[300][500];
```

```
double G_orig[300][500];
double B_orig[300][500];
double R_mod[300][500];
double G_mod[300][500];
double B_mod[300][500];
int imin; int imax;
int jmin; int jmax;
// resize image
void modify()
{
    for (int i_new = imin; i_new <= imax; i_new++)
    for (int j_new = jmin; j_new <= jmax; j_new++)
    {
        double i = (i_new - imin + 1) * 39 / (imax - imin + 1);
        double j = (j_new - jmin + 1) * 19 / (jmax - jmin + 1);
        int i_gauss = floor(i);
        if (i_gauss >= 39) i_gauss = 38;
        int j_gauss = floor(j);
        if (j_gauss >= 19) j_gauss = 18;
        i -= i_gauss;
        j -= j_gauss;
        R_mod[i_new][j_new] = R_orig[i_gauss][j_gauss] * (1 - i)*(1 - j)
                            + R_orig[i_gauss + 1][j_gauss] * i    *(1 - j)
                            + R_orig[i_gauss][j_gauss + 1] * (1 - i)*j
                            + R_orig[i_gauss + 1][j_gauss + 1] * i    *j;
```

```
        G_mod[i_new][j_new] = G_orig[i_gauss][j_gauss] * (1 - i)*(1 - j)
                            + G_orig[i_gauss + 1][j_gauss] * i    *(1 - j)
                            + G_orig[i_gauss][j_gauss + 1] * (1 - i)*j
                            + G_orig[i_gauss + 1][j_gauss + 1] * i    *j;
        B_mod[i_new][j_new] = B_orig[i_gauss][j_gauss] * (1 - i)*(1 - j)
                            + B_orig[i_gauss + 1][j_gauss] * i    *(1 - j)
                            + B_orig[i_gauss][j_gauss + 1] * (1 - i)*j
                            + B_orig[i_gauss + 1][j_gauss + 1] * i    *j;

      }
    }
    double difference(const Image& X)
    {
      double sum = 0;
      for (int i = imin; i <= imax; i++)
      for (int j = jmin; j <= jmax; j++)
      {
        sum + = ((X.r[i][j] - R_mod[i][j])*(X.r[i][j] - R_mod[i][j])
                 + (X.g[i][j] - G_mod[i][j])*(X.g[i][j] - G_mod[i][j])
              + (X.b[i][j] - B_mod[i][j])*(X.b[i][j] - B_mod[i][j]));
     }
      return sqrt(sum) / (imax - imin + 1) / (jmax - jmin + 1);
    }
};
```

먼저 Face Recognition과 마찬가지로 Feature의 struct를 만듭니다. 이 때 각 feature는 Face Recognition과 마찬가지로 위치와 크기를 나타내는 imin, imax, jmin, jmax를 가지고 있습니다. 하지만 원래의 RGB값과 modified RGB값을 갖는데 이것이 단순한 사각형인 Haar feature와 표본 이미지의 차이입니다. 위에서 설명했듯이 표본 이미지가 다양한 크기로 바뀝니다. 이 때 주어진 표본 이미지의 크기를 바꾸는 과정이 필요합니다. 크기가 바뀐 RGB값이 R_mod, G_mod, B_mod에 저장됩니다. 이 때 표본 이미지의 크기를 주어진 feature의 크기인 (imax-imin+1)×(jmax-jmin+1)로 바꾸는 함수가 modify()입니다. 그리고 대표 사진과 얼굴 사진의 픽셀 값의 차이를 구하는 함수 difference()가 있습니다.

이제 양쪽 눈, 코, 입, 턱에 대한 각각의 Feature를 만들어 봅시다.

```
Feature   Left_Eye;
Feature Right_Eye;
Feature         Lip;
Feature       Nose;
Feature         Jaw;

void load_feature()
{
    Display disp;
    disp.load_bmp("left_eye.bmp");
    for (int i = 0; i <= disp.m_imax; i++)
    for (int j = 0; j <= disp.m_jmax; j++)
    {
        unsigned char r, g, b;
        RGB_SPLIT(disp.m_rgb[i][j], r, g, b);
        Left_Eye.R_orig[i][j] = r;
        Left_Eye.G_orig[i][j] = g;
        Left_Eye.B_orig[i][j] = b;
    }
                    .
                    .
                    .
}
```

먼저 이름을 지정한 다음 load_feature()를 이용하여 feature를 생성합니다. 이 때 5가지 feature의 대표 사진을 display.h에 있는 load_bmp() 함수로 불러온 다음 RGB값을 R_orig, G_org, B_org에 저장합니다. 위에서 왼쪽 눈 코드가 나와 있는데 나머지 4개 feature에 대해서도 동일하게 하면 됩니다.

위에서 계산한 difference 값을 비교해 값이 가장 작은 곳이 우리가 찾고자 하는 눈, 코, 입 그리고 턱이 됩니다.

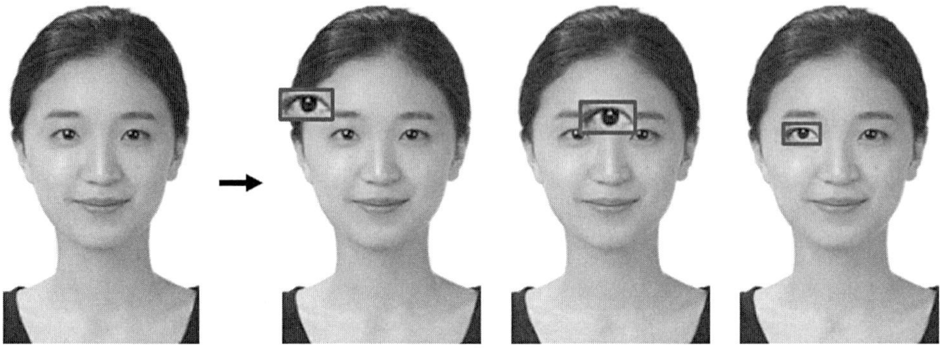

위의 그림은 왼쪽 눈에 대한 대표 사진이 인물 사진 안을 돌면서 최적의 위치를 찾는 모습입니다. 입력 받은 왼쪽 눈 근방에 대표 사진이 눈이라고 인식될 수 있는 부분은 그림 8과 같이 세 가지 경우가 있습니다. 앞서 설명했듯이 difference 함수를 통해 인물 사진과 detector 역할을 하는 대표 사진을 비교해 가장 작은 값을 나타내는 곳을 컴퓨터는 왼쪽 눈이라고 인식할 것입니다. 따라서 첫 번째 경우 머리카락 부분을 눈동자 나머지는 흰자라 인식해 difference값이 비교적 작게 나올 것입니다. 이와 같이 difference 값이 비교적 낮은 곳에서 왼쪽 눈이라고 인식할 수 있지만 최종적으로 대표사진이 인물 사진의 왼쪽 눈에 왔을 때 눈동자와 눈의 모양이 앞의 두 경우보다 더 일치하기 때문에 픽셀들 간의 차가 0에 가까울 것입니다. 따라서 difference 함숫값이 가장 작게 되어 마지막 경우에서 해당 위치가 왼쪽 눈이라고 판별하게 됩니다.

다음은 difference() 함수를 이용해 최솟값을 찾는 곳을 찾아 눈, 코, 입, 턱을 찾는 알고리즘입니다. 같은 방식으로 나머지 오른쪽 눈과 입술을 완성 시켜줄 수 있습니다 (예제). 이 때 i_cen와 j_cen는 클릭을 통해 입력받는 값입니다.

```
void best_left_eye(Image& X, int i_cen, int j_cen)

{
    double min = 100000000;
    int imin, imax, jmin, jmax;
    for (int width = 35; width <= 55; width += 2)
    for (int height = 15; height <= 25; height += 1)
    for (int xmin = i_cen-2*width/3; xmin <= i_cen-    width/3; xmin += 5)
    for (int ymin = j_cen- height/3; ymin >= j_cen-2*height/3; ymin -= 5)
    {
        Left_Eye.imin = xmin;
        Left_Eye.imax = xmin + width;
        Left_Eye.jmin = ymin;
        Left_Eye.jmax = ymin + height;
        Left_Eye.modify();
        double value = Left_Eye.difference(X);
        if (value < min)
        {
            min = value;
            imin = Left_Eye.imin;
            imax = Left_Eye.imax;
            jmin = Left_Eye.jmin;
            jmax = Left_Eye.jmax;
        }
    }
}
void best_right_eye(Image& X, int i_cen, int j_cen)
{
    double min = 100000000;
     int imin, imax, jmin, jmax;
    for (int width = 35; width <= 55; width += 2)
    for (int height = 15; height <= 25; height += 1)
    for (int xmin = i_cen - 2 * width / 3; xmin <= i_cen - width / 3; xmin += 5)
    for (int ymin = j_cen - height / 3; ymin >= j_cen - 2 * height / 3; ymin -= 5)
    {
        Right_Eye.imin = xmin;
        Right_Eye.imax = xmin + width;
        Right_Eye.jmin = ymin;
        Right_Eye.jmax = ymin + height;
```

```
        Right_Eye.modify();
        double value = Right_Eye.difference(X);
        if (value < min)
        {
            min = value;
            imin = Right_Eye.imin;
            imax = Right_Eye.imax;
            jmin = Right_Eye.jmin;
            jmax = Right_Eye.jmax;
        }
    }
}
void best_lip(Image& X, int i_cen, int j_cen)
{
    double min = 100000000;
     int imin, imax, jmin, jmax;

    for (int width  = 50; width  <= 100; width  += 2)
    for (int height = 25; height <= 45; height += 1)
    for (int xmin = i_cen - 2 * width / 3; xmin <= i_cen - width / 3; xmin += 5)
    for (int ymin = j_cen - height / 3; ymin >= j_cen - 2 * height / 3; ymin -= 5)
    {
        Lip.imin = xmin;
        Lip.imax = xmin + width;
        Lip.jmin = ymin;
        Lip.jmax = ymin + height;
        Lip.modify();
        double value = Lip.difference(X);
        if (value < min)
        {
            min = value;
            imin = Lip.imin;
            imax = Lip.imax;
            jmin = Lip.jmin;
            jmax = Lip.jmax;
        }
    }
}
void best_nose(Image& X, int i_cen, int j_cen)
```

```
{
    double min = 100000000;
    int imin, imax, jmin, jmax;

    for (int width = 43; width <= 60; width += 2)
    for (int height = 25; height <= 35; height += 1)
    for (int xmin = i_cen - 2 * width / 3; xmin <= i_cen - width / 3; xmin += 5)
    for (int ymin = j_cen - height / 3; ymin >= j_cen - 2 * height / 3; ymin -= 5)
    {
        Nose.imin = xmin;
        Nose.imax = xmin + width;
        Nose.jmin = ymin;
        Nose.jmax = ymin + height;
        Nose.modify();
        double value = Nose.difference(X);
        if (value < min)
        {
            min = value;
            imin = Nose.imin;
            imax = Nose.imax;
            jmin = Nose.jmin;
            jmax = Nose.jmax;
        }
    }
}
void best_jaw(Image& X, int i_cen, int j_cen)
{
    double min = 100000000;
    int imin, imax, jmin, jmax;

    for (int width = 35; width <= 50; width += 2)
    for (int height = 20; height <= 25; height += 1)
    for (int xmin = i_cen - 2 * width / 3; xmin <= i_cen - width / 3; xmin += 5)
    for (int ymin = j_cen - height / 3; ymin >= j_cen - 2 * height / 3; ymin -= 5)
    {
        Jaw.imin = xmin;
        Jaw.imax = xmin + width;
        Jaw.jmin = ymin;
        Jaw.jmax = ymin + height;
```

```
        Jaw.modify();
        double value = Jaw.difference(X);
        if (value < min)
        {
            min = value;
            imin = Jaw.imin;
            imax = Jaw.imax;
            jmin = Jaw.jmin;
            jmax = Jaw.jmax;
        }
    }
}
```

이제부터 위에서 찾은 눈, 코, 입, 턱의 좌표 정보를 가지고 나머지 얼굴 윤곽부터 눈썹, 광대 등의 좌표 정보를 사람의 얼굴 비율을 이용해 구합니다. 사람 얼굴 비율은 흔히 알려져 있는 얼굴 비율에 관한 정보를 사용했습니다. 다음은 얼굴 비율을 통해 얻은 지점들에 대한 예시입니다.

1. 얼굴 윤곽선

얼굴 윤곽선은 대략적으로 타원모양이기 때문에 타원의 중심과 장축 그리고 단축이 필요합니다. 타원의 중심은 얼굴의 맨 중앙부로 설정하고 단축은 양안 사이의 거리, 장축은 양안의 중심과 입의 중심까지의 거리의 4:1 외분점과 얼굴 중심까지의 거리를 사용하였습니다. 이 때 얼굴의 중앙부의 x값은 좌측 눈의 양 끝의 x값과 우측 눈의 양 끝의 x값의 평균을 사용하였고 마찬가지로 y값도 좌측 눈의 위아래의 y값과 우측 눈의 위아래의 y값의 평균을 사용하였습니다.

다음 코드는 case WM_LBUTTONDOWN: 중 일부를 발췌한 내용입니다.

```
double face_icenter = (lefteye_imin + lefteye_imax + righteye_imin + righteye_imax) / 4;
double face_jcenter = (lefteye_jmin + lefteye_jmax + righteye_jmin + righteye_jmax) / 4;
```

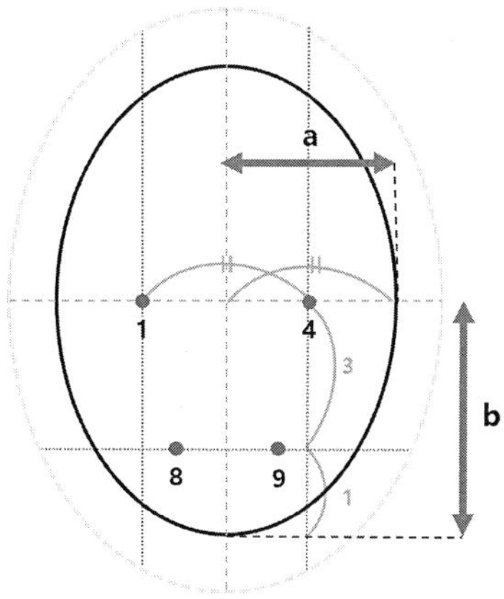

$(x_{cen},\ y_{cen})$: 타원의 중심

$$a = rbf.xs[4] - rbf.xs[1]$$

$$b = \frac{4}{3} \times \left\{ \frac{rbf.ys[1] + rbf.ys[4]}{2} - \frac{rbf.ys[8] + rbf.ys[9]}{2} \right\}$$

이 후 다음과 같은 타원을 20등분하여 얼굴 윤곽선에 대한 지점을 landmark로 지정합니다.

$$\theta = [0 : \frac{\pi}{10} : 2\pi]$$

$$(x(\theta), y(\theta)) = (rbf.xs[18] + a^* \cos\theta, rbf.ys[18] + b^* \sin\theta)$$

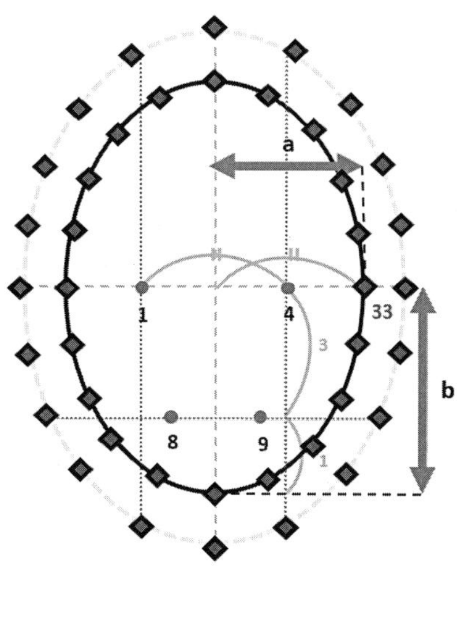

타원을 따라 20개의 지점을 설정하였으면 각각의 x, y좌표를 1.2배한 지점 20개를 추가로 설정합니다. 이는 후에 다음의 지점을 가지고 3차원 입체를 구현할 때 보다 자연스럽게 들어올리기 위한 작업입니다. 왜냐하면 얼굴의 외곽의 높이는 얼굴의 중앙부와 이목구비의 높이보다 확연히 낮기 때문에 하나의 테두리만 존재한다면 중앙에서 가장자리로 갈 때 부자연스럽게 푹 꺼진 형태를 보이게 될 것입니다.

다음 코드는 case WM_LBUTTONDOWN: 중 일부를 발췌한 내용입니다.

```
for(int i=0; i<20; i++)
{
    double theta = 2*3.141592/20*i;
    rbf.xs[33+i] = rbf.xs[18]+a*cos(theta);
    rbf.ys[33+i] = rbf.ys[18]+b*sin(theta);
}

a = 1.2*a;
b = 1.2*b;
for(int i=0; i<20; i++)
{
    double theta = 2*3.141592/20*i;
    rbf.xs[53+i] = rbf.xs[18]+a*cos(theta);
    rbf.ys[53+i] = rbf.ys[18]+b*sin(theta);
}
```

2. 눈썹

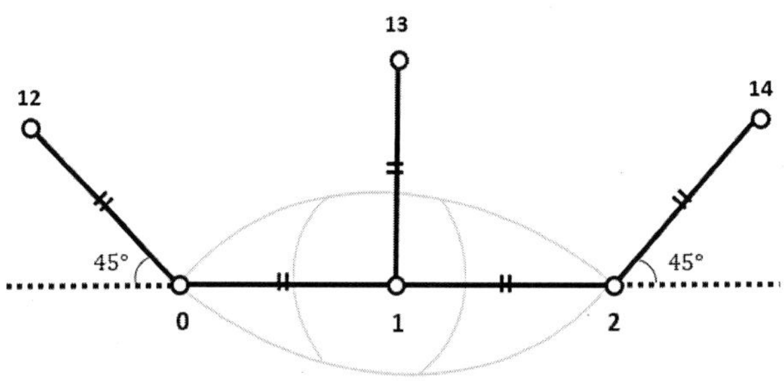

눈썹의 중앙부, 양 끝 이렇게 3가지 지점을 비율을 통해 찾을 예정입니다. 눈썹의 끝은 눈 양끝보다 45° 위에 위치해 있고 거리는 눈의 중앙에서 눈의 끝까지의 거리입니다. 눈썹 중앙은 눈의 중앙에서 앞과 같은 거리만큼 y축으로 수직한 곳에 위치합니다.

```
{
  double length = (rbf.xs[2]-rbf.xs[0]+rbf.xs[5]-rbf.xs[3])/4;
   rbf.xs[12] = rbf.xs[0]-length/sqrt(2) ;
   rbf.ys[12] = rbf.ys[0]+length/sqrt(2) ;
   rbf.xs[13] = rbf.xs[1]               ;     왼쪽 눈썹에 대한
   rbf.ys[13] = rbf.ys[1]+length;             landmark
   rbf.xs[14] = rbf.xs[2]+length/sqrt(2) ;
   rbf.ys[14] = rbf.ys[2]+length/sqrt(2) ;
   rbf.xs[15] = rbf.xs[3]-length/sqrt(2) ;
   rbf.ys[15] = rbf.ys[3]+length/sqrt(2) ;
   rbf.xs[16] = rbf.xs[4]               ;     오른쪽 눈썹에 대한
   rbf.ys[16] = rbf.ys[4]+length;             landmark
   rbf.xs[17] = rbf.xs[5]+length/sqrt(2) ;
   rbf.ys[17] = rbf.ys[5]+length/sqrt(2) ;
   rbf.xs[19] = (4*rbf.xs[0]+rbf.xs[1])/5 ;
   rbf.ys[19] = rbf.ys[0] - length / sqrt(2)*2;   양 볼에 대한
   rbf.xs[24] = (4*rbf.xs[5]+rbf.xs[4])/5 ;       landmark
   rbf.ys[24] = rbf.ys[5] - length / sqrt(2)*2;
}
```

다음 코드는 case WM_LBUTTONDOWN: 중 일부를 발췌한 내용입니다.
따라서 아래의 그림과 같이 총 73개의 지점을 landmark로 설정하였습니다.

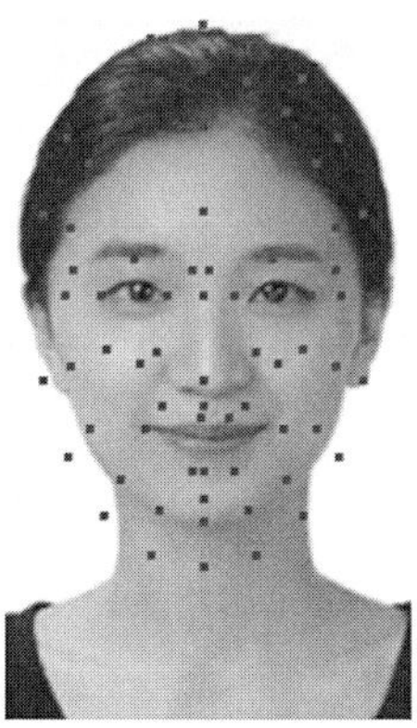

landmarks

나머지 landmark를 지정하는 코드는 2.5 윈도우즈 프로그래밍에서 소개하겠습니다.

연습문제

1. void best_left_eye(Image& X, int i_cen, int j_cen)를 참고하여 best_right_eye, best_lip, best_nose, best_chin의 코드를 구현해보아라.

2.2 RBF (Radial Basis Function) Interpolation

이 장에서는 사람 얼굴의 3차원 곡면을 구성할 것입니다. 현재까지 사람 얼굴의 특징적인 부분의 x좌표, y좌표를 알고 있습니다. 하지만 3차원 평면을 구성하기 위해서는 z좌표, 즉 사람 얼굴의 굴곡에 대한 정보가 있어야 합니다. 이를 석고상의 깊이를 직접 측정해 얻었습니다. 먼저 석고상을 얼굴만 바닥이 평평하게 잘라 2.1에서 지정한 landmark에 구멍을 뚫었습니다. 그리고 구멍을 통해 높이를 측정했습니다.

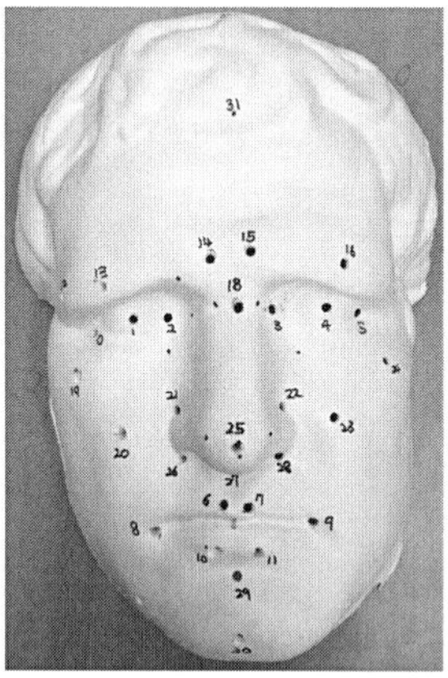

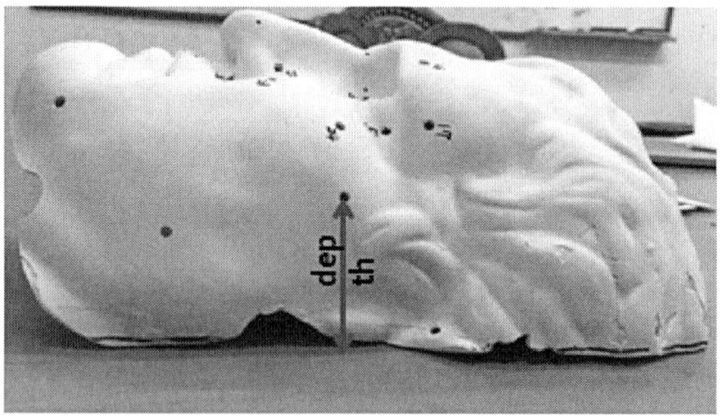

z값을 얻는데 사용한 석고상

하지만 석고상의 특징적인 부위의 x, y, z값은 얼굴 크기의 차이 때문에 우리가 3차원화 시키고 싶은 사진의 x, y, z값과는 차이가 있습니다. 따라서 석고상과 얼굴 사진의 x, y값의 차이를 이용해 z값을 조정하였습니다.

이제 얼굴의 특징적인 부분 위치와 높이를 알았습니다. 이것들을 이용해 얼굴의 3차원 평면을 어떻게 찾아낼까요? 어떠한 함수 $f: R^d \to R$에 대해 $x_1, x_2, \cdots, x_n$에서의 함수 값이 주어졌다고 생각해 봅시다. 이 때 추출된 함숫값을 각각 $f_1, f_2, \cdots f_n$이라고 하겠습니다. 이때 주어진 n개의 데이터를 가지고 원래 함수 f을 복원하는 것을 interpolation(보간법)이라고 합니다. 예를 들어 아래 그림과 같이 함수 값이 주어져 있다고 합시다.

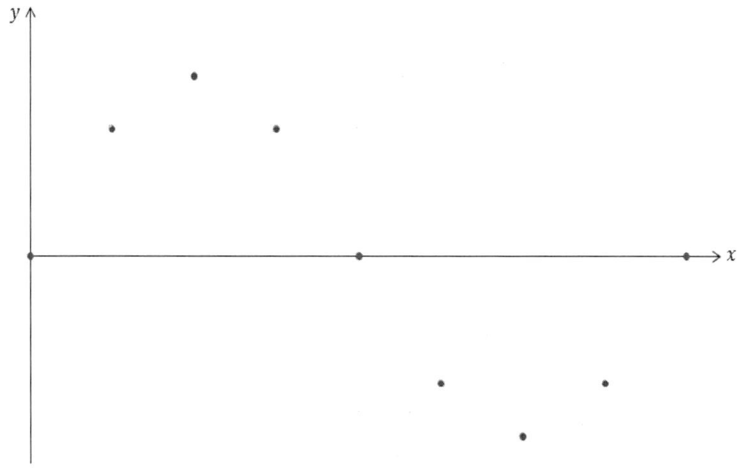

이때 아래 그림과 같이 점들 사이의 함수 값을 복원 하는 것이 interpolation입니다.

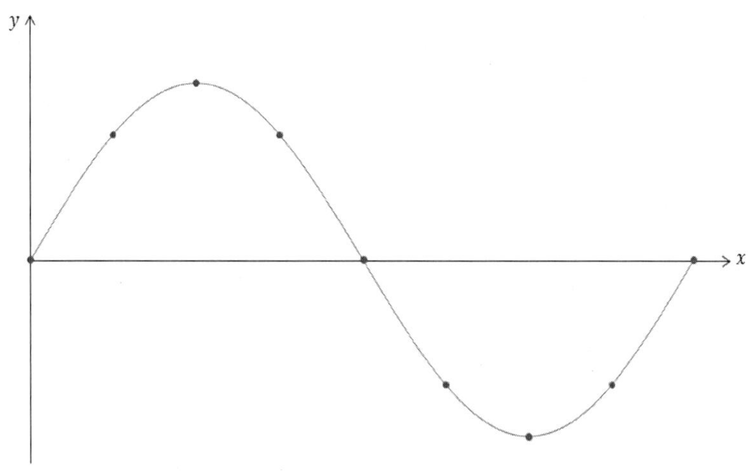

우리가 가지고 있는 얼굴의 특징적인 부분들의 위치(x,y)와 석고상으로부터 구한 높이(z)를 가지고 interpolation을 통해 3차원 평면을 만들 것입니다. 우리가 사용할 Radial

Basis Function(RBF) interpolation은 주로 다차원의 분산되어있는 데이터들을 interpolate 할 때 사용되는 방법입니다. 데이터들이 주어졌을 때, 이 데이터들을 지나는 함수는 무수히 많이 존재합니다. 이 많은 함수들 중에 무엇을 선택해야 할까요? 예를 들어 다항함수는 데이터들의 개수가 많아짐에 따라 진동이 매우 커집니다. 진동이 많아지면 오차가 매우 커지기 때문에, 수많은 함수들 중 진동이 가장 적은 함수를 선택하려 합니다.

우선, 진동이 많고 적음을 수학적으로 어떻게 표현할지 알아야 하겠죠? 함수 f의 진동은 두 번 미분의 크기로 아래와 같이 계산됩니다.

$$oscillation(f) = \sum_{i=1}^{n}\sum_{j=1}^{n}\left|\frac{\partial^2 f}{\partial x_i \partial x_j}\right|^2$$

이는 Beppo-Levi semi-norm 또는 weak Sobolev norm이라고 불립니다. 주어진 데이터들이 특정한 조건을 만족하면 데이터를 모두 지나는 진동이 가장 작은 함수가 유일하게 존재하는데, 이 함수는 다음과 같은 형태를 가집니다.

$$f(x) = \sum_{i=1}^{n}\alpha_i\phi(\| x - x_i \|) + \sum_{j=1}^{d}\beta_1(x \cdot e_j) + \beta_0$$

여기에서 $x \cdot e_j$는 x의 j번째 원소입니다. α와 β는 아래의 선형 방정식으로부터 구해집니다.

$$\begin{pmatrix} \phi(\|\mathbf{x}_0 - \mathbf{x}_0\|) & \cdots & \phi(\|\mathbf{x}_0 - \mathbf{x}_n\|) & 1 & (\mathbf{x}_1 \cdot \mathbf{e}_1) & \cdots & (\mathbf{x}_1 \cdot \mathbf{e}_d) \\ \vdots & & \vdots & \vdots & \vdots & & \vdots \\ \phi(\|\mathbf{x}_n - \mathbf{x}_0\|) & \cdots & \phi(\|\mathbf{x}_n - \mathbf{x}_n\|) & 1 & (\mathbf{x}_n \cdot \mathbf{e}_1) & \cdots & (\mathbf{x}_n \cdot \mathbf{e}_d) \\ 1 & \cdots & 1 & 0 & 0 & \cdots & 0 \\ (\mathbf{x}_1 \cdot \mathbf{e}_1) & \cdots & (\mathbf{x}_n \cdot \mathbf{e}_1) & 0 & 0 & \cdots & 0 \\ \vdots & & \vdots & \vdots & \vdots & & \vdots \\ (\mathbf{x}_1 \cdot \mathbf{e}_d) & \cdots & (\mathbf{x}_n \cdot \mathbf{e}_d) & 0 & 0 & \cdots & 0 \end{pmatrix} \begin{pmatrix} \alpha_0 \\ \vdots \\ \alpha_n \\ \beta_0 \\ \beta_1 \\ \vdots \\ \beta_d \end{pmatrix} = \begin{pmatrix} f_0 \\ \vdots \\ f_n \\ 0 \\ 0 \\ \vdots \\ 0 \end{pmatrix}$$

이제 위에서 잠깐 언급했던 유일한 interpolation이 존재할 조건에 대해 이야기 하겠습니다. 함수의 유일한 존재성은 위의 선형 시스템의 해의 존재성과 같습니다. 선형 시스템은 위의 주어진 행렬이 non-singular이면 해가 존재하는데 주어진 데이터들이 hyperplane에 있지 않으면 non-singular입니다. hyperplane은 2차원에서는 선, 3차원에서는 평면입니다.

함수 $\phi: R \rightarrow R$은 아래와 같이 주어지는데,

$$\phi(r)=\begin{cases} r^3 & \text{for } 1D \\ r^2\log(r) & \text{for } 2D \\ r & \text{for } 3D \end{cases}$$

r은 두 점 사이의 Euclidean 거리입니다. 이런 함수를 radial 함수라고 부르는데 그래서 이 interpolation이 Radial Basis Function(RBF) interpolation입니다.

우리의 경우 x_i들은 얼굴의 특징적인 부분들의 위치(i,j)이고 함수 값 f_i는 얼굴의 깊이(z)입니다. radial 함수는 $\phi(r)=r^2\log(r)$입니다. 이 데이터들과 radial 함수를 이용해 RBF interpolation을 통해 얼굴의 3차원 평면을 구합니다.

그런데 α와 β를 구하기 위해서는 선형 시스템을 풀어합니다. 선형 시스템을 컴퓨터로 어떻게 풀까요? Conjugate Gradient 방법은 $n\times n$ 대칭행렬 A에 대하여 선형 시스템

$$Ax=b$$

를 푸는데 쓰이는 알고리즘입니다.

위의 선형 시스템의 해 x^*을 iteration을 통해 반복적으로 구할 것입니다. $x=x^*$에서 이차함수 $f(x)=\frac{1}{2}x^TAx-x^Tb$는 최소값을 갖습니다. 이는 $f(x)$값이 작아지면 x_k가 x^*에 가깝게 간다는 것을 의미합니다. 이차함수 f는 유일한 최솟값을 가지므로 $\nabla f(x^*)=b-Ax^*=0$일 것입니다. 따라서 $b-Ax_k$을 residual r_k로 둡니다. r_k가 충분히 0에 가까워지면 x^*에 충분히 가까워 진 것입니다.

먼저 x^*의 초기값을 임의의 x_0로 둡니다. $-\nabla f(x_0)$가 $x=x_0$에서 함수값이 가장 크게 감소하는 방향이므로 $p_0=b-Ax_0$로 선택합니다.

$$p_n=r_n+\beta_{n-1}p_{n-1}$$
$$x_{n+1}=x_n+\alpha_n p_n$$

로 x_k와 x_k에서 움직일 방향 p_{k-1}를 업데이트 하는데 이 때 α_k와 β_{k-1}은 $f(x_{k+1})$이 가장 작아지도록 선택합니다. 그러면 $\alpha_k=\dfrac{r_k^Tr_k}{p_k^TAp_k}$이고 $\beta_{k-1}=\dfrac{r_k^Tr_k}{r_{k-1}^Tr_{k-1}}$입니다.

Algorithm Conjugate Gradient Method

---

x_0 : arbitrary

$p_0 = r_0 = b - Ax_0$

for $k = 0, 1, 2, \cdots$ **do**

$$\alpha_k = \frac{r_k^T r_k}{p_k^T A p_k}$$

$$x_{k+1} = x_k + \alpha_k p_k$$

$$r_{k+1} = r_k - \alpha_k A p_k$$

if r_{k+1} is sufficiently small then exit loop

$$\beta_k = \frac{r_{k+1}^T r_{k+1}}{r_k^T r_k}$$

$$p_{k+1} = r_{k+1} + \beta_k p_k$$

end for

그럼 이제 이론을 코드로 옮겨보겠습니다. 다음은 RBF interpolation을 위한 코드들의 헤더 파일 RBF.h입니다.

```
#ifndef _RBF_h
#define _RBF_h
#define NUM_PTS 73
struct RBF
{
    // Input
    double xs[NUM_PTS];
    double ys[NUM_PTS];
    double zs[NUM_PTS];
    // Output
    double get_z(double x, double y);
    // Procedure
    void calculate_coefficients();
protected:
    double get_phi(double r);
    double matrix[NUM_PTS+3][NUM_PTS+3];
```

```
    double alpha[NUM_PTS];
    double beta[3];
    double innerproduct(const double x[NUM_PTS+3], const double y[NUM_PTS+3]);
};
#endif
```

이제 헤더 파일 안의 함수들을 하나하나 살펴보겠습니다. 먼저 radial 함수 ϕ을 정의합니다.

```
double RBF::get_phi(double r)
{
    if (r<1e-7) return 0;
        else        return r*r*log(r);
}
```

이제 α와 β을 구해보도록 하겠습니다.

```
void RBF::calculate_coefficients()
{
    //set matrix
    //upper triangle & diagonal of A
      for (int i = 0; i < NUM_PTS; i++)
      {
          for (int j = i+1; j < NUM_PTS; j++)
          {
  ①           matrix[i][j] = get_phi(sqrt((xs[i] - xs[j])*(xs[i] - xs[j]) +
                                              (ys[i] - ys[j])*(ys[i] - ys[j])));
A         }

          matrix[i][i] = 0;
          matrix[i][NUM_PTS] = 1;
          matrix[i][NUM_PTS + 1] = xs[i];
          matrix[i][NUM_PTS + 2] = ys[i];
      }
```

```
for (int i = NUM_PTS; i < NUM_PTS+3; i++)
for (int j = i; j < NUM_PTS+3; j++)
{
    matrix[i][j] = 0;
}

// symmetrization of A
  for (int i = 1; i < NUM_PTS; i++)
  for (int j = 0; j < i; j++)
  {                                              ②
      matrix[i][j] = matrix[j][i];
  }


//set rhs
 double b[NUM_PTS+3];
 for(int i=0;i<NUM_PTS;i++)
③     b[i]=zs[i];
    b[NUM_PTS]=0;b[NUM_PTS+1]=0;b[NUM_PTS+2]=0;


//conjugate gradient
 double x[NUM_PTS+3];
 double r[NUM_PTS+3];
 double p[NUM_PTS+3];
 double Ap[NUM_PTS+3];
 for(int i=0; i<NUM_PTS+3;i++)
 {
     x[i]=0;
B    r[i]=b[i];
     p[i]=r[i];
 }
 double rr=innerproduct(r,r);
 double rr0=rr;

 while (rr>rr0*1e-7)
```

```
    {
        for(int i=0; i<NUM_PTS+3;i++
        {
            double sum=0;
            for(int j=0; j<NUM_PTS+3;j++)
                sum+=matrix[i][j]*p[j];
                Ap[i]=sum;
        }
        double pAp=innerproduct(p,Ap);
        double a=rr/pAp;
        for(int i=0; i<NUM_PTS+3;i++)
        {
            x[i]+=a*p[i];
            r[i]-=a*Ap[i];
        }
        double rr_new=innerproduct(r,r);
        double b=rr_new/rr;
        rr=rr_new;
        for(int i=0;i<NUM_PTS+3;i++)
            p[i]=r[i]+b*p[i];
    }
    for(int i=0;i<NUM_PTS;i++) alpha[i]=x[i];
    beta[0]=x[NUM_PTS];
    beta[1]=x[NUM_PTS+1];
    beta[2]=x[NUM_PTS+2];

}
```

A : 선형 시스템을 풀기 전에 먼저 행렬을 만드는 코드입니다. NUM_PTS는 RBF interpolation을 할 때 주어진 데이터 개수로 우리는 landmark의 개수인 73입니다. 행렬의 크기는 (NUM_PTS+3)×(NUM_PTS+3)입니다. 먼저 radial 함수 ϕ를 이용해 upper triangle의 원소를 구합니다(①). 이때 Euclidean 거리는 sqrt((xs[i] - xs[j])*(xs[i] - xs[j]) + (ys[i] - ys[j])*(ys[i] - ys[j]))로 구합니다. 그리고 대각원소와 upper triangle의 나머지 원소를 구합니다. 행렬이 대칭행렬이라는 성질을 이용해 lower triangle의 원소를 구해 행렬 전체를 얻습니다(②). 그리고 rhs 벡터를 구합니다(③).

```
double RBF::get_z(double x, double y)
{
    double sum=0;
    for(int i=0;i<NUM_PTS;i++)
            sum += alpha[i]*get_phi(sqrt((x-xs[i])*(x-xs[i])+(y-ys[i])*(y-ys[i])));
            sum += beta[0]+beta[1]*x+beta[2]*y;
    return sum;
}
```

B : A에서 구한 행렬과 벡터를 가지고 Conjugate Gradient(CG) 알고리즘을 이용해 선형 시스템을 풀어서 α와 β를 구하는 코드입니다. 우리가 선형 시스템을 풀어 찾아야 하는 α, β들을 CG 알고리즘 안에서 $x = \begin{bmatrix} \alpha \\ \beta_0 \\ \beta_1 \\ \beta_2 \end{bmatrix}$로 두었습니다.

먼저 초기 값 x_0를 0으로 설정하고 이에 맞게 $r_0 = b-$(matrix)$x_0 = b$, $p_0 = -$((matrix) $x_0 - b) = b = r_0$로 둡니다. 그리고 CG 알고리즘을 따라 x_k와 r_k 그리고 p_k를 업데이트 시킵니다. 이 때 코드 상에서 a가 CG의 α_k이고, b가 CG의 β_k입니다. CG로 x를 찾고 나면 x의 각 원소 별로 α와 β를 각각 분리해 저장합니다.

위에서 구한 α와 β와 radial 함수 ϕ를 이용해 (x,y)에서의 z값을 구합니다.

연습문제

1. RBF.h를 참고하여 innerproduct 함수를 만드시오.

2.3 3D Display

2.2장까지 해서 우린 사람 얼굴의 특징적인 부분을 얼굴 비율을 통해 landmark로 지정하였고 3차원으로 만들고 싶은 인물사진에 석고상에서 얻은 z값을 조절해 각 landmark (x, y)에 대응하는 z값을 얻었습니다. 그리고 이 데이터를 바탕으로 RBF interpolation을 이용해 3차원 얼굴 곡면에 대한 함수를 얻었습니다.

이제부턴 우리가 구한 얼굴의 3차원 곡면을 컴퓨터 화면에 그려야 하는데 컴퓨터 화면은 2차원입니다. 다시 말해, 3차원을 2차원에 그려야 합니다. 그런데 3차원을 2차원에 투사 시킬 때 겹쳐지는 부분들에 대해 정보가 손실 될 수 있습니다. 따라서 3차원 곡면을 화면에 그리는 일은 그다지 간단하지 않습니다. 이번 장에선 이런 문제들을 해결하기 위한 방법들을 소개할 예정입니다. 우선 문제를 해결하기 위해 3차원 곡면을 삼각형들로 쪼개야합니다. 각 삼각형들에겐 Barycentric 좌표계를 이용해 색을 입히고 z을 저장합니다. 그리고 삼각형들을 2차원에 투사할 때 z값을 비교해 z값이 큰 삼각형을 그립니다. 이렇게 하면 겹쳐져서 정보가 손실 되는 것을 막을 수 있습니다. 이 방법을 통해 3차원 얼굴 곡면을 화면에 그려보겠습니다. 2.3장에서 나오는 모든 코드는 헤더파일 FaceLifting.h에 들어있는 코드입니다.

2.3.1 Barycentric 좌표계

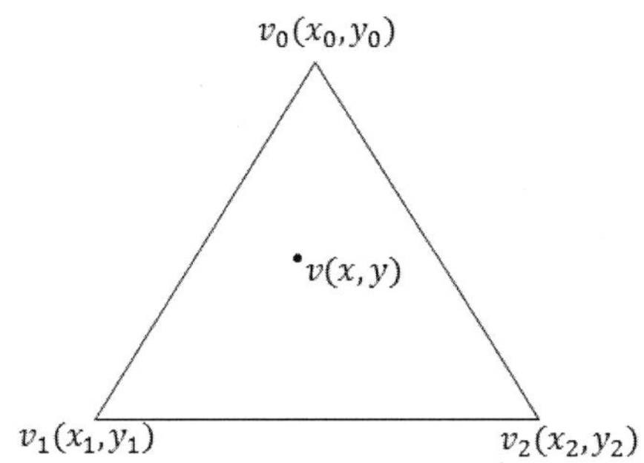

위와 같이 삼각형의 세 개의 꼭짓점의 좌표가 주어졌을 때, 삼각형 내부의 점 v는 세 꼭짓점의 convex combination으로 유일하게 표현됩니다. 다시 말해,

$$v = \lambda_1 v_1 + \lambda_2 v_2 + \lambda_3 v_3 \text{과 } \lambda_1 + \lambda_2 + \lambda_3 = 1$$

이 만족되는 $\lambda_1, \lambda_2, \lambda_3 \geq 0$이 유일하게 존재합니다. Barycentric 좌표계는 이와 같이 삼각형의 세 개의 꼭짓점의 좌표가 주어졌을 때, 삼각형 내부의 점을 세 개의 숫자 $\lambda_1, \lambda_2, \lambda_3$로 표현하는 좌표계입니다. $\lambda_1, \lambda_2, \lambda_3$는

$$\begin{cases} \lambda_0 + \lambda_1 + \lambda_2 = 1 \\ x_0\lambda_0 + x_1\lambda_1 + x_2\lambda_2 = x \\ y_0\lambda_0 + y_1\lambda_1 + y_2\lambda_2 = y \end{cases}$$

를 만족하므로, 아래의 선형 시스템을 풀어 구할 수 있습니다.

$$\begin{bmatrix} 1 & 1 & 1 \\ x_0 & x_1 & x_2 \\ y_0 & y_1 & y_2 \end{bmatrix} \begin{bmatrix} \lambda_0 \\ \lambda_1 \\ \lambda_2 \end{bmatrix} = \begin{bmatrix} 1 \\ x \\ y \end{bmatrix}$$

이제 barycentric 좌표계를 구하는 코드를 구현해 보겠습니다.

```
#ifndef FACELIFTING_H
#define FACELIFTING_H

#include <math.h>
#include "Image.h"
#include "Display.h"

static void barycentric(double x0, double y0, double x1, double y1,
                        double x2, double y2, double x,  double y,
                        double& l_0, double& l_1, double& l_2)
{
    double t = (y2 - y0)*(x1 - x0) - (y1 - y0)*(x2 - x0);
    l_0 = ((y2 - y)*(x1 - x) - (y1 - y)*(x2 - x)) / t;
    l_1 = ((y2 - y0)*(x - x0) - (y - y0)*(x2 - x0)) / t;
    l_2 = ((y - y0)*(x1 - x0) - (y1 - y0)*(x - x0)) / t;
}
```

void barycentric()은 삼각형의 세 꼭짓점 $(x_0,y_0),(x_1,y_1),(x_2,y_2)$이 주어졌을 때 점 (x,y)의 barycentric coordinate l_1,l_2,l_3을 구하는 함수입니다. 위에서 주어진 선형 시스템을 풀면 되는데 코드에서는 이를 cramer's rule을 적용해서 풀었습니다.

위에서 언급했듯이 3차원 얼굴 곡면을 화면에 그리기 위해 3차원 곡면을 삼각형들로 쪼갭니다. 이 때 각 삼각형의 세 꼭짓점에만 색과 깊이에 대한 정보가 주어져있습니다. 이 꼭짓점에서의 정보만을 가지고 내부의 색을 입히고 깊이에 대한 정보를 얻어야합니다. 이를 barycentric 좌표계를 통해서 얻을 수 있습니다. 위에서 보았듯 삼각형 내부의 점이 세 개의 숫자 $\lambda_1,\lambda_2,\lambda_3$를 이용해 convex combination으로 표현 됩니다. 이를 통해 삼각형 내부의 점의 색 정보와 깊이도 $\lambda_1,\lambda_2,\lambda_3$를 이용해 각 꼭짓점에서의 RGB값과 z값의 convex combination으로 얻을 수 있습니다.

2.3.2 Triangularization

3차원 평면을 그리기 위해 3차원 곡면을 삼각형들로 쪼개봅시다. 코드에서는 먼저 각 삼각형들에 대해 struct를 만들었습니다. 코드를 살펴보겠습니다.

```
struct Triangle_3D
{
    double x[3];
    double y[3];
    double z[3];
    double r[3];
    double g[3];
    double b[3];
    double get_color(double  x , double  y , double& z,
                     double& r , double& g , double& b )
    {
        double l_0; double l_1; double l_2;
        barycentric(this->x[0], this->y[0],
                    this->x[1], this->y[1],
                    this->x[2], this->y[2], x, y, l_0, l_1, l_2);
        z = l_0*this->z[0] + l_1*this->z[1] + l_2*this->z[2];
        r = l_0*this->r[0] + l_1*this->r[1] + l_2*this->r[2];
        g = l_0*this->g[0] + l_1*this->g[1] + l_2*this->g[2];
```

```
        b = l_0*this->b[0] + l_1*this->b[1] + l_2*this->b[2];
    }
};
```

하나의 삼각형은 세 꼭짓점의 좌표 (x[0],y[0]), (x[1],y[1]), (x[2],y[2])와 각 꼭짓점에 해당하는 z값과 RGB값을 각각 가지고 있고 get_color()라는 함수를 가지고 있습니다. 이 함수는 삼각형 내부의 점 (x,y)에서의 z값과 RGB값을 barycentric 좌표계를 이용하여 구하는 함수입니다.

사람 얼굴의 3차원 평면에 대한 z값을 앞에서 RBF interpolation으로 구했습니다. 이를 통해 $z=f(x,y)$로 z값을 구하는 함수 f를 정의하겠습니다.

```
#include "RBF.h"
RBF rbf;

static double f(double x, double y)
{
    return rbf.get_z(x,y);
}
```

3D display 코드에서 window, 사진, 스크린과 같이 다양한 좌표계가 있습니다. 또한 중간에 사용하는 reference 좌표계도 따로 존재합니다. 이 네 개의 좌표계는 아래 그림에 요약되어 있습니다.

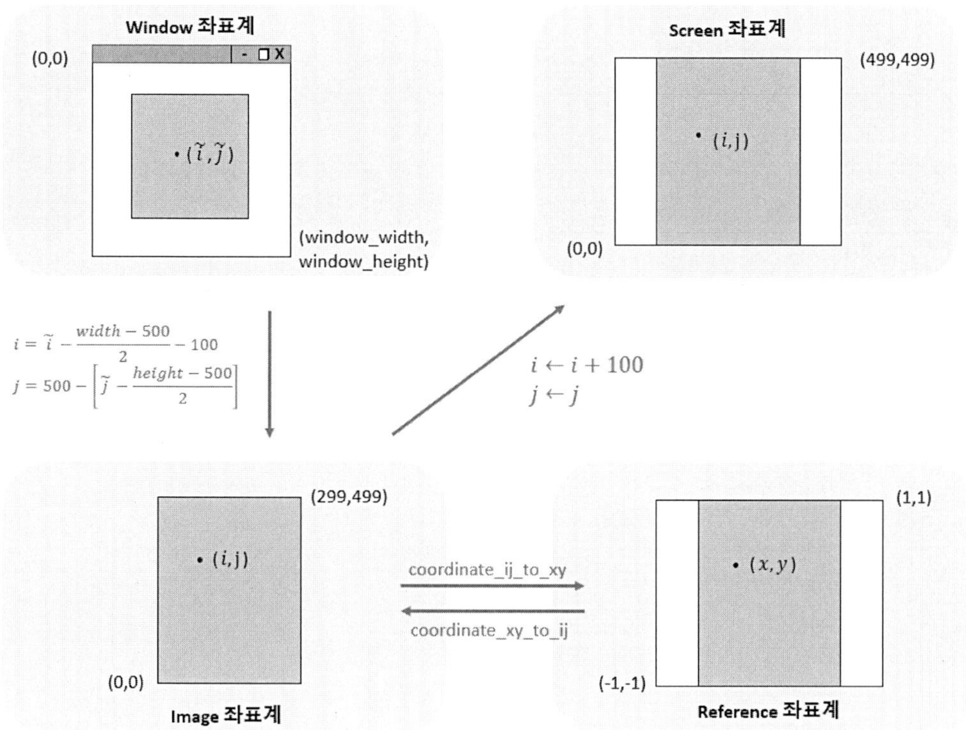

좌표계

이제 위의 좌표계들을 이용해 3차원 평면을 그려보겠습니다.
먼저 Surface_3D라는 struct를 만듭니다.

```
struct Surface_3D
{
    Triangle_3D trs[149*249*2];
    void get_surface(const Image& X)
    {
        double dx = 1.2/ 299.*2;
        double dy = 2  / 499.*2;
        int count = 0;
        for (int i = 0; i <= 296; i+=2)
        for (int j = 0; j <= 496; j+=2)
        {
```

```
double x = i/299.*1.2 - 0.6; if(x<-0.6) x=-0.6; if(x>0.6) x=0.6;
double y = j/499.*2-1;        if(y<-1)  y=-1;  if(y>1)   y=1;

// triangle 1
trs[count].x[0] = x;
trs[count].x[1] = x +dx;
trs[count].x[2] = x +dx;
trs[count].y[0] = y;
trs[count].y[1] = y;
trs[count].y[2] = y+dy;
trs[count].z[0] = f(x,y);
trs[count].z[1] = f(x+dx, y);
trs[count].z[2] = f(x+dx, y+dy);
trs[count].r[0]=X.r[i][j];
trs[count].g[0]=X.g[i][j];
trs[count].b[0]=X.b[i][j];
trs[count].r[1]=X.r[i+2][j];
trs[count].g[1]=X.g[i+2][j];
trs[count].b[1]=X.b[i+2][j];
trs[count].r[2]=X.r[i+2][j+2];
trs[count].g[2]=X.g[i+2][j+2];
trs[count].b[2]=X.b[i+2][j+2];
count++;

// triangle 2
trs[count].x[0] = x;
trs[count].x[1] = x + dx;
trs[count].x[2] = x;
trs[count].y[0] = y;
trs[count].y[1] = y+dy;
trs[count].y[2] = y + dy;
trs[count].z[0] = f(x, y);
trs[count].z[1] = f(x + dx, y+dy);
trs[count].z[2] = f(x, y + dy);
trs[count].r[0]=X.r[i][j];
trs[count].g[0]=X.g[i][j];
trs[count].b[0]=X.b[i][j];
trs[count].r[1]=X.r[i+2][j+2];
trs[count].g[1]=X.g[i+2][j+2];
```

```
            trs[count].b[1]=X.b[i+2][j+2];
            trs[count].r[2]=X.r[i][j+2];
            trs[count].g[2]=X.g[i][j+2];
            trs[count].b[2]=X.b[i][j+2];
            count++;
        }
    }
};
```

3차원 평면을 구성하는 삼각형들을 만드는 코드입니다. $149 \times 249 \times 2$개의 삼각형들을 만드는데 get_surface()라는 함수를 통해 각 삼각형들을 만듭니다.

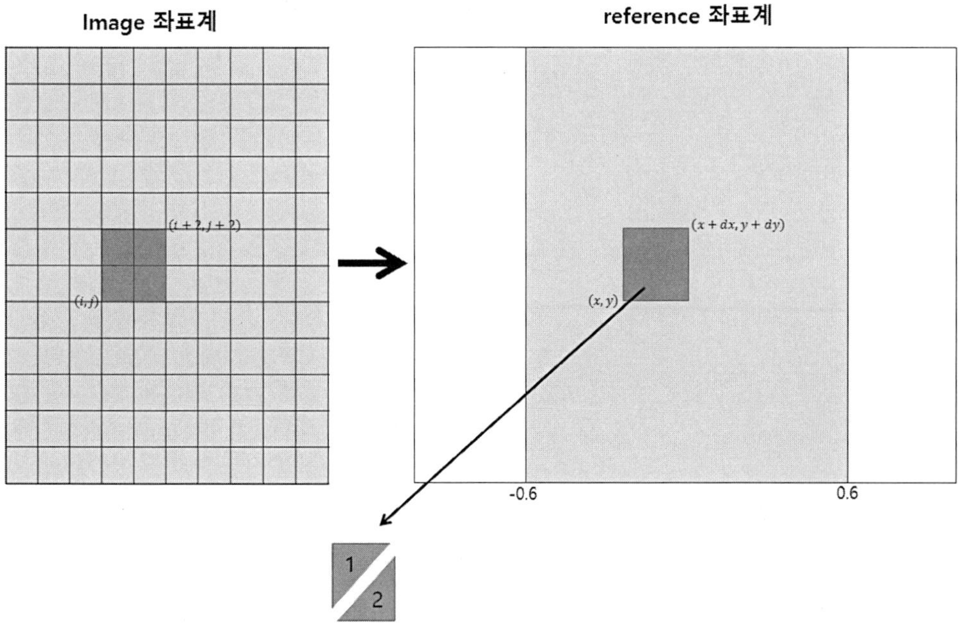

위의 그림처럼 사진의 (i,j)위치를 reference 좌표계 (x,y)로 바꾸고 해당하는 사각형을 삼각형 두 개로 자릅니다. 이 때 삼각형이 두 개 생기는데 위에 있는 코드가 1번 삼각형이고, 그 다음 코드가 2번 삼각형입니다. 이 때 각 삼각형의 x,y에 세 개의 꼭짓점 좌표를 저장하고, f를 이용해 z값을 z에 저장합니다. 그리고 각 꼭짓점의 RGB 값을 각각에 저장합니다. 이렇게 해서 3차원 평면을 구성하는 $149 \times 249 \times 2$개의 삼각형들이 만들어 집니다.

2.3.3 Draw Surface

Surface를 그리기 위해 screen struct를 만들겠습니다. screen은 3차원 평면을 2차원에 투영한(projection) 것입니다.

```
struct Screen
{
        double r[500][500];
        double g[500][500];
        double b[500][500];
        double z[500][500];
        void initialize()
        {
            for (int i=0; i<500; i++)
    ①       for (int j=0; j<500; j++)
            {
                r[i][j]=255;
                g[i][j]=255;
                b[i][j]=255;
                z[i][j]=-100;
            }
        }

    static void coordinates_xy_to_ij(double x, double y, int& i, int& j)
    {
        i = (int)(299 * (x + 0.6) / 1.2); if(i<0) i=0; if(i>299) i=299;
        j = (int)(499 * (y + 1) / 2);      if(j<0) j=0; if(j>499) j=499;
    }
    static void coordinates_ij_to_xy(int i, int j, double& x, double& y)
    {
        x = i/299.*1.2 - 0.6; if(x<-0.6) x=-0.6; if(x>0.6) x=0.6;
        y = j/499.*2-1;          if(y<-1)   y=-1;   if(y>1)   y=1;
    }
    void draw_tr(Triangle_3D T)
    {
 ②  double xmin = 1E8; double xmax = -1E8;
```

```
double ymin = 1E8; double ymax = -1E8;
for (int i = 0; i < 3; i++)
    {
        if (T.x[i] < xmin) xmin  = T.x[i];
        if (T.x[i] > xmax) xmax = T.x[i];
        if (T.y[i] < ymin) ymin  = T.y[i];
        if (T.y[i] > ymax) ymax = T.y[i];
    }
    int imin; int imax;
    int jmin; int jmax;
    coordinates_xy_to_ij(xmin,  ymin,  imin,  jmin);
    coordinates_xy_to_ij(xmax, ymax, imax, jmax);

  //---------------------------------------------------
  // (i,j) : image coordinates
  //---------------------------------------------------
    for (int i = imin; i <= imax; i++)
    for (int j = jmin; j <= jmax; j++)
    {
        double x,y;
        coordinates_ij_to_xy(i,j,x,y);
③      double l_0; double l_1; double l_2;
        barycentric(T.x[0], T.y[0],
                    T.x[1], T.y[1],
                    T.x[2], T.y[2], x, y, l_0, l_1, l_2);
        double ij_z; double ij_r; double ij_g; double ij_b;
        T.get_color(x, y, ij_z, ij_r, ij_g, ij_b);

     const double eps = 1e-10;
④    if ((l_0 >= -eps) && (l_1 >= -eps) && (l_2 >= -eps))
     {
         //---------------------------------------------
         // (i,j) : screen coordinates
⑤       //---------------------------------------------
         if (z[i+100][j] <= ij_z)
         {
             r[i+100][j] = ij_r;
```

```
                    g[i+100][j] = ij_g;
                    b[i+100][j] = ij_b;
                    z[i+100][j] = ij_z;
                }
            }

        }
    }
    void draw_surface(const Surface_3D& S)
    {
        for(int n = 0; n < 149*249*2; n++)
            draw_tr(S.trs[n]);
    }
};
#endif
```

위의 좌표계 그림에서 보다시피 스크린의 좌표는 500×500입니다. 각 좌표에서 z값과 RGB값을 가지고 있습니다. 이를 위해 z, r, g, b의 크기를 500×500으로 선언하고 초기화를 합니다(①). 두 함수 coordinates_xy_to_ij()와 coordinates_ij_to_xy는 image 좌표계(i,j)와 reference 좌표계(x,y) 사이에 좌표 변화를 해주는 함수입니다.

위에서 만들어 놓은 149×249×2개의 삼각형들을 draw_tr() 함수를 이용해 그릴 것입니다. 코드를 살펴보겠습니다.

먼저 주어진 삼각형 T의 세 꼭짓점의 최솟값과 최댓값을 구합니다. 모든 삼각형들의 꼭짓점의 좌표는 reference 좌표계를 따르기 때문에 좌표들을 coordinates_xy_to_ij 함수를 이용해 image 좌표계로 바꿔 imin, imax, jmin, jmax를 구합니다(②). 이들로 구성된 영역 안에 들어가는 (i,j)를 다시 reference 좌표계로 변환하고 barycentric 좌표계를 계산하여 색을 구합니다(③). 하지만 아래 그림에서 $(\tilde{i},\tilde{j})$와 같이 imin, imax, jmin, jmax로 구성된 사각형 영역 안에 들어가는 (i,j)가 모두 reference 좌표계에서 삼각형 T안에 들어가지는 않습니다.

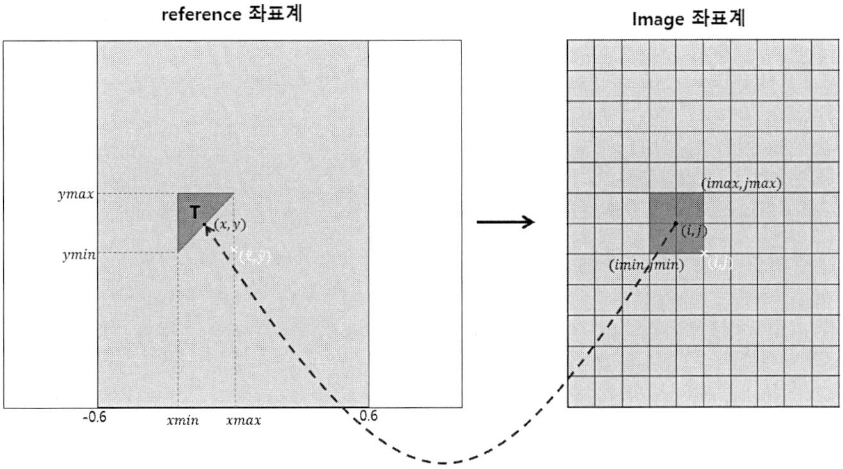

barycentric 좌표계의 l_0, l_1, l_2가 음수가 아니면 삼각형 T 안에 들어가므로 이를 확인합니다(④). (x,y)가 삼각형 T 안에 들어가면 (i,j)를 스크린 좌표계로 바꿔서 그 위치에 RGB 값과 z값을 저장하는데 겹치는 경우가 발생할 수 있습니다. z값이 더 큰 경우, 즉 더 높이 있는 경우에만 그리면 되므로 z값과 현재 z값을 비교해 더 큰 경우에만 색과 z값을 입력합니다(⑤).

이렇게 삼각형 하나를 그려보았습니다. 이를 이용하여 draw_surface에서 전체를 그립니다.

2.4 Quaternion

지금까지의 과정으로 이제 사진이 3차원 형태를 띠게 되었습니다. 하지만 정면에서 본다면 입체인지 평면인지 알 수 없겠죠. 회전이 가능하게 함으로써 3차원이 잘 구현되었는지 확인해 볼 차례입니다.

3차원 회전을 위해선 Quaternion(사원수)에 대해 알아야 합니다. Quaternion은 복소수 확장인 4차원 벡터 스페이스입니다. Quaternion p는 $i^2 = j^2 = k^2 = ijk = -1$이 되는 세 허수 i, j, k에 대해서 $p = a + u_1 i + u_2 j + u_3 k (a, u_1, u_2, u_3 \in R)$로 나타냅니다. 두

Quaternion p와 $q = b + v_1 i + v_2 j + v_3 k$에 대하여 합과 곱은 다음과 같이 정의합니다.

$$p + q = (a+b) + (u_1 + v_1)i + (u_2 + v_2)j + (u_3 + v_3)k$$

$ij = -ji = k, jk = -kj = i, ki = -ik = j$에 의하여

$$\begin{aligned} p \bullet q = ab - u_1v_1 - u_2v_2 - u_3v_3 &+ (av_1 + bu_1 + u_2v_3 - u_3v_2)i \\ &+ (av_2 + bu_2 + u_3v_1 - u_1v_3)j \\ &+ (av_3 + bu_3 + u_1v_2 - u_2v_1)k \end{aligned}$$

Quaternion p을 $a + u_1 i + u_2 j + u_3 k = a + \vec{u}$와 같이 표현하면 $(a + \vec{u}) \bullet (b + \vec{v}) = ab - \vec{u} \bullet \vec{v} + a\vec{v} + b\vec{u} + \vec{u} \times \vec{v}$로 나타낼 수 있습니다. $ij = -ji$임으로 곱셈에 대해 교환법칙은 성립하지 않습니다.

Quaternion q의 역(inverse)은 다음과 같이 계산됩니다.

$$q^{-1} = \frac{a}{a^2 + \|\vec{u}\|^2} - \frac{\vec{u}}{a^2 + \|\vec{u}\|^2}$$

3차원 상에 있는 벡터 $\vec{v} \in R^3$을 단위 벡터 $\vec{u}$에 대해 반시계방향으로 θ만큼 회전시키려면 계산의 편리성을 위해 벡터 $\vec{v}$을 벡터 $\vec{u}$에 평행한 부분($\overrightarrow{v_\parallel}$)과 벡터 $\vec{u}$에 수직인 부분($\overrightarrow{v_\perp}$)으로 분해해 보겠습니다. 따라서 벡터 $\vec{v}$을 다음 그림과 같이 분해할 수 있습니다.

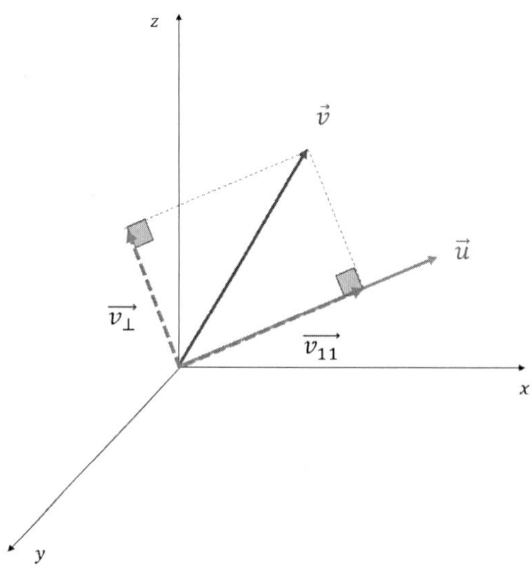

$$\vec{v} = \vec{v} \parallel + \overrightarrow{v_\perp}$$

$$\vec{v} \parallel = (\vec{u} \circ \vec{v})\vec{u}$$

$$\overrightarrow{v_\perp} = \vec{v} - \vec{v} \parallel = \vec{v} - (\vec{u} \circ \vec{v})\vec{u}$$

벡터 $\vec{u}$에 평행한 벡터 $\overrightarrow{v_{11}}$은 회전에 영향을 받지 않기 때문에 벡터 $\vec{v}$에 대한 회전은 $R\vec{v} = \vec{v} \parallel + R\overrightarrow{v_\perp}$로 표현할 수 있습니다. 여기에서 R은 회전 operation입니다.

$$\begin{aligned} R\vec{v} &= \vec{v} \parallel + R\overrightarrow{v_\perp} \\ &= (\vec{u} \circ \vec{v})\vec{u} + \cos\theta v_\perp + \sin\theta(\vec{u} \times \vec{v}) \\ &= (\vec{u} \circ \vec{v})\vec{u} + \cos\theta(\vec{v} - (\vec{u} \circ \vec{v})\vec{u}) + \sin\theta \vec{u} \times (\vec{v} - (\vec{u} \circ \vec{v})\vec{u}) \\ &= (1-\cos\theta)(\vec{u} \circ \vec{v})\vec{u} + \cos\theta\vec{v} + \sin\theta(\vec{u} \times \vec{v}) \end{aligned}$$

3차원 Quaternion에 대한 회전을 알아보겠습니다. 우선 벡터 $\vec{v}$을 벡터 $\vec{u}$을 기준으로 θ 만큼 회전하기 위해서 회전 반경에 대한 정보를 담은 단위벡터 q_R을 Quaternion으로 표현하겠습니다. 크기가 1인 Quaternion의 극좌표형식은 다음과 같이 표현됩니다.

$$e^{u_q\theta} = \cos(\theta) + \sin(\theta)u_q$$

따라서 $q_R = \cos(\theta) + \sin(\theta)\vec{u}$로 표현할 수 있습니다.

벡터 $\vec{v}$와 벡터 q_R에 대해 $q_R \cdot p \cdot q_R^{-1}$을 계산해보면 다음과 같이 계산됩니다.

$$\begin{aligned} q_R \cdot \vec{v} \cdot q_R^{-1} &= \left(\cos\left(\frac{\theta}{2}\right) + \sin\left(\frac{\theta}{2}\right)\vec{u}\right)\vec{v}\left(\cos\left(\frac{\theta}{2}\right) - \sin\left(\frac{\theta}{2}\right)\vec{u}\right) \\ &= \left(\cos\left(\frac{\theta}{2}\right) + \sin\left(\frac{\theta}{2}\right)\vec{u}\right)\left(\sin\left(\frac{\theta}{2}\right)\vec{v} \cdot \vec{u} + \cos\left(\frac{\theta}{2}\right)\vec{v} + \sin\left(\frac{\theta}{2}\right)\vec{u} \times \vec{v}\right) \\ &= \sin\left(\frac{\theta}{2}\right)^2(\vec{u} \cdot \vec{v})\vec{u} + \cos\left(\frac{\theta}{2}\right)^2\vec{v} + 2\cos\left(\frac{\theta}{2}\right)\sin\left(\frac{\theta}{2}\right)\vec{u} \times \vec{v} + \sin\left(\frac{\theta}{2}\right)^2\vec{u} \times (\vec{u} \times \vec{v}) \\ &= (1-\cos\theta)(\vec{u} \cdot \vec{v})\vec{u} + \cos\theta\vec{v} + \sin\theta(\vec{u} \times \vec{v}) \end{aligned}$$

따라서 3차원 회전 $R\vec{v} = (1-\cos\theta)(\vec{u} \cdot \vec{v})\vec{u} + \cos\theta\vec{v} + \sin\theta(\vec{u} \times \vec{v})$와 일치하게 되어 Quaternion의 3차원 회전은 $q_R \cdot p \cdot q_R^{-1}$로 계산될 수 있습니다.

만약 벡터 $\vec{v}$에 대해서 회전축 $\overrightarrow{u_1}$에 대해 θ_1만큼 회전한 다음 회전축 $\overrightarrow{u_2}$에 대해 θ_2만큼 회전한 벡터를 얻으려면 벡터 $q_{R_1} = \cos\theta_1 + \sin\theta_1\overrightarrow{u_1}$와 벡터 $q_{R_2} = \cos\theta_2 + \sin\theta_2\overrightarrow{u_2}$에 대하여 다음과 같이 계산됩니다. 따라서 벡터 $\vec{v}$에 대해 θ만큼 회전한 벡터는 벡터 $q_R = \cos(\frac{\theta}{2}) + \sin(\frac{\theta}{2})\vec{u}$에 대해서 $q_R \cdot \vec{v} \cdot q_R^{-1}$라 표현할 수 있습니다.

$$q_{R_2} \cdot (q_{R_1} \cdot \vec{v} \cdot q_{R_1}^{-1}) \cdot q_{R_2}^{-1} = (q_{R_2} \cdot q_{R_1}) \cdot \vec{v} \cdot (q_{R_2} \cdot q_{R_1})^{-1}$$

다음과 같이 3차원에서의 벡터의 회전을 Quaternion 회전이라 부릅니다. 이를 구현하는 코드를 살펴보겠습니다.

```
#ifndef _QUATERNION_ALGEBRA__
#define _QUATERNION_ALGEBRA__

#include <stdio.h>
#include <math.h>
struct QUATERNION
{
    double a,u1,u2,u3;

    QUATERNION(){a=1;u1=0;u2=0;u3=0;}
    QUATERNION( double a_, double u1_, double u2_, double u3_ )
                {a=a_;u1=u1_;u2=u2_;u3=u3_;}
      void set_rotation( double theta, double u1_, double u2_, double u3_)
      {
          double abs = sqrt(u1_*u1_ + u2_*u2_ + u3_*u3_);
          double cos_theta = cos(theta*.5);
          double sin_theta = sin(theta*.5);
 A
          a = cos_theta;
          u1= sin_theta*u1_/abs;
          u2= sin_theta*u2_/abs;
          u3= sin_theta*u3_/abs;
      }

    //QUATERNION Algebra
```

```
    QUATERNION operator+(const QUATERNION& Q)
              const{return QUATERNION(a+Q.a,u1+Q.u1,u2+Q.u2,u3+Q.u3);}
    QUATERNION operator-(const QUATERNION& Q)
              const{return QUATERNION(a-Q.a,u1-Q.u1,u2-Q.u2,u3-Q.u3);}
    QUATERNION operator*(double s)
              const{return QUATERNION(s*a,s*u1,s*u2,s*u3);}
    QUATERNION operator/(double s)
B             const{return QUATERNION(a/s,u1/s,u2/s,u3/s);}
    QUATERNION operator*(const QUATERNION& Q)
              const
    {
      QUATERNION Q_;
      Q_.a  = a*Q.a  - u1*Q.u1 - u2*Q.u2 - u3*Q.u3;
      Q_.u2 = a*Q.u2 - u1*Q.u3 + u2*Q.a  + u3*Q.u1;
      Q_.u3 = a*Q.u3 + u1*Q.u2 - u2*Q.u1 + u3*Q.a;
      Q_.u1 = a*Q.u1 + u1*Q.a  + u2*Q.u3 - u3*Q.u2;
      return Q_;
    }


    QUATERNION inverse() const
    {
      double sqr = a*a+u1*u1+u2*u2+u3*u3;

      QUATERNION Q_;
C     Q_.a  =  a/sqr;
      Q_.u1 = -u1/sqr;
      Q_.u2 = -u2/sqr;
      Q_.u3 = -u3/sqr;
      return Q_;
    }

  void operator+=(const QUATERNION& Q)
                {a+=Q.a; u1+=Q.u1; u2+=Q.u2; u3+=Q.u3;}
  void operator-=(const QUATERNION& Q)
                {a-=Q.a; u1-=Q.u1; u2-=Q.u2; u3-=Q.u3;}
  void operator*=(double s)
                {a*=s; u1*=s; u2*=s; u3*=s;}
```

```
    void operator/=(double s)
                    {a/=s; u1/=s; u2/=s; u3/=s;}

    void normalize()
    {
        double norm = sqrt(a*a+u1*u1+u2*u2+u3*u3);
        a /=norm;
        u1/=norm;
        u2/=norm;
        u3/=norm;
    }

    void apply_rotation( double& v1, double& v2, double& v3 ) const
    {
        double  b  =        - u1*v1 - u2*v2 - u3*v3;
        double w1  = a*v1           + u2*v3 - u3*v2;
        double w2  = a*v2 - u1*v3           + u3*v1;
D       double w3  = a*v3 + u1*v2 - u2*v1           ;

        v1 =-b*u1 + w1*a  - w2*u3 + w3*u2;
        v2 =-b*u2 + w1*u3 + w2*a  - w3*u1;
        v3 =-b*u3 - w1*u2 + w2*u1 + w3*a;
    }

};
#endif
```

A : 벡터를 Quaternion 일반형과 극좌표형으로 표현하는 방법에 대한 코드입니다.

void set_rotation(double theta, double u1_, double u2_, double u3_)

B : Quaternion과 관련된 사칙연산에 대한 코드입니다.

QUATERNION operator+(const QUATERNION& Q) : Quaternion끼리의 덧셈

QUATERNION operator-(const QUATERNION& Q) : Quaternion끼리의 뺄셈

QUATERNION operator*(double s) : Quaternion과 상수 s와의 곱셈

QUATERNION operator/(double s) : Quaternion과 상수 s와의 나눗셈

QUATERNION operator*(const QUATERNION& Q) : Quaternion끼리의 곱셈

C : Quaternion의 역에 대한 코드입니다.

QUATERNION inverse() const

D : 3차원 Quaternion 회전을 위해 qpq^{-1}을 계산하는 코드입니다.

벡터 $q=a+u_1i+u_2j+u_3k$은 코드 void normalize()를 통해 현재 크기가 1인 단위벡터입니다. 벡터 $q=a+u_1i+u_2j+u_3k$와 벡터 $p=0+v_1i+v_2j+v_3k$에 대한 곱셈은

$$\begin{aligned} q \cdot p =& -u_1v_1-u_2v_2-u_3v_3+(av_1+u_2v_3-v_3u_2)i+(av_2+u_3v_1-u_1v_3)j \\ &+(av_3+u_1v_2-u_2v_1)k=b+w_1i+w_2j+w_3k \end{aligned}$$

로 표현할 수 있습니다.

앞서 Quaternion q의 역(inverse)은 $q^{-1}=a-(u_1i+u_2j+u_3k)$이므로 qpq^{-1}는 다음과 같이 표현됩니다.

$$\begin{aligned} q \cdot p \cdot q^{-1} &= (q \cdot p) \cdot q^{-1} \\ &= (b+w_1i+w_2j+w_3k) \cdot (a-u_1i-u_2j-u_3k) \\ &= ba-w_1u_1-w_2u_2-w_3u_3+(-bu_1+aw_1-w_2u_3+w_3u_2)i \\ &\qquad +(-bu_2+aw_2-w_3u_1+w_1u_3)j \\ &\qquad +(-bu_3+aw_3-w_1u_2+w_2u_1)k \\ &= ba-w_1u_1-w_2u_2-w_3u_3+v_1i+v_2j+v_3k \end{aligned}$$

2.5 윈도우즈 프로그래밍

2.1부터 2.4장에 걸쳐 Face Lifting에 필요한 모든 이론과 코드를 살펴보았습니다. 지금부터는 이를 바탕으로 윈도우즈 프로그래밍을 할 것입니다. 윈도우즈 프로그래밍에 대한 기본 설명은 APPENDIX B를 참고하세요. 먼저 모든 윈도우즈 프로그래밍을 시작할 때 공통적으로 필요한 코드가 있습니다. 코드의 자세한 내용은 생략하고 코드만 소개하겠습니다.

```
#include <Windows.h>
#include "resource.h"

LRESULT CALLBACK WndProc(HWND, UINT, WPARAM, LPARAM);
BOOL CALLBACK DlgProc(HWND hwnd, UINT message, WPARAM wParam,
                                                  LPARAM lParam );

int WINAPI WinMain (HINSTANCE hInstance, HINSTANCE hPrevInstance,
                                    PSTR szCmdLine, int iCmdShow)
{
    static TCHAR szAppName[] = TEXT ("FACELIFTING") ;
    MSG msg;
    HWND hwnd;
    WNDCLASS wndclass;

    wndclass.style = CS_HREDRAW | CS_VREDRAW
    wndclass.lpfnWndProc = WndProc;
    wndclass.cbClsExtra = 0;
    wndclass.cbWndExtra = DLGWINDOWEXTRA
    wndclass.hInstance = hInstance
    wndclass.hIcon = LoadIcon (hInstance, szAppName);
    wndclass.hCursor = LoadCursor (NULL, IDC_ARROW);
    wndclass.hbrBackground = (HBRUSH) (COLOR_BTNFACE+1);
    wndclass.lpszMenuName = NULL;
    wndclass.lpszClassName = szAppName;

    if (!RegisterClass (&wndclass))
    {
        MessageBox(NULL, TEXT("This program requires Windows NT!"),
                    szAppName, MB_ICONERROR);
        return 0;
    }

    hwnd = CreateDialog(hInstance,szAppName,0,NULL);
    ShowWindow (hwnd, iCmdShow);

    while(GetMessage (&msg, NULL, 0, 0))
    {
        TranslateMessage(&msg);
```

```
        DispatchMessage (&msg);
    }
    return msg.wParam;
}
```

이제 위의 윈도우즈 코드를 기반으로 Face Lifting을 해보겠습니다.

```
#include "FaceLifting.h"
#include "quaternion.h"
#include "FeatureDetection.h"

int window_width ;
int window_height;

Image X;
QUATERNION Q;
Surface_3D S;
Screen     C;
unsigned char* m_rgb_buf;
```

먼저 2.1부터 2.4장에서 구현한 모든 헤더 파일들을 include합니다. 이 때 RBF.h는 이미 FaceLifting.h에서 include하였기 때문에 또 다시 include할 필요는 없습니다.

```
LRESULT CALLBACK WndProc(HWND hwnd, UINT message, WPARAM wParam, LPARAM
lParam )
{
    switch(message)
    {
        case WM_CREATE:
        {
            image_load("test.bmp", X);
            S.get_surface(X);
            load_feature()
            C.initialize();
            C.draw_surface(S);
            m_rgb_buf = new unsigned char[500*500*3];
            return 0;
        }
```

먼저 test 이미지를 X에 저장합니다. 이 때 사진을 불러오는 코드는 앞장의 Face Recognition과 일치하니 참고하시길 바랍니다. 그리고 surface를 얻고 눈, 코, 입, 턱을 찾을 때 필요한 대표 이미지들을 불러옵니다. 초기화를 한 다음에 draw_surface를 통해 test 이미지를 그립니다.

test 이미지

```
case WM_COMMAND:
{
    int id = LOWORD(wParam);
}
break;
case WM_PAINT:
{
    int w = 500;
    int h = 500;
    BITMAPINFO bminfo;
    BITMAPINFOHEADER& bmInfoHeader = bminfo.bmiHeader;

    bmInfoHeader.biSize      = 40;
```

```
        bmInfoHeader.biWidth      = 500;
        bmInfoHeader.biHeight     = 500;
        bmInfoHeader.biPlanes     = 1;
        bmInfoHeader.biBitCount   = 24;
        bmInfoHeader.biCompression = 0;
        bmInfoHeader.biSizeImage = bmInfoHeader.biWidth
        * bmInfoHeader.biHeight
        * (bmInfoHeader.biBitCount/8);
        bmInfoHeader.biXPelsPerMeter = 0;
        bmInfoHeader.biYPelsPerMeter = 0;
        bmInfoHeader.biClrUsed = 0;
        bmInfoHeader.biClrImportant = 0;

        unsigned char* buf = m_rgb_buf;
        for (int j=0; j < h; j++)
        for (int i=0; i < w; i++)
        {
            *buf = C.b[i][j]; buf++;
            *buf = C.g[i][j]; buf++;
            *buf = C.r[i][j]; buf++;
        }
        HDC hdc = GetDC(hwnd);
        SetDIBitsToDevice(hdc, (window_width-500)/2,
                         (window_height-500)/2, w, h, 0, 0, 0, h,
                         m_rgb_buf, &bminfo,DIB_RGB_COLORS);
        ReleaseDC(hwnd,hdc);
    }
    return 0;
```

위의 코드도 윈도우즈 프로그래밍에 필요한 기본코드로 설명은 생략하겠습니다. 이제 마우스로 사진을 클릭해 눈, 코, 입, 턱을 찾는 코드를 살펴보겠습니다.

```
    case WM_LBUTTONDOWN:
    {
        static int count = 0;
        //-----------------------------------------------
        // (i_,j_) : window coordinates
```

```
//----------------------------------------------
int i_=LOWORD(lParam);
int j_=HIWORD(lParam);
//----------------------------------------------
// (i, j) : now image coordinates
//----------------------------------------------
int i = i_   - (window_width  - 500)/2 - 100;
int j = 500 - (j_-(window_height - 500)/2);
if(count == 0)
{
    best_left_eye(X, i, j);
    MessageBeep(-1);
}
if(count == 1)
{
    best_right_eye(X, i, j);
    MessageBeep(-1);
}
if(count == 2)
{
    best_lip(X, i, j);
    MessageBeep(-1);
}
if(count == 3)
{
    best_nose(X, i, j);
    MessageBeep(-1);
}
if(count == 4)
{
    best_jaw(X, i, j);
    MessageBeep(-1);
//----------------------------------------------
// assign landmarks
//----------------------------------------------
    double lefteye_imin; double lefteye_jmin;
    double lefteye_imax; double lefteye_jmax;
```

```
C.coordinates_ij_to_xy(Left_Eye.imin, Left_Eye.jmin, lefteye_imin,
                       lefteye_jmin);
C.coordinates_ij_to_xy(Left_Eye.imax, Left_Eye.jmax, lefteye_imax,
                       lefteye_jmax);

double righteye_imin; double righteye_jmin;
double righteye_imax; double righteye_jmax;
C.coordinates_ij_to_xy(Right_Eye.imin,Right_Eye.jmin,righteye_imin,
                       righteye_jmin);
C.coordinates_ij_to_xy(Right_Eye.imax,Right_Eye.jmax,righteye_imax,
        righteye_jmax);

double lip_imin; double lip_jmin;
double lip_imax; double lip_jmax;
C.coordinates_ij_to_xy(Lip.imin, Lip.jmin, lip_imin, lip_jmin);
C.coordinates_ij_to_xy(Lip.imax, Lip.jmax, lip_imax, lip_jmax);

double nose_imin; double nose_jmin;
double nose_imax; double nose_jmax;
C.coordinates_ij_to_xy(Nose.imin, Nose.jmin, nose_imin, nose_jmin);
C.coordinates_ij_to_xy(Nose.imax, Nose.jmax, nose_imax, nose_jmax);

double jaw_imin; double jaw_jmin;
double jaw_imax; double jaw_jmax;
C.coordinates_ij_to_xy(Jaw.imin, Jaw.jmin, jaw_imin, jaw_jmin);
C.coordinates_ij_to_xy(Jaw.imax, Jaw.jmax, jaw_imax, jaw_jmax);

double face_icenter = (lefteye_imin + lefteye_imax + righteye_imin + righteye_imax) / 4;
double face_jcenter = (lefteye_jmin + lefteye_jmax + righteye_jmin +righteye_jmax) / 4;

double lip_jcenter = (1 * lip_jmin + 4 * lip_jmax) / 5;

 rbf.xs[0] = lefteye_imin;
 rbf.ys[0] = (lefteye_jmin + lefteye_jmax) / 2;
 rbf.xs[1] = (lefteye_imin + lefteye_imax) / 2;
 rbf.ys[1] = (lefteye_jmin + lefteye_jmax) / 2;
 rbf.xs[2] = lefteye_imax;
```

```
 rbf.ys[2] = (lefteye_jmin + lefteye_jmax) / 2;
 rbf.xs[3] = righteye_imin;
 rbf.ys[3] = (righteye_jmin + righteye_jmax) / 2;
 rbf.xs[4] = (righteye_imin + righteye_imax) / 2;
 rbf.ys[4] = (righteye_jmin+ righteye_jmax) / 2;
 rbf.xs[5] = righteye_imax;
 rbf.ys[5] = (righteye_jmin + righteye_jmax) / 2;
 rbf.xs[6] = 0.6*lip_imin+0.4*lip_imax;      rbf.ys[6]  = lip_jmax;
rbf.xs[7] = 0.6*lip_imax+0.4*lip_imin;       rbf.ys[7]  = lip_jmax;
rbf.xs[8] = lip_imin;                        rbf.ys[8]  = lip_jcenter;
rbf.xs[9] = lip_imax;                        rbf.ys[9]  = lip_jcenter;
rbf.xs[10] = 0.65*lip_imin+0.35*lip_imax;  rbf.ys[10] = lip_jmin;
rbf.xs[11] = 0.65*lip_imax+0.35*lip_imin;  rbf.ys[11] = lip_jmin;

{
   double length = (rbf.xs[2]-rbf.xs[0]+rbf.xs[5]-rbf.xs[3])/4;
   rbf.xs[12] = rbf.xs[0]-length/sqrt(2) ;
   rbf.ys[12] = rbf.ys[0]+length/sqrt(2) ;
   rbf.xs[13] = rbf.xs[1]                ; rbf.ys[13] = rbf.ys[1]+length;
   rbf.xs[14] = rbf.xs[2]+length/sqrt(2) ;
   rbf.ys[14] = rbf.ys[2]+length/sqrt(2) ;
   rbf.xs[15] = rbf.xs[3]-length/sqrt(2) ;
   rbf.ys[15] = rbf.ys[3]+length/sqrt(2) ;
   rbf.xs[16] = rbf.xs[4]                ; rbf.ys[16] = rbf.ys[4]+length;
   rbf.xs[17] = rbf.xs[5]+length/sqrt(2) ;
   rbf.ys[17] = rbf.ys[5]+length/sqrt(2) ;
   rbf.xs[19] = (4*rbf.xs[0]+rbf.xs[1])/5 ;
   rbf.ys[19] = rbf.ys[0] - length / sqrt(2)*2;
   rbf.xs[24] = (4*rbf.xs[5]+rbf.xs[4])/5 ;
   rbf.ys[24] = rbf.ys[5] - length / sqrt(2)*2;
}

double a = rbf.xs[4] - rbf.xs[1];
double b = (rbf.ys[1]+rbf.ys[4])/2 - (2*jaw_jmin+jaw_jmax)/3;

rbf.xs[18] = face_icenter              ;rbf.ys[18] = face_jcenter;
rbf.xs[20] = (rbf.xs[1]+rbf.xs[8])/2    ;
```

```
rbf.ys[20] = (rbf.ys[1]+rbf.ys[8])/2        ;
rbf.xs[21] = (4*rbf.xs[2]+3*rbf.xs[8])/7 ;
rbf.ys[21] = (4*rbf.ys[2]+3*rbf.ys[8])/7 ;
rbf.xs[22] = (4*rbf.xs[3]+3*rbf.xs[9])/7 ;
rbf.ys[22] = (4*rbf.ys[3]+3*rbf.ys[9])/7 ;
rbf.xs[23] =  (rbf.xs[4]+rbf.xs[9])/2   ;rbf.ys[23] = (rbf.ys[4]+rbf.ys[9])/2;
rbf.xs[25] = face_icenter          ;rbf.ys[25] = (nose_jmax+nose_jmin)/2;
rbf.xs[26] = nose_imin                ;rbf.ys[26] = nose_jmin;
rbf.xs[27] = face_icenter             ;rbf.ys[27] = nose_jmin;
rbf.xs[28] = nose_imax                ;rbf.ys[28] = nose_jmin;
rbf.xs[29] = face_icenter             ;rbf.ys[29] = lip_jmin;
rbf.xs[30] = face_icenter             ;rbf.ys[30] = jaw_jmax;
rbf.xs[31] = rbf.xs[18]               ;rbf.ys[31] = 2*rbf.ys[18]-rbf.ys[25];
rbf.xs[32] = rbf.xs[18]               ;rbf.ys[32] = 2*rbf.ys[31]-rbf.ys[18];

for(int i=0; i<20; i++)
{
    double theta = 2*3.141592/20*i;
    rbf.xs[33+i] = rbf.xs[18]+a*cos(theta);
    rbf.ys[33+i] = rbf.ys[18]+b*sin(theta);
}

a = 1.2*a;
b = 1.2*b;
for(int i=0; i<20; i++)
{
    double theta = 2*3.141592/20*i;
    rbf.xs[53+i] = rbf.xs[18]+a*cos(theta);
    rbf.ys[53+i] = rbf.ys[18]+b*sin(theta);
}
```

마우스 왼쪽 버튼을 눌렀을 때 그 위치의 윈도우 좌표계의 좌표가 (i_,j_)에 저장됩니다. 이 좌표를 이미지 좌표계로 바꿔 (i,j)에 저장합니다. count는 마우스 버튼을 누른 횟수인데 왼쪽 눈-오른쪽 눈-입-코-턱 순서대로 찾습니다. MessageBeep(-1)는 feature를 다 찾고 나면 삐- 소리를 내도록 하는 코드입니다. 5개의 feature를 다 찾고 나면 2.1에서 지정한 73개의 landmark를 구합니다.

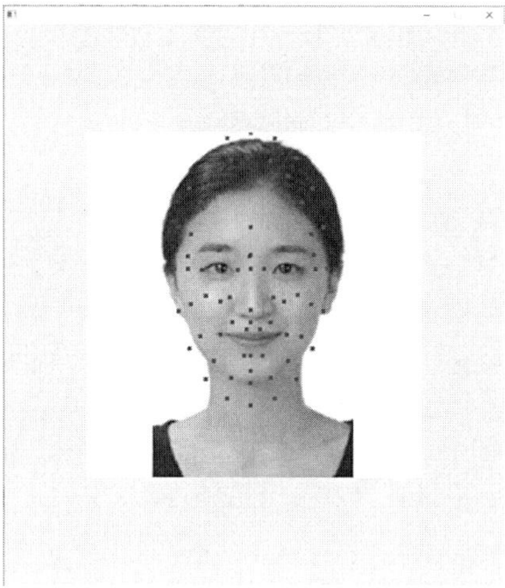

```
for (int i = 0; i<300; i++)
for (int j=0; j<500; j++)
{
    //[-1,1]^2
    double x;
    double y;
    C.coordinates_ij_to_xy(i, j, x, y);

    double a = (rbf.xs[4] - rbf.xs[1])*1.1;
    double b = (4*((rbf.ys[1]+rbf.ys[4])/2-(rbf.ys[8]+rbf.ys[9])/2)
                / 3.)*1.2;
    if (((x-rbf.xs[18])*(x-rbf.xs[18])/a/a
       +(y-rbf.ys[18])*(y-rbf.ys[18])/b/ b) > 1)
    {
        X.r[i][j] = 255;
        X.g[i][j] = 255;
        X.b[i][j] = 255;
    }
}
```

얼굴 외의 부분은 필요 없으므로 흰색으로 칠합니다. 그러면 다음 그림과 같이 출력됩니다.

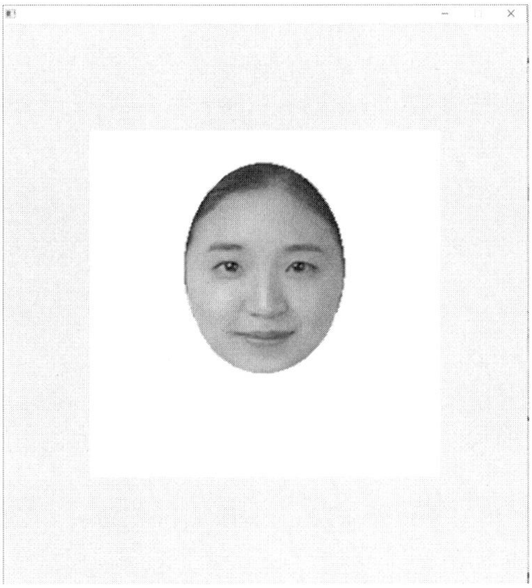

```
double scale=(rbf.xs[4]-rbf.xs[1])/0.68/1.2;
rbf.zs[0]  = 0.5   *scale*0.9;
rbf.zs[1]  = 0.624*scale*0.9;
rbf.zs[2]  = 0.624*scale*0.9;
rbf.zs[3]  = 0.624*scale*0.9;
rbf.zs[4]  = 0.624*scale*0.9;
rbf.zs[5]  = 0.5   *scale;
rbf.zs[6]  = 0.79  *scale;
rbf.zs[7]  = 0.79  *scale;
rbf.zs[8]  = 0.72  *scale;
rbf.zs[9]  = 0.72  *scale;
rbf.zs[10] = 0.7   *scale;
rbf.zs[11] = 0.7   *scale;
rbf.zs[12] = 0.2*scale; //0.46 *scale;
rbf.zs[13] = 0.72  *scale;
rbf.zs[14] = 0.8  *scale;
rbf.zs[15] = 0.8  *scale;
rbf.zs[16] = 0.72  *scale;
rbf.zs[17] = 0.2*scale;
rbf.zs[18] = 0.80  *scale;
rbf.zs[19] = 0.616*scale;
rbf.zs[20] = 0.724*scale;
rbf.zs[21] = 0.716*scale;
```

```
    rbf.zs[22] = 0.716*scale;
    rbf.zs[23] = 0.724*scale;
    rbf.zs[24] = 0.616*scale;
    rbf.zs[25] = 0.97*scale;
    rbf.zs[26] = 0.768*scale;
    rbf.zs[27] = 0.744*scale;
    rbf.zs[28] = 0.768*scale;
    rbf.zs[29] = 0.752*scale;
    rbf.zs[30] = 0.7   *scale;
    rbf.zs[31] = 1.0*rbf.zs[18];
    rbf.zs[32] = 0.85*rbf.zs[31];

    double para_coeff = 0.7*0.75/(jaw_jmax-face_jcenter)/(jaw_jmax-face_jcenter);
    for (int i=0; i<20; i++)
    {
        if (rbf.ys[33+i]>face_jcenter)
        rbf.zs[33+i] = 0.8*para_coeff
                    *(rbf.ys[33+i]-face_jcenter)*(rbf.ys[33+i]-face_jcenter)*scale;
        else rbf.zs[33+i] = para_coeff
                        *(rbf.ys[33+i]-face_jcenter)*(rbf.ys[33+i]-face_jcenter)*scale;
        }
        rbf.zs[33 + 15] = 0.4*scale;
        for (int i=0; i<20; i++)
        {
            rbf.zs[53+i] = -rbf.zs[25]/3;
        }
        rbf.calculate_coefficients();
    }
    count++;
    S.get_surface(X);
    C.draw_surface(S);
    UpdateWindow(hwnd);
}
return 0;
```

석고상과 주어진 test 이미지의 크기 비교를 통해 비율 scale을 구하고, 이를 바탕으로 각 landmark에 대응하는 z값을 구합니다. 그러면 RBF interpolation을 하기 위한 모든 데이터가 주어졌으므로 α, β를 calculate_coefficients()를 이용하여 구합니다. 그리고 3차원 평면을 구해 그립니다.

이제 키보드의 화살표 버튼을 눌렀을 때 사진을 회전시키는 코드를 살펴보겠습니다.

```
case WM_KEYDOWN:
{
    QUATERNION Q_;
    switch(wParam)
    {
        case VK_LEFT     : Q_.set_rotation(-0.01,0,1,0); break;
        case VK_RIGHT   : Q_.set_rotation( 0.01,0,1,0); break;
        case VK_UP       : Q_.set_rotation(-0.01,1,0,0); break;
        case VK_DOWN : Q_.set_rotation( 0.01,1,0,0); break;
        case VK_HOME   : Q_.set_rotation( 3.14159/2,0,1,0); break;
    }
    Q=Q_;
    for(int i=0; i<149*249*2; i++)
    {
        Triangle_3D& T = S.trs[i];
        for(int j=0; j<3; j++)
        Q.apply_rotation(T.x[j],T.y[j],T.z[j]);
    }
    C.initialize();
    C.draw_surface(S);
    return 0;
}
```

위, 아래, 양 옆 버튼을 누르면 해당하는 방향으로 0.01° 돌아갑니다. 그리고 홈 버튼을 누르면 왼쪽으로 90° 돌아갑니다. Quaternion으로 회전하고 다시 3차원 평면을 그립니다.

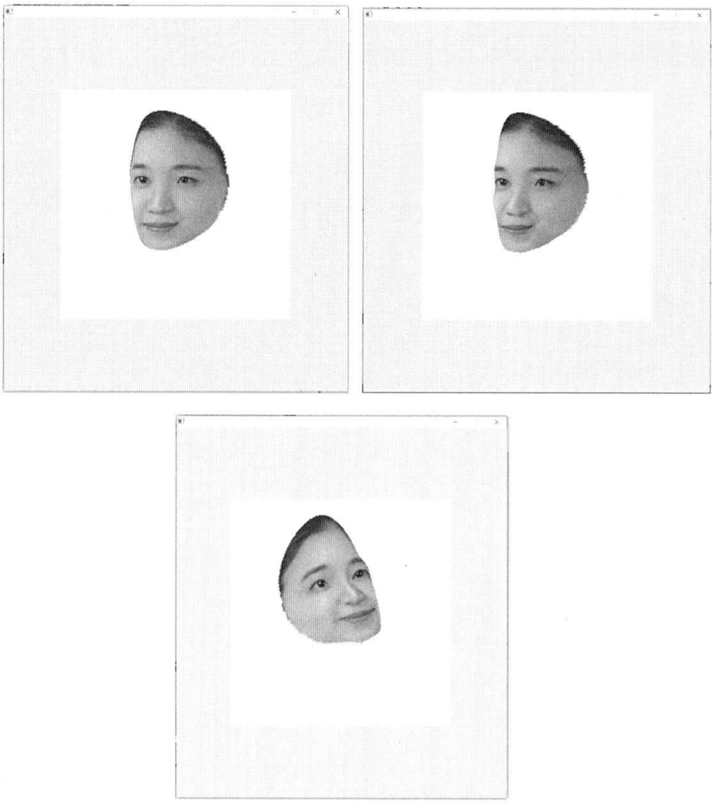

2장 전반에 걸쳐 배운 코드를 통해 우리는 2차원 평면 사진으로부터 3차원 입체 사진을 얻을 수 있었습니다. 이렇게 입체로 만든 사진을 회전을 시켜 위와 같은 비교적 자연스러운 결과를 얻을 수 있었습니다. 이렇게 정면 사진 한 장만으로 3차원 입체를 얻을 수 있었고 후에 코드를 발전시켜 범죄 현장을 비롯해 다양한 실행활에 적용되길 고대해봅니다.

Chapter 3

Game Programming

박예솜 · 이윤경 · 박초희 · 박승희 · 이유나 · 민조홍

3.1 Minimax 이론

우리는 게임을 할 때 이기기 위해 자신에게 최선의 수를 두려합니다. 가장 최적의 수를 두기 위해선, 기본적으로 우린 상대 플레이어가 다음 수에 어떻게 둘지 예상해야 합니다. 이런 아이디어를 착안해 우리는 컴퓨터가 최적의 수를 두게끔 코딩하게 되는 데 이 방법을 Minimax 알고리즘이라 부릅니다.

Minimax 알고리즘은 게임 이론에서 2인 플레이어 zero-sum 게임(게임이론에서 zero-sum은 자신의 이익이 곧 상대방의 손해와 같아서 결국 두 플레이어의 이익과 손해의 총합이 항상 0인 게임)에 적용되는 decision rule입니다. 이 알고리즘은 각 플레이어가 상대방의 수를 고려한 최적의 선택으로 자신의 손실을 최소화하는 방법으로 수를 둘 것을 전제합니다. 앞으로 살펴볼 세 개의 게임 프로그래밍 예제들은 모두 Minimax 이론이 적용된 2인 플레이어 zero-sum 게임입니다.

플레이어 A와 플레이어 B가 게임을 한다고 합시다. Minimax 이론을 이해하기 쉽게 아래의 그림을 보면서 설명하겠습니다. 아래의 그림은 Search tree라고 불리는데 이는 트리 구조의 데이터 집합이며 데이터 집합 속에 특정 값을 찾는데 사용됩니다. Search tree의 각 노드에 적혀있는 숫자는 플레이어 A 입장에서 현재 게임 판의 점수입니다. 숫자가 클수록 플레이어 A에게는 유리한 상황입니다.

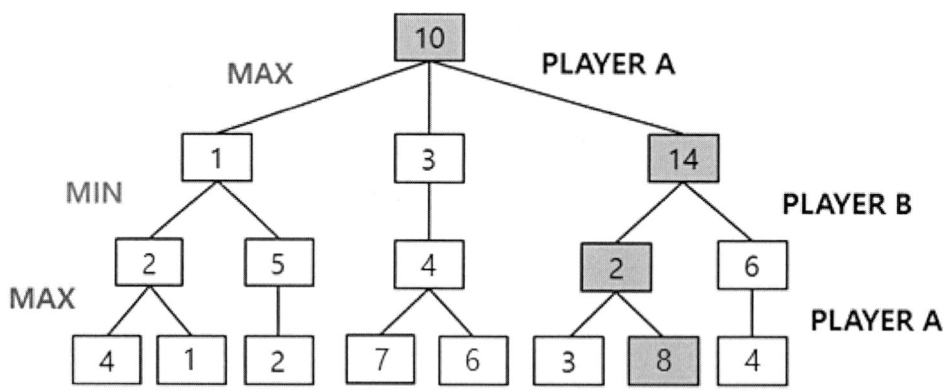

Search tree-Minimax

이제 플레이어 A 입장에서 최적의 게임을 위한 전략을 짜봅시다. 현재 게임 판의 점수는 10입니다. 플레이어 A는 자신에게 가장 유리한 수, 즉 가장 큰 수를 Search tree의 노드에서 선택할 것입니다. 그림에선 1, 3, 14 중 가장 큰 수인 14를 선택하는 것이죠. 그 다음 이제는 플레이어 B의 차례입니다. B는 자신에게 가장 유리한, 즉 A에게 가장 불리한 수인 Search tree의 leaf node에서 가장 점수가 작은 수를 선택할 것입니다. 먼저 플레이어 A가 14를 선택하였으므로 아래 node에 있는 2와 6 중에 작은 수인 2를 B는 선택하게 됩니다. 그 다음 플레이어 A는 자신에게 가장 유리한 큰 점수인 8을 선택합니다. 이렇게 각 플레이어가 자신에게 최선의 수를 둔다는 가정 하에 다음 상황들을 예측해가며 수를 두는 방법이 Minimax 알고리즘입니다. 하지만 게임이 끝날 때가지 모든 경우의 수에 대해 고려하게 되면 시간이 너무 많이 걸리므로 search tree를 만들기 전에 depth라는 것을 지정합니다. Depth는 Search tree를 어디까지 생성할지 결정해 depth가 클수록 플레이어는 많은 수를 내다보게 됩니다.

이어지는 장에서는 Minimax이론을 적용하여 세 가지 게임 프로그래밍을 소개하겠습니다.

3.2 Tic Tac Toe

3.2.1. 게임 규칙

Tic-tac-toe는 3x3 판에 빙고와 비슷하게 가로, 세로, 대각선 중 한 줄 이상을 먼저 선점하는 사람이 승리하는 게임입니다. 두 명의 플레이어는 비어있는 칸에 각자의 돌을 하나씩 번갈아 두며 게임을 진행합니다.

●	○	○
	●	○
		●

다음과 같은 경우 검은 돌이 승리하게 된다.

3.2.2. Minimax 알고리즘을 이용한 프로그래밍

Tic-tac-toe는 비교적 간단한 게임으로, 비어있는 칸을 탐색해서 그 중 하나의 칸에 돌을 먼저 놓았을 때 이길 확률이 얼마나 되는지 확인하여 가장 높은 확률이 나타나는 곳에 돌을 놓도록 하는 알고리즘을 시도해볼 수 있습니다.

Minimax를 적용하여, 유저도 컴퓨터와 동일한 방법으로 최선의 자리를 탐색할 것이라는 예상을 바탕으로 재귀적 형식의 알고리즘을 구상할 수 있습니다. 이에 따라 컴퓨터는 "내가 이렇게 두면 쟤는 그 다음에 이렇게 둬서 내가 이길 확률이 낮아질 거야(높아질 거야)!" 하며 자신에게 가장 유리한 자리에 바둑돌을 놓게 될 것입니다.

이제 본격적으로 Tic-tac-toe 프로그램의 코드를 작성해봅시다.

우선 3x3 판에 돌이 어떻게 놓여있는지를 화면에 보여줄 display() 함수를 작성합니다. 각각 빈칸, 컴퓨터가 돌을 놓은 자리, 유저가 돌을 놓은 자리에 대하여 판을 나타낼 배열에 0, 1, 2를 대입하겠습니다. 컴퓨터와 유저가 놓은 돌은 화면에서 각각 O(ASCII코드 79), X(ASCII코드 88)로 나타냅시다.

```
#include <stdio.h>
#include <stdlib.h>
#include <time.h>

void display(char board[3][3])
{
        printf("---------\n");
        for (int i = 0; i < 3; i++)
        {
                for (int j = 0; j < 3; j++)
                {
                        if (board[i][j] == 0)           printf("    ");
                        else if (board[i][j] == 1)          printf(" %c ", 79);
                        else                                printf(" %c ", 88);
                }
                printf("\n");
        }
        printf("---------\n\n");
}
```

다음의 num_of_plays()는 판에 놓인 돌의 수를 세는 함수입니다. 이 함수는 9개의 돌이 모두 놓였는데도 승패가 갈리지 않았을 때, 즉 무승부가 될 경우를 판별하기 위하여 사용될 것입니다.

```
int num_of_plays(char board[3][3])
{
        int count = 0;
        for (int i = 0; i<3; i++)
        for (int j = 0; j<3; j++)
        if (board[i][j] != 0) count++;
        return count;
}
```

이제 승패를 판별하는 result() 함수를 작성해봅시다. 아래 코드에서 첫 번째 for 문은 가로로 한 줄 이상 선점한 플레이어가 있는지를 확인하여 승자에 해당하는 값(컴퓨터면 1, 유저면 2)을 리턴합니다. 두 번째 for 문은 세로줄에 대하여, 그 이후의 코드는 대각선에 대하여 승자를 판별합니다. 승자가 정해지지 않았을 경우에는 0을 리턴합니다.

```
int result(char board[3][3])
{
        for (int i = 0; i<3; i++)
        {
                if (board[i][0] == board[i][1] &&
                        board[i][1] == board[i][2])
                {
                        if (board[i][0] == 1) return 1;
                        if (board[i][0] == 2) return 2;
                }
        }

        for (int j = 0; j<3; j++)
        {
                if (board[0][j] == board[1][j] &&
                        board[1][j] == board[2][j])
                {
                        if (board[0][j] == 1) return 1;
                        if (board[0][j] == 2) return 2;
```

```
                }
        }


        if (board[0][0] == board[1][1] &&
                board[1][1] == board[2][2])
        {
                if (board[0][0] == 1) return 1;
                if (board[0][0] == 2) return 2;
        }
        if (board[0][2] == board[1][1] &&
                board[1][1] == board[2][0])
        {
                if (board[0][2] == 1) return 1;
                if (board[0][2] == 2) return 2;
        }

        return 0;
}
```

지금부터 최선의 수를 두는 함수 find_the_best_move()를 살펴봅시다.

```
void find_the_best_move(char board[3][3], int player1, int player2, int& best_move, double& win_prob)
{
        if(     result(board)!=0){best_move=-1; win_prob=-1; return;}
        else if(num_of_plays(board)==9){best_move=-1; win_prob=0; return;}

        win_prob=0; int count=0;
        double win_prob_max=-1000;
        for(int i=0; i<3; i++)
        for(int j=0; j<3; j++)
        {
                if(board[i][j]==0)
                {
                        board [i][j]=player1;
                        int temp1; double temp2;
                        find_the_best_move(board, player2, player1, temp1, temp2);
```

```
16.                         double win_pro_ij=-temp2;
17.                         win_prob += win_pro_ij; count++;
18.                         if (win_pro_ij>win_prob_max)
19.                         {
20.                                 best_move=10*i+j;
21.                                 win_prob_max=win_pro_ij;
22.                         }
23.                         board[i][j]=0;
24.                 }
25.         }
26.         win_prob/=count;
27. }
```

find_the_best_move는 현재 보드 판이 char board[3][3] 일 때, 현재 플레이어 int player1 입장에서 게임이 끝나는 순간까지 Minimax 알고리즘을 적용해 이길 확률 win_prob이 가장 높은 최적의 수 best_move를 구하는 함수입니다. 먼저 게임이 종료되었는지를 확인해야 합니다. 3행에서는 게임의 승패가 났는지를 확인하고, 4행에서는 승패는 나지 않았지만 무승부로 게임이 종료되었는지를 확인합니다.

두 가지 경우가 모두 아닌 경우, 즉 게임이 끝나지 않은 경우 이제 Minimax 알고리즘을 적용해 최적의 수를 찾습니다. 일단 win_prob를 초기화 시켜놓고(6행) 9개의 보드 판에서 보드 판이 비어있는지 아닌지를 확인하여(8~11행) 그 위치에 수를 놓을 수 있는지를 확인합니다. 보드 판이 비어있는 경우, 그 위치에 현재 플레이어의 돌을 놓습니다(13행). 그러면 현재 플레이어가 수를 두었기 때문에 이제 상대 플레이어 차례이지요.

상대방은 본인에게 가장 유리한 수를 둘 것이므로 상대방의 최적의 수를 알아보기 위해 find_the_best_move 함수를 상대방 입장에서 실행합니다(15행). 여기에서 temp2가 상대방의 이길 확률입니다. 상대방은 현재 플레이어 player1과 반대 입장이므로 player1의 이길 확률에 빼줘야 합니다.

다른 위치에 수를 둔 경우에 이길 확률과 비교해서 확률이 더 크면 (18행) 최대 확률을 현재 확률로 바꾸고(20행) 최적의 수는 현재 수를 둔 위치로 바꿉니다(21행). 그리고 나면 또 다른 수를 고려해 봐야 하므로 다시 빈 보드 판으로 바꿔놓습니다 (23행). 이런 과정을 반복해 모든 경우의 수를 다 비교해보고 최적의 수를 찾습니다. 최적의 수의 위치 (i,j)를 $k=10i+j$로 내보냅니다(20행).

쉽게 이해하기 위해 실제 게임 상황에 Minimax의 search tree를 적용해 보겠습니다.

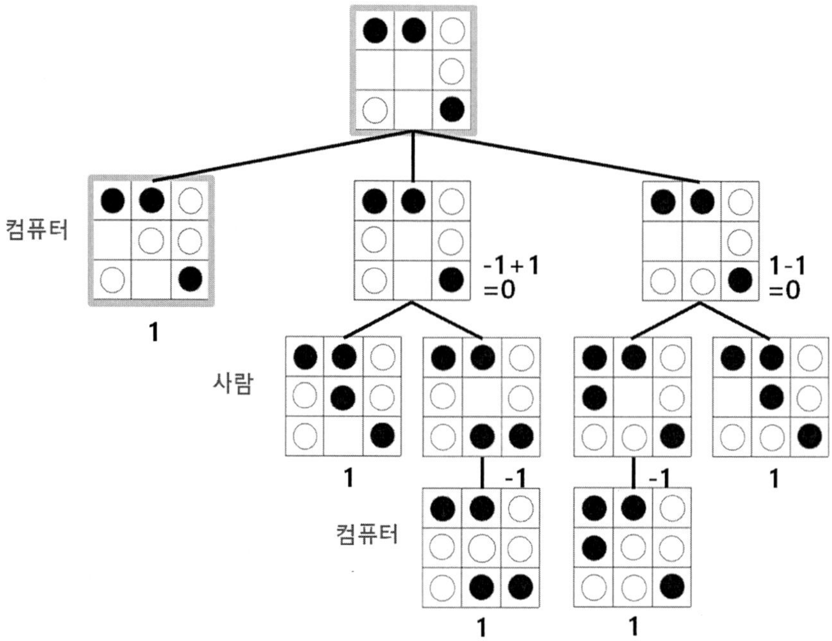

위의 그림에서 맨 위의 보드 판이 현재 보드 판이고, 이제 컴퓨터가 수를 둘 차례입니다. 게임이 끝날 때까지 주어진 플레이어의 입장에서 점수를 계산하면 최종적으로 맨 왼쪽 수가 점수가 1로 가장 높아 그 수가 최적의 수입니다.

이제 위에서 구현한 find_the_best_move()를 이용해 컴퓨터가 수를 두는 코드를 살펴보겠습니다.

```
void computer_move(char board[3][3])
{
        double win_prob; int k;
        find_the_best_move(board, 1, 2, k, win_prob);
    int i = k / 10;
    int j = k % 10;
        board[i][j] = 1;
}
```

먼저 find_the_best_move()함수로 이길 확률이 가장 높은 최적의 수의 위치를 k로 받아옵니다(31행). k에서 i와 j를 찾아서(32, 33행) 그 위치에 수를 둡니다(34행).

이제 main() 함수를 작성합시다. 처음에 컴퓨터가 돌을 놓는 자리는 헤더파일 stdlib.h와 time.h에서 제공된 srand(), time(), rand() 등의 함수들을 이용하여 랜덤하게 설정되도록 할 수 있습니다.

```
void main(void)
{
        char board[3][3] = { 0 };
        int board_initial[3][3] = { 1, 2, 3, 4, 5, 6, 7, 8, 9 };
        int position;

        printf("판의 각 자리에 해당하는 번호입니다. 돌을 놓을 때 참고하세요.\n---------\n");
        for (int i = 0; i < 3; i++)
        {
                for (int j = 0; j < 3; j++)
                        printf(" %d ", board_initial[i][j]);
                printf("\n");
        }

        printf("--------\n\nComputer's Turn>\n");
        srand(time(0));
        board[rand()%3][rand()%3] = 1;
        display(board);

        while (result(board) == 0 && num_of_plays(board) != 9)
        {
                printf("Your Turn> 돌을 놓을 자리의 번호를 입력하세요. : ");
                scanf("%d", &position);
                if(board[(position-1)/3][(position-1)%3] == 0)
                {
                        board[(position-1)/3][(position-1)%3] = 2;
                        display(board);
                        printf("Computer's Turn>\n");
                        computer_move(board);
                        display(board);
                }
                else    printf("이미 돌이 있는 자리입니다.\n\n");
```

```
        }

        if (result(board) == 1)             printf("Computer wins!\n\n");
        else if (result(board) == 2)    printf("You win!\n\n");
        else                                printf("Draw!\n\n");
}
```

이제 작성한 프로그램을 실행하여 잘 작동하는지 확인해봅시다. 실행 예시는 다음과 같습니다.

[실행 예시 1]

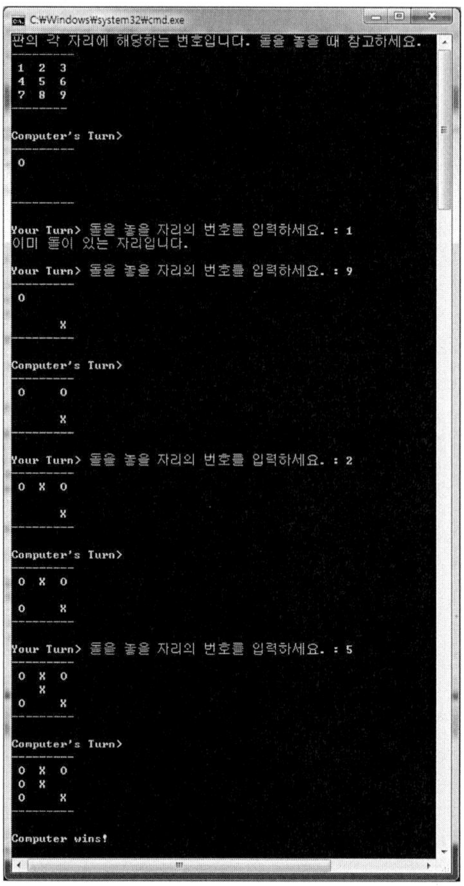

[실행 예시 2]

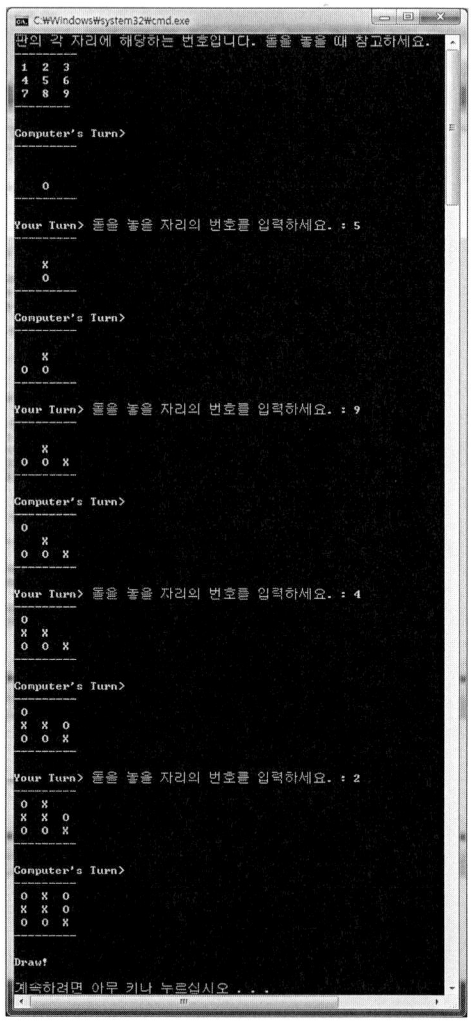

3.2.3. Windows version programming

앞서 작성한 코드를 활용하여 windows 프로그램을 만들어볼 수도 있습니다. windows 프로그램의 기본적인 구조와 코드에 대한 것은 Appendix B를 참고하세요.

num_of_plays(), result(), find_the_best_move(), computer_move() 함수는 앞서 작성한 것과 동일하게 정의하면 됩니다. 게임이 시작되고 첫 차례에 컴퓨터가 항상 판의 중앙 자리에 돌을 놓는 것으로 설정하고 싶다면 board[3][3]을 선언할 때 char board[3][3] = {0,0,0,0,1,0,0,0,0}; 라고 작성하면 될 것입니다.

LRESULT CALLBACK WndProc() 함수 내에 바꾸어 주어야 하는 코드를 생각해봅시다. case WM_SIZE에서는 창의 크기를 300x300으로 조정할 수 있습니다. case WM_PAINT에서는 창이 9개의 사각형으로 나뉘어 그려지도록 하고 흰 돌과 검은 돌이 각각 어떻게 그려져야 하는지를 설정할 수 있습니다. 그리고 유저가 마우스 왼쪽 버튼으로 돌을 놓을 자리를 클릭했을 때 수행될 동작에 대하여는 case WM_LBUTTONDOWN에서 설정합니다.

```
case WM_SIZE:
{
    RECT rect_window; GetWindowRect(hwnd, &rect_window);
    RECT rect_client; GetClientRect(hwnd, &rect_client);
    int w = (rect_window.right - rect_window.left)
            - (rect_client.right - rect_client.left);
    int h = (rect_window.bottom - rect_window.top)
            - (rect_client.bottom - rect_client.top);
    MoveWindow(hwnd, 100, 100, 300+w, 300+h, TRUE);
}

case WM_PAINT:
{
    RECT rect;
    GetClientRect(hwnd, &rect);
    PAINTSTRUCT ps;
    HDC hdc = BeginPaint(hwnd, &ps);
    int off = 20; // ellipse, a little smaller than the rectangle
```

```
    for (int i = 0; i < 3; i++)
    for (int j = 0; j < 3; j++)
    {
        Rectangle(hdc, i * 100, j * 100, (i + 1) * 100, (j + 1) * 100);
        if (board[i][j] == 1)
        {
            Ellipse(hdc, i * 100 + off, j * 100 + off, (i + 1) * 100 - off, (j + 1) * 100 - off);
        }
        if (board[i][j] == 2)
        {
            SelectObject(hdc, GetStockObject(BLACK_BRUSH));
            Ellipse(hdc, i * 100 + off, j * 100 + off, (i + 1) * 100 - off, (j + 1) * 100 - off);
            SelectObject(hdc, GetStockObject(WHITE_BRUSH));
        }
    }

    EndPaint(hwnd, &ps);
    return 0;
}

case WM_LBUTTONDOWN:
{
    int i = LOWORD(lParam) / 100;
    int j = HIWORD(lParam) / 100;

    if(board[i][j]==0)
    {
        board[i][j] = 2;
        InvalidateRect(hwnd, 0, TRUE);

        if (result(board) != 0 || num_of_plays(board) == 9)
        {
            if (result(board) == 1)
                MessageBox(hwnd, TEXT("Computer wins!"),TEXT("Ewha TTT"),0);
            else if (result(board) == 2)
                MessageBox(hwnd, TEXT("You win!"       ),TEXT("Ewha TTT"),0);
            else    MessageBox(hwnd, TEXT("Draw!"          ),TEXT("Ewha TTT"),0);
            return 0;
        }
```

```
            computer_move(board);
            InvalidateRect(hwnd, 0, TRUE);

            if (result(board) != 0 || num_of_plays(board) == 9)
            {
                if (result(board) == 1)
                        MessageBox(hwnd, TEXT("Computer wins!"),TEXT("Ewha TTT"),0);
                else if (result(board) == 2)
                        MessageBox(hwnd, TEXT("You win!"       ),TEXT("Ewha TTT"),0);
                else    MessageBox(hwnd, TEXT("Draw!"          ),TEXT("Ewha TTT"),0);
                return 0;
            }
        }
        return 0;
}
```

프로그램을 완성하여 실행해봅시다. 실행 예시는 다음과 같습니다.

[실행 예시 1]

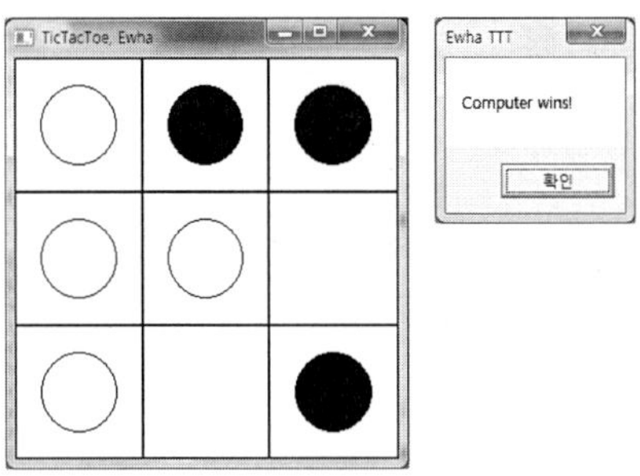

[실행 예시 2]

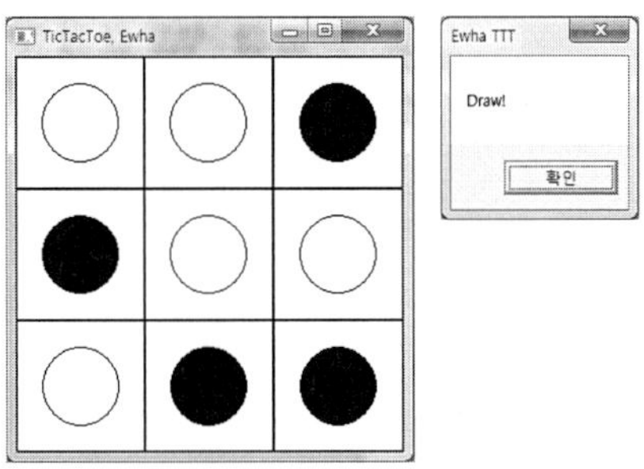

연습문제

1. 윈도우 프로그램에서도 컴퓨터가 첫 차례에 돌을 놓는 위치가 랜덤하게 설정되도록 코딩해보시오.
2. 게임 첫 차례에 컴퓨터가 먼저 돌을 놓도록 하는 코드를 제거하면 어떤 문제가 생기는지 확인하고 그 이유에 대해 생각해보시오.

3.3 Checker

3.3.1. 게임 규칙

Checker는 8×8 정사각형 체크무늬 보드 판에서 각 플레이어가 12개의 말을 가지고 하는 게임입니다. 2인 플레이어가 교대로 게임을 진행하며 플레이어 중 한 사람의 말이 모두 없어질 때까지 게임은 진행됩니다. 처음 보드 판의 상태는 다음 그림과 같습니다.

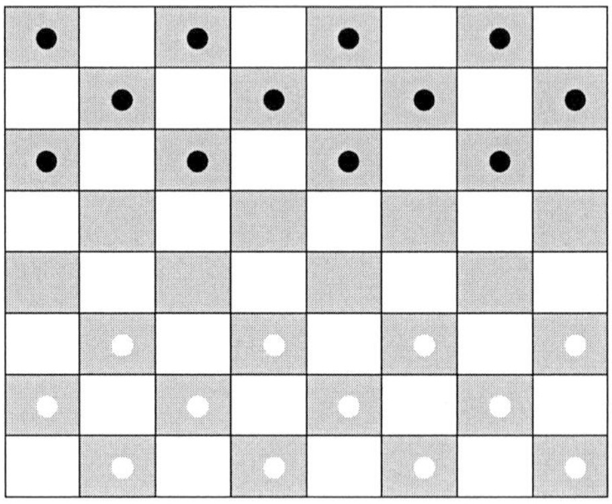

Checker 보드 판 초기 상태

모든 말은 다음과 같은 규칙으로 움직입니다.

1) 모든 말은 대각선으로만 움직일 수 있다.
2) 자신의 말이 상대편 쪽의 맨 마지막 줄로 가게 되면 킹이 된다.
3) 말 움직이기
   - 일반 말은 움직일 경우, 대각선으로 앞으로 한 칸 씩 움직일 수 있다.
   - 킹은 움직일 경우, 대각선으로 모든 방향으로 다른 말에 의해 막히기 전까지 칸 수 상관없이 움직일 수 있다.
4) 말 따기
   - 일반 말인 경우, 자신의 말 사선방향 바로 앞에 상대편 말이 놓여 있고 역

시 사선 방향으로 그 앞이 빈 공간이라면 뛰어넘어 상대편 말을 따낸다. (이 때 대각선의 방향은 앞이든 뒤든 상관없다.)

- 킹인 경우, 일반 말인 경우와 동일하지만 바로 앞에 상대편 말이 위치하고 있지 않아도 말을 딸 수 있다. (예를 들어 킹은 대각선으로 2번 건너뛴 지점에 상대편 말이 위치해 있으면 말을 딸 수 있다.)
- 몇 개든 연속해서 따낼 수 있다. (단 움직이는 말은 하나로 택해야 한다.)

3.3.2. Text version programming

Checker 역시 2인용 zero-sum 게임이기 때문에 Minimax 알고리즘을 적용해 프로그래밍 할 수 있습니다. Minimax 알고리즘을 적용하기 위해 보드 판을 수치화하는 작업과 depth를 정해주는 작업이 필요합니다. Tic-Tac-Toe와는 다르게 Checker에서 depth를 정해주는 이유는 Tic-Tac-Toe는 3×3 보드판이기 때문에 경우의 수가 작아 가능한 경우를 다 고려하는 게 간단한 일이지만 Checker는 9×9 보드판이어서 Tic-Tac-Toe보다 경우의 수가 훨씬 많고 Tic-Tac-Toe보다 게임 규칙이 복잡하기 때문에 depth를 정해주어야 합니다.

우선 Checker에선 두 가지 경우에 대해 점수를 부여합니다. 첫 번째로 보드 판에 점수를 지정합니다. 맨 가장자리에 말이 있으면 상대편 말이 jump를 해 해당 말을 따낼 수 없기 때문에 가장자리에 가장 큰 점수인 4점을 부여합니다. 또한 King이 되기 위해선 상대편의 가장 끝까지 가야하는 이유에서도 가장자리에 4점을 부여합니다. 보드 판의 안쪽으로 들어올수록 King이 될 수 있는 확률은 낮아지고 상대편 말에게 잡힐 확률은 늘어나게 되어 순차적으로 점수를 1점씩 낮게 부여합니다.

4	4	4	4	4	4	4	4
4	3	3	3	3	3	3	4
4	3	2	2	2	2	3	4
4	3	2	1	1	2	3	4
4	3	2	1	1	2	3	4
4	3	2	2	2	2	3	4
4	3	3	3	3	3	3	4
4	4	4	4	4	4	4	4

Checker 보드 판 점수

두 번째로 말의 상태에 따라 점수를 부여하게 됩니다. 세 가지 경우에 따라 말에게 점수를 줄 수 있습니다.

1. 일반 말인 경우
2. 일반 말이지만 다음 수에 King이 될 수 있는 말인 경우
3. 말이 King인 경우

일반 말보다는 킹이 상대편 말을 잡는데 유리하기 때문에 점수를 크게 지정합니다. 순차적으로 1번 경우부터 +5, 그 다음으로 +7, 마지막으로 +10점을 줍니다. 따라서 다음 표와 같이 말의 점수의 경우의 수가 존재합니다.

보드 판 위치		+4	+3	+2	+1
일반 말	+5	+9	+8	+7	+6
다음 수에 King 될 수 있는 일반 말	+7	+11	+10		
King	+10	+14	+13	+12	+11

표. Checker 점수 표

이제 보드 판의 점수를 확인하는 int Checker::score( )를 살펴보겠습니다.

```
#define EMPTY    0
#define BLACK    1
#define WHITE    2
#define BLACK_K 3
#define WHITE_K 4
#define COMPUTER BLACK
#define PLAYER WHITE

int Checker::score(int curr_player) const
{
  int sum = 0;
  for (int i = 0; i<8; i++)
  for (int j = 0; j < 8; j++)
  {
```

```
① if (board[i][j] != EMPTY)
    {

        int curr_sum = 0;
        if ((i == 0) || (i == 7) || (j == 0) || (j == 7)) curr_sum = 4;
        else if (((i == 1) && (j > 0) && (j < 7)) || ((i == 6) && (j > 0) && (j < 7)) ||
                ((j == 1) && (i > 0) && (i < 7)) || ((j == 6) && (i > 0) && (i < 7))  )
                curr_sum = 3;
②      else if (((i == 2) && (j > 1) && (j < 6)) || ((i == 5) && (j > 1) && (j < 6)) ||
                ((j == 2) && (i > 1) && (i < 6)) || ((j == 5) && (i > 1) && (i < 6))   )
               curr_sum = 2;
        else if (((i == 3) && (j > 2) && (j < 5)) || ((i == 4) && (j > 2) && (j < 5)) ||
                ((j == 3) && (i > 2) && (i < 5)) || ((j == 4) && (i > 2) && (i < 5))   )
               curr_sum = 1;

        if (board[i][j] == BLACK)
        {
            sum += curr_sum + 5;
                  if (i == 6) sum += 2;
        }
        else if (board[i][j] == BLACK_K) sum += curr_sum + 10;
③      else if (board[i][j] == WHITE)
        {
            sum -= curr_sum + 5;
                  if (i == 1) sum -= 2;
        }
        else if (board[i][j] == WHITE_K) sum -= curr_sum + 10;

      }
  }
  if (curr_player == COMPUTER) return sum;
④else return -sum;
}
```

처음 보이는 바와 같이 검은 돌을 컴퓨터, 흰 돌을 사람으로 두었으며, 비어있는 바둑판까지 각각 숫자 0, 1, 2로 지정해놓았습니다. 현재 플레이어의 입장에서 현재 보드 판의 점수를 알기를 원하기 때문에 input으로 현재 플레이어가 누구인지가 들어갑니다. 위에서 각 플레이어를 숫자 1과 2로 지정해 놓았기 때문에 int curr_player입니다. 8x8 보드 판 전체에서 말이 있지 않은 곳에는 점수가 없으므로 말이 있는 지 없는지를 먼저 살핍니다(①). 말이 있는 경우 말이 위치한 보드 판의 점수를 주고(②) 그 다음에 말의 상태에 대해 점수를 줍니다(③). 그리고 컴퓨터를 기준으로 점수를 주었기 때문에 현재 플레이어가 컴퓨터면 그 점수를 내보내고, 사람이면 컴퓨터의 반대 입장이기 때문에 -를 붙여서 내보냅니다(④). 결과적으로 가장 작은 수는 컴퓨터에게 가장 불리한 수이자 사람에게는 가장 유리한 수가 됩니다.

이제 Minimax 이론을 이용하여 최적의 수를 찾는 void Checker::find_the_best_move()를 살펴보겠습니다.

```
void Checker::find_the_best_move(const Checker& curr, int curr_player, int number_of_choices, double max_score, Checker& max_choice, double& avg_score, int depth)
{

    if(depth==0)
    {
        number_of_choices = 0;
        max_score=curr.score(curr_player);
        avg_score=curr.score(curr_player);
        max_choice = curr;
        return;
    }
    number_of_choices =0;
    max_score=-100000;
    avg_score=0;
    for (int i = 0; i < 8; i++)
    for (int j = 0; j < 8; j++)
    {
    //--------------------------------------------------------------------
    // normal pawn
    //--------------------------------------------------------------------
    if ((curr.board[i][j] == curr_player))
    {
        //--------------------------------------------------------------
        // jump
        //--------------------------------------------------------------
        for (int delta_i = -2; delta_i < 3; delta_i += 4)
```

```
for (int delta_j = -2; delta_j < 3; delta_j += 4)
{
    if (curr.Isjump(curr_player, i, j, delta_i, delta_j) == true)
    {
        Checker next = curr;
        next.jump(curr_player, i, j, delta_i, delta_j);
        Checker next_max_choice;
        int next_number_of_choices=0;
        double next_max_score=0;
        double next_avg_score=0;
        find_the_best_move(next,BLACK+WHITE-curr_player,
                           next_number_of_choices,next_max_score,
                           next_max_choice,next_avg_score,depth-1);
        number_of_choices++;
        double score =- next_avg_score;
        avg_score += score;
        if (score > max_score)
        {
            max_score = score; max_choice = next;
        }
    }
}
//---------------------------------------------------------------
// move
//---------------------------------------------------------------
for (int delta_j = -1; delta_j < 2; delta_j += 2)
{
    if ((curr.Ismove(curr_player, i, j, delta_j) == true))
    {
        Checker next = curr;
        next.move(curr_player, i, j, delta_j);
        Checker next_max_choice;
        int next_number_of_choices=0;
        double next_max_score=0;
        double next_avg_score=0;
        find_the_best_move(next,BLACK+WHITE-curr_player,
                           next_number_of_choices,next_max_score,
                           next_max_choice,next_avg_score,depth-1);
        number_of_choices++;
```

```
                double score =- next_avg_score;
                avg_score += score;
                if (score > max_score)
                {
                    max_score = score; max_choice = next;
                }
            }
        }
    }
    //-------------------------------------------------------------------
    // king
    //-------------------------------------------------------------------
    if (curr.board[i][j] == curr_player + (BLACK_K - BLACK))
    {
        for (int delta_i = -7; delta_i < 8; delta_i++)
        for (int delta_j = -7; delta_j < 8; delta_j++)
        {
            if (curr.IsKjump(i, j, delta_i, delta_j) == true)
            {
                Checker next = curr;
                next.K_jump(i, j, delta_i, delta_j);
                Checker next_max_choice;
                int next_number_of_choices=0;
                double next_max_score=0;
                double next_avg_score=0;
                find_the_best_move(next,BLACK+WHITE-curr_player,
                                   next_number_of_choices,next_max_score,
                                   next_max_choice,next_avg_score,depth-1);
                number_of_choices++;
                double score =- next_avg_score;
                avg_score += score;
                if (score > max_score)
                {
                    max_score = score; max_choice = next;
                }
            }
        }
        for (int delta_i = -7; delta_i < 8; delta_i++)
        for (int delta_j = -7; delta_j < 8; delta_j++)
```

```
        {
            if ((curr.IsKmove(i, j, delta_i, delta_j) == true))
            {
                Checker next = curr;
                next.K_move(i, j, delta_i, delta_j);
                Checker next_max_choice;
                int next_number_of_choices=0;
                double next_max_score=0;
                double next_avg_score=0;
                find_the_best_move(next,BLACK+WHITE-curr_player,
                                   next_number_of_choices,next_max_score,
                                    next_max_choice,next_avg_score,depth-1);
                number_of_choices++;
                double score =- next_avg_score;
                avg_score += score;
                if (score > max_score)
                {
                    max_score = score; max_choice = next;
                }
            }
        }
    }
    avg_score /=number_of_choices;
    return;
}
```

위 코드는 현재의 보드 판 Checker& curr과 현재 플레이어 int curr_player가 주어졌을 때 int depth 만큼의 수를 내다보고 최대 점수 double max_score를 갖는 수를 둔 다음 보드 판 Checker& max_choice를 정해주는 함수입니다. 이때 점수는 앞에서 구현한 score() 함수를 이용해 구합니다. depth가 0이 될 때 까지 move, jump, king move, king jump가 가능한 모든 경우를 따져가며 최대 점수를 구하고, depth를 줄여 재귀적으로 함수를 호출해 다음 차례에서 상대방의 입장에서 또 같은 일을 반복하게 되어있습니다. 이때 BLACK +WHITE-curr_player로 상대 플레이어를 나타내었습니다. 이 과정을 거쳐 depth가 0이 되면 최종 점수가 나오고. 이를 이용한 최적의 수를 두게 되어있습니다.

위의 find_the_best_move 함수를 이용하여 컴퓨터가 수를 두는 코드는 다음과 같습니다.

```
void Checker::computer_move()
{
        Checker next_choice;
        int number_of_choices=0;
        double max_score=0;
        double avg_score=0;

        find_the_best_move(*this,    COMPUTER,    number_of_choices,    max_score,
                next_choice, avg_score, 2);
        *this = next_choice;
}
```

* 기본적인 보드 판의 display와 결과를 확인하는 코드는 위의 Tic Tac Toe와 같으니 참고하시길 바랍니다.

3.3.3. Window version programming

윈도우즈 프로그래밍을 시작할 때 사용하는 가장 기본적인 코드와 전체적인 구조는 Tic-Tac-Toe와 같습니다.

```
#include "Checker.h"
Checker theChecker;
int click_count = 0;
int i_curr;
int j_curr;

LRESULT CALLBACK WndProc(HWND hwnd, UNIT message, WPARAM wParam,
                                                    LPARAM lParam )
{
   switch(message)
   {
```

```
     case WM_CREATE:
     {
①        theChecker.initialize();
         return 0;
     }

       case WM_PAINT:
       {
           RECT rect;
           GetClientRect(hwnd, &rect);
           PAINTSTRUCT ps;
           HDC hdc = BeginPaint(hwnd, &ps);
           int off = 20; // ellipse, a little smaller than th

           for (int i = 0; i < 8; i++)
           for (int j = 0; j < 8; j++)
           {
               Rectangle(hdc, j * 100, i * 100, (j + 1) * 100, (i
               if (theChecker.board[i][j] == WHITE)
               {
                   Ellipse(hdc, j * 100 + off, i * 100 + off, (j + 1)
               }
②          if (theChecker.board[i][j] == BLACK)
           {
               SelectObject(hdc, GetStockObject(BLACK_BRUSH));
               Ellipse(hdc, j * 100 + off, i * 100 + off, (j + 1)
               SelectObject(hdc, GetStockObject(WHITE_BRUSH));
           }
           if (theChecker.board[i][j] == WHITE_K)
           {
               POINT points[10];
               points[0] = { j * 100 + 20, i * 100 + 90 };
               points[1] = { j * 100 + 30, i * 100 + 60 };
               points[2] = { j * 100 + 10, i * 100 + 40 };
               points[3] = { j * 100 + 40, i * 100 + 40 };
               points[4] = { j * 100 + 50, i * 100 + 10 };
               points[5] = { j * 100 + 60, i * 100 + 40 };
               points[6] = { j * 100 + 90, i * 100 + 40 };
```

```
            points[7] = { j * 100 + 70, i * 100 + 60 };
            points[8] = { j * 100 + 80, i * 100 + 90 };
            points[9] = { j * 100 + 50, i * 100 + 70 };
            Polygon(hdc, points, 10);
        }
        if (theChecker.board[i][j] == BLACK_K)
        {
            SelectObject(hdc, GetStockObject(BLACK_BRUSH));
            POINT points[10];
            points[0] = { j * 100 + 20, i * 100 + 90 };
            points[1] = { j * 100 + 30, i * 100 + 60 };
            points[2] = { j * 100 + 10, i * 100 + 40 };
            points[3] = { j * 100 + 40, i * 100 + 40 };
            points[4] = { j * 100 + 50, i * 100 + 10 };
            points[5] = { j * 100 + 60, i * 100 + 40 };
            points[6] = { j * 100 + 90, i * 100 + 40 };
            points[7] = { j * 100 + 70, i * 100 + 60 };
            points[8] = { j * 100 + 80, i * 100 + 90 };
            points[9] = { j * 100 + 50, i * 100 + 70 };
            Polygon(hdc, points, 10);
            SelectObject(hdc, GetStockObject(WHITE_BRUSH));
        }
    }
    EndPaint(hwnd, &ps);
    return 0;
}
```

먼저, checker.h을 include하고 theChecker라고 선언합니다. int click_count는 마우스를 클릭한 횟수이고, curr_i와 curr_j는 현재 위치입니다. 먼저 보드 판을 처음 상태로 초기화합니다(①).

먼저 보드 판을 윈도우 화면에 그려보도록 하겠습니다. 먼저 윈도우와 Checker 보드 판의 좌표계를 아래 그림을 통해 설명하겠습니다.

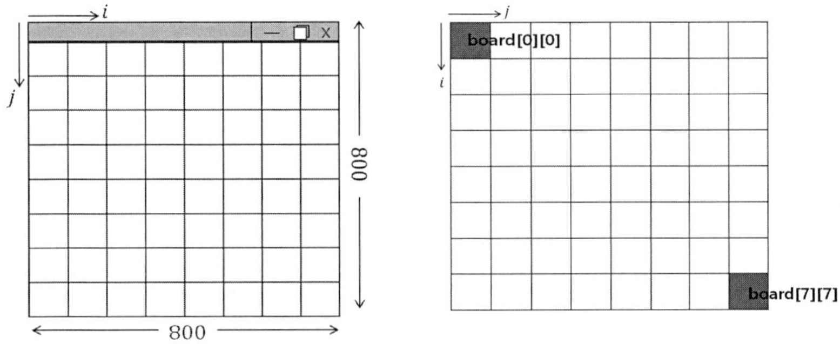

윈도우 좌표계(좌), 보드 판 좌표계(우)

위의 그림과 같이 윈도우 좌표계와 보드 판 좌표계는 반대로 되어있습니다. 이를 염두해 두고 그려보겠습니다. Tic-Tac-Toe와 비슷한 방식으로 100×100 크기의 사각형을 8개씩 8줄을 그리고 그 안에 말을 그려야 합니다. Tic-Tac-Toe와 마찬가지로 일반 말에 대해서는 Ellipse 함수를 이용해 원을 그립니다. Tic-Tac-Toe와 다르게 Checker는 킹이 있어서 킹을 일반 말과는 다르게 표시해야합니다. 킹을 별모양으로 표시 해봅시다. 이를 위해 Polygon 함수를 이용할 것 인데 이 함수는 Rectangle과 Ellipse보다는 조금 복잡합니다. n각형 polygon을 그리려면 n개의 점을 points[n]에 입력을 하고 Polygon(hdc, points, n) 하면 지정한 n개의 점을 꼭짓점으로 하는 n각형이 그려집니다. 별을 그리기 위해서 필요한 10개의 점을 입력하고 Polygon함수를 이용해 별을 그렸습니다(②).

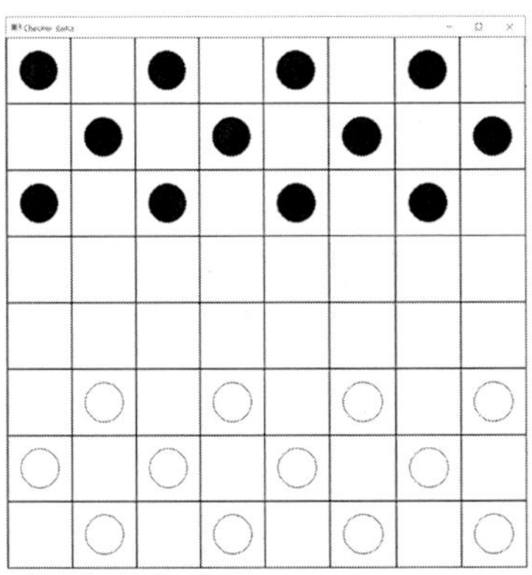

그러면 위의 그림과 같이 초기 상태의 보드 판이 그려집니다.

```
case WM_LBUTTONDOWN:
{
    int i = HIWORD(lParam) / 100;
    int j = LOWORD(lParam) / 100;

    if (click_count % 2 == 0)
    {
        i_curr = i;
        j_curr = j;
        click_count++;
    }
    else
    {
        int i_next = i;
        int j_next = j;
        theChecker.player_move(i_curr, j_curr, i_next, j_next);
        InvalidateRect(hwnd, 0, TRUE);
        if (theChecker.Is_player_win() == true)
            MessageBox(hwnd, TEXT("You win!"), TEXT("Ewha Checker"), 0);
        click_count++;
        theChecker.computer_move();
        InvalidateRect(hwnd, 0, TRUE);
        if (theChecker.Is_computer_win() == true)
            MessageBox(hwnd, TEXT("Computer wins!")
                                , TEXT("Ewha Checker"  ), 0);
    return 0;
}
case WM_DESTROY:
{
    PostQuitMessage(0);
    return 0;
}
// set client size as 800x800
case WM_SIZE:
{
    RECT rect_window; GetWindowRect(hwnd, &rect_window);
    RECT rect_client; GetClientRect(hwnd, &rect_client);
    int w = (rect_window.right - rect_window.left)
            - (rect_client.right - rect_client.left);
```

```
            int h = (rect_window.bottom - rect_window.top)
                    - (rect_client.bottom - rect_client.top);
            MoveWindow(hwnd, 100, 100, 800+w, 800+h, TRUE);
        }
    }
    return DefWindowProc(hwnd, message, wParam, lParam);
}
```

마우스 클릭을 한 경우, 마우스 클릭 횟수가 짝수인지 홀수인지를 구분합니다. 사용자가 체커게임을 할 때 말을 이동시키기 위해서는, 이동시키고 싶은 말을 선택하고 그 다음에 이동시킬 위치를 선택해야 합니다. 즉, 한 번 수를 놓을 때 마우스 클릭이 두 번 있습니다. 마우스 클릭 횟수가 짝수인지 홀수인지로 이 두 가지를 구분 할 수 있습니다. 그래서 click_count%2==0인지를 확인하는데 여기에서 %2는 2로 나눈 나머지를 나타냅니다. 마우스 클릭 횟수가 짝수인 경우(click_count%2==0), 이동시킬 말을 선택한 것이므로 curr_i와 curr_j에 그 위치를 저장합니다(①).

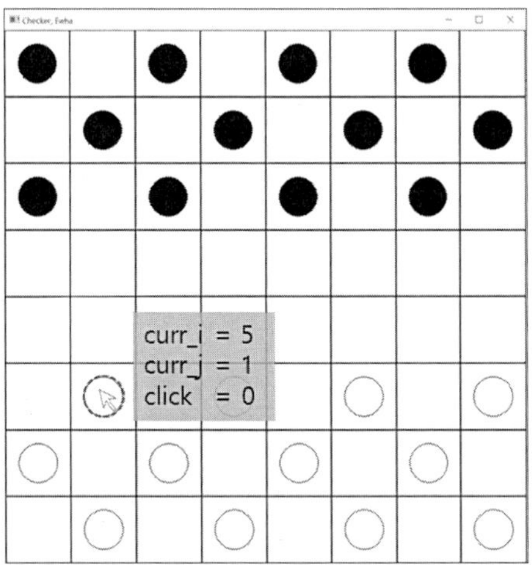

그리고 마우스 클릭 횟수가 홀수인 경우 이동시킬 위치를 선택한 것이므로 next_i와 next_j에 그 위치를 저장합니다.

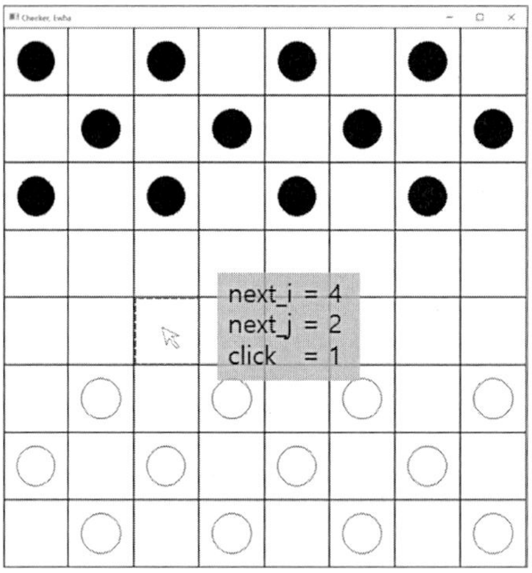

그리고 위에서 저장한 현재 위치와 방금 구한 이동할 위치를 가지고 player_move함수를 통해 말을 이동시킵니다. 그 다음 결과를 확인하고 플레이어가 이겼다면 메시지를 띄웁니다. 그리고 사용자가 플레이를 했으므로 이제는 컴퓨터 차례입니다. computer_move함수로 컴퓨터의 수를 두고 또 다시 결과를 확인합니다. 만약 컴퓨터가 이겼다면 메시지를 띄웁니다.(②)

그리고 한번 씩 수를 두고 난 현재의 보드 판을 윈도우즈 화면에 그립니다.(③)

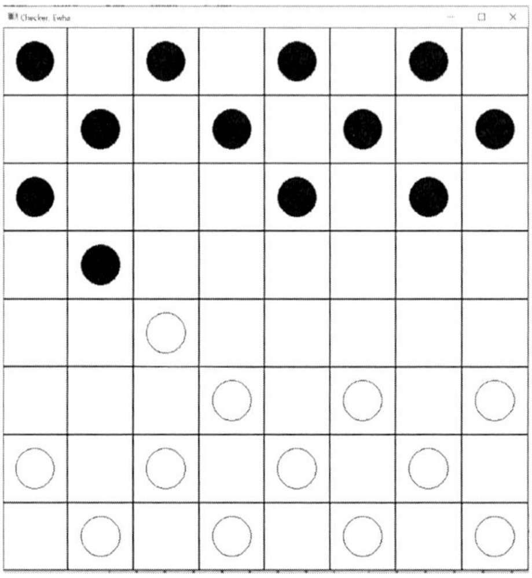

연습문제

1. 다음 코드는 (i,j) 위치에 있는 일반 color 말이 delta_j 방향으로 움직일 수 있는 지 없는 지를 판단하는 bool 함수이다.

```
bool Checker::Ismove(int color, int i, int j, int delta_j)const
{
  if (board[i][j] != color) return false;
  if ((j + delta_j>7) || (j + delta_j<0) || (abs(delta_j) != 1)) return false;
  if ((color == BLACK) && (i + 1< 8) && (board[i + 1][j + delta_j] == EMPTY))          return true;
  if ((color == WHITE) && (i - 1 >= 0) && (board[i - 1][j + delta_j] == EMPTY))          return true;
  return false;
}
```

이를 바탕으로 일반 말이 점프 할 수 있는지와 킹이 움직/점프 할 수 있는지를 판단하는 함수

bool Isjump(), bool IsKjump(), bool IsKmove()

의 코드를 작성하시오.

2. 현재 주어진 보드 판에서 한 개의 말이 움직이고 나면 그 말이 있던 자리는 비어져야 하고, 새로 이동한 위치에 말이 그려져야 한다. 또한 점프를 해서 상대방 말을 잡아먹으면 그 말도 지워져야한다. 이를 나타내는 함수 void move()와 void jump()를 코딩하시오.

3.4 오목

3.4.1. 게임 규칙

오목은 14x14 보드 판에서 게임이 진행됩니다. 흑돌과 백돌로 이뤄진 2인 플레이어 게임으로 검은 돌을 시작으로 교대로 게임이 진행됩니다. 플레이어 중 먼저 연속적으로 5개의 돌을 배열하면 승리하는 게임입니다.

이번 프로그래밍에선 오목의 다양한 룰 중 렌주 룰을 적용한 프로그래밍을 할 것입니다. 렌주 룰이란 오목에서 먼저 수를 두는 흑돌이 유리하기 때문에 흑돌에게 제약을 두는 룰입니다. 백돌은 아무 제약이 없고 흑돌에게는 3×3, 4×4, 6목 이상이 금지된 룰입니다. 다음은 3×3, 4×4, 6목 이상에 대한 설명입니다.

−3×3 : 흑돌이 다음 수를 두었을 때 동시에 연속 3개가 생기는 경우
−4×4 : 흑돌이 다음 수를 두었을 때 동시에 연속 4개가 생기는 경우
−6목 이상 : 6개 이상 연속된 흑 돌이 오는 경우

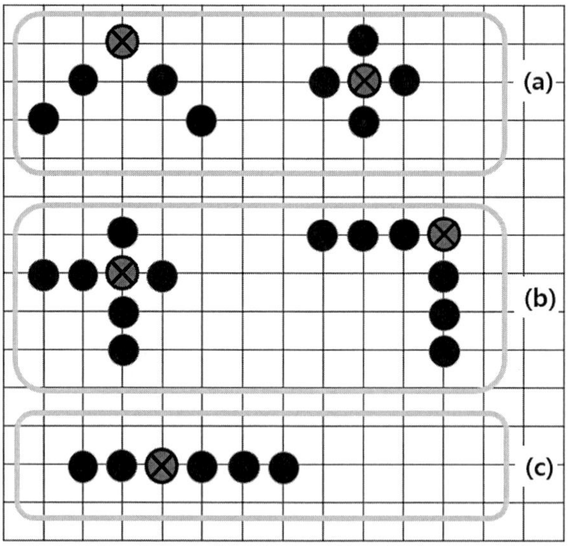

(a) 3×3, (b) 4×4, (c) 6목 이상 인 경우

3.4.2. Text version programming

오목에서 우리는 승리하기 위해 오목을 먼저 완성해야 합니다. 그러기 위해서는 말을 둘 때 자신이 이전에 두었던 말의 위치 관계를 고려하며 두어야 합니다. 따라서 인접한 자신의 말이 많을수록 오목을 달성할 확률이 높아지므로 위치관계가 중요합니다. 또한 수비를 위해선 상대방의 말의 배열을 보는 것도 필요합니다. 따라서 오목에서는 한 개의 말이 보드 판의 어디에 있는지에 상관없이 말의 배열이 가장 중요하기 때문에 보드 판에는 따

로 점수를 부여하지 않고 인접한 말의 개수에 대해 점수를 부여했습니다.

이제 코드를 살펴봅시다. 말의 개수를 세는 num_of_pawns() 함수는 (i, j)에 위치한 돌의 (delta_i, delta_j) 방향으로 위치한 돌의 개수를 세는 코드입니다. (i, j)에 위치한 돌의 총 8개의 방향(위, 아래, 왼쪽, 오른쪽, 대각선 4방향)에 대하여 오목을 만들 수 있는 경우에 한해 돌의 개수를 셉니다. 예를 들어 현재 보드 판이 아래 그림 같을 때, 흑돌 A를 기준으로 돌의 개수를 세어보겠습니다.

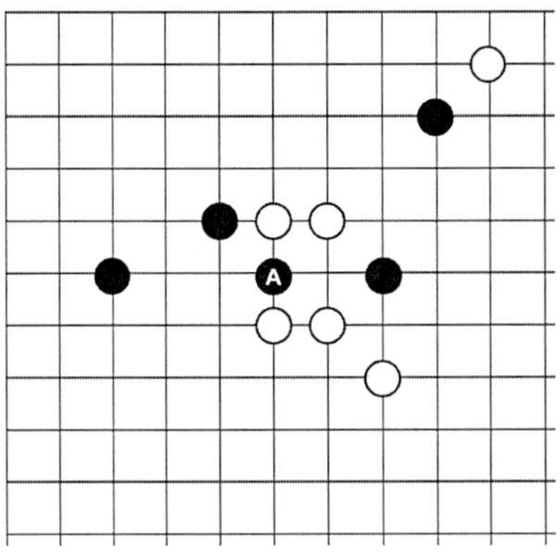

먼저 (-1,0)과 (1,0) 방향으로는 아래 그림과 같이 오목이 가능하며 흑돌의 개수가 2개입니다.

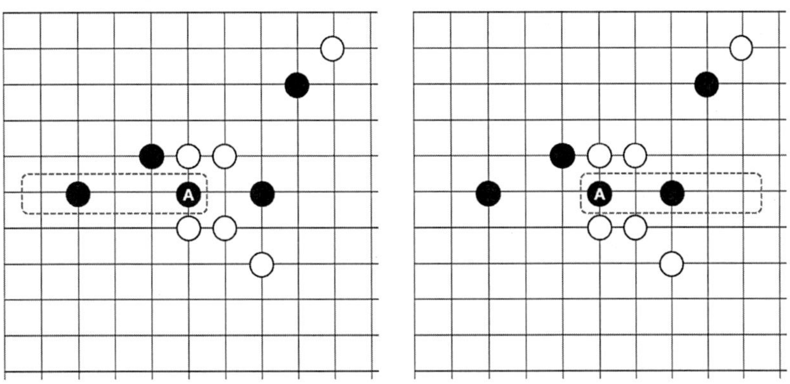

(0,-1)과 (0,1) 방향으로는 백돌이 있어 오목이 불가능하므로 세지 않습니다.

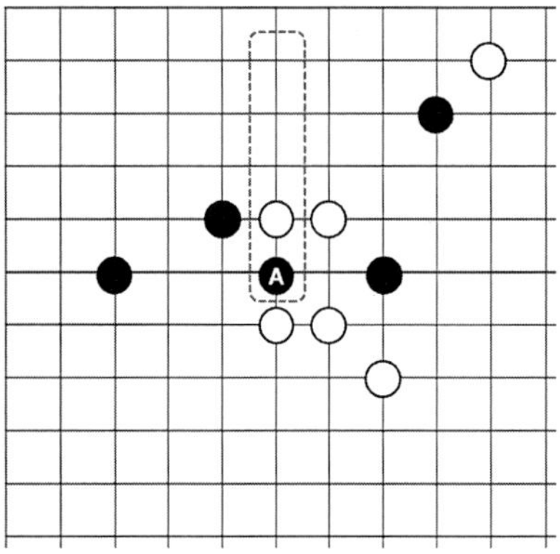

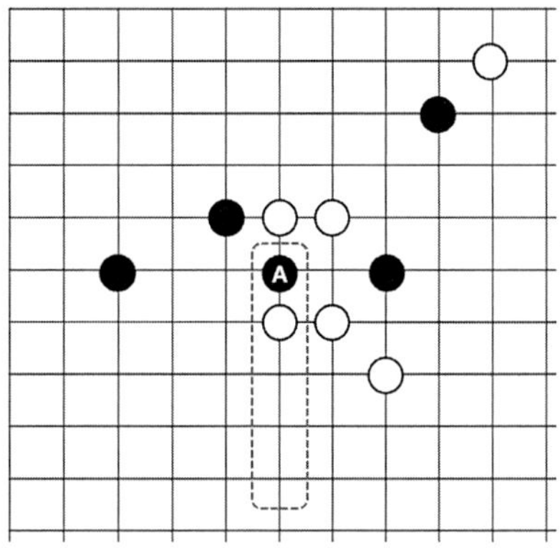

이와 마찬가지로 나머지 방향을 고려해보면 (1,1)과 (1,-1) 방향으로는 백돌이 있어 오목이 불가능하고, (-1,1) 방향으로는 2개, (-1,-1) 방향으로는 1개가 있습니다.

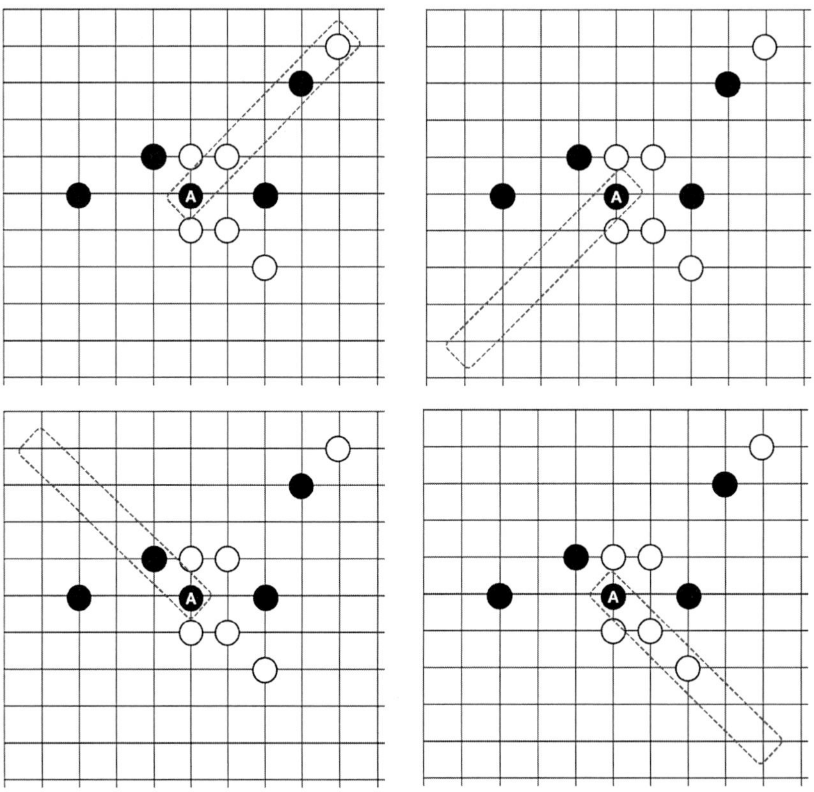

아래는 이러한 방식으로 주어진 위치에서 주어진 방향으로 주어진 색의 돌의 개수를 세는 코드입니다.

```
int Omok::num_of_pawns(int color, int i, int j, int delta_i, int delta_j)
{
    int num = 0;

    if ((delta_i == 0) && (delta_j == 0)) return 0;
    if (    (i + 4 * delta_i < 0) || (i + 4 * delta_i >= 14)
         || (j + 4 * delta_j < 0) || (j + 4 * delta_j >= 14)) return 0;

    for (int k = 0; k < 5; k++)
    {
        if(board[i + k*delta_i][j + k*delta_j] == BLACK+WHITE-color) return 0;
        if(board[i + k*delta_i][j + k*delta_j] ==                color) num++;
    }
    return num;
}
```

점수를 구하는 score() 함수에서 num_of_pawns()에서 구한 인접한 돌의 개수를 이용해 점수를 구합니다. 인접한 말의 개수가 5개일 경우에는 승리이므로 가장 최우선이 되도록 매우 높은 점수를 주었습니다. 4개, 3개, 2개인 경우도 점수 차이를 크게 주어 인접한 돌의 개수를 작게 (2개나 3개) 산발적으로 많이 두는 것보다 4개인 경우를 더 우선으로 두게 프로그래밍 하였습니다(①). 또한 자신의 점수만 고려하면 방어를 하지 않으므로 상대방의 말의 배열에도 음수로 점수를 부여하여 그 총합을 점수로 설정하였습니다. 상대방의 말의 배열이 2, 3, 4인 경우에는 방어가 우선이기 때문에 -2배의 점수를 주었고 오목이 완성되는 것을 막는 것보다는 먼저 만들어야 승리 하므로 현재 플레이어가 오목이 되는 경우는 매우 큰 수인 20,000,000 상대방은 -200,000을 부여했습니다(②). 위에서 살펴본 예제에서는 말의 수가 2개인 경우가 3, 1개인 경우가 하나 있었으므로 A위치에서 점수는 3점이 될 것입니다.

아래는 find_the_best_move 코드입니다. 이 코드는 checker에서의 find_the_best_move 함수와 마찬가지로, 얼마나 많은 수를 내다볼지, 즉 depth를 정한 뒤 그만큼의 수를 두었을 때 경우의 수에 대한 각 score를 비교하여 재귀적으로 최적의 수를 찾는 함수입니다.

```
void Omok::find_the_best_move(int curr_player, int number_of_choices, double max_score, int&
best_choice, double& avg_score, int depth)
{
    if (depth == 0)
    {
        number_of_choices = 0;
        max_score = score(curr_player);
        avg_score = score(curr_player);
        best_choice = 0;
        return;
    }
    number_of_choices = 0;
    max_score = -100000000;
    avg_score = 0;

    for (int i = 0; i <14; i++)
    for (int j = 0; j <14; j++)
    {
        if (((curr_player == BLACK) && (can_computer_move(i, j) ==     true)) ||
                ((curr_player == WHITE) && (board[i][j]                      == EMPTY)))
        {
            board[i][j] = curr_player;
                int next_best_choice;
            int next_number_of_choices = 0;
            double next_max_score = 0;
            double next_avg_score = 0;
            find_the_best_move(BLACK + WHITE - curr_player, next_number_of_choices,
                        next_max_score, next_best_choice, next_avg_score, depth - 1);
            number_of_choices++;
            double score = -next_avg_score;
            avg_score += score;
            if (score > max_score)
            {
                max_score = score; best_choice = 100 * i + j;
            }
            board[i][j] = EMPTY;
        }
    }
    avg_score /= number_of_choices;
    return;
}
```

위의 코드를 기반으로 윈도우즈 프로그래밍에 적용하면 아래와 같은 화면으로 오목 게임이 진행됩니다. 윈도우즈 프로그래밍은 Tic-Tac-Toe와 Checker와 같은 방식이므로 직접 해보시기 바랍니다.

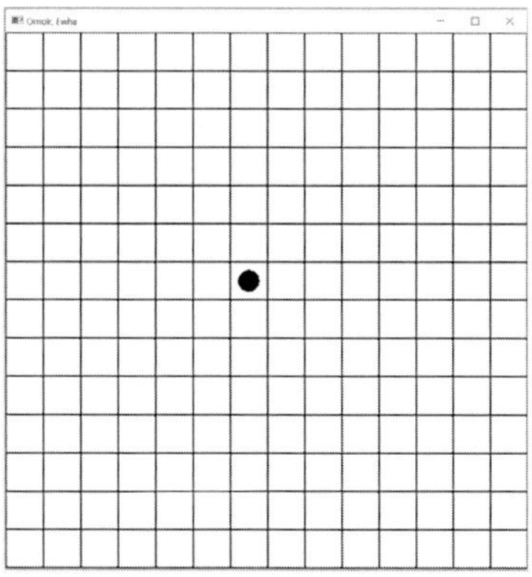

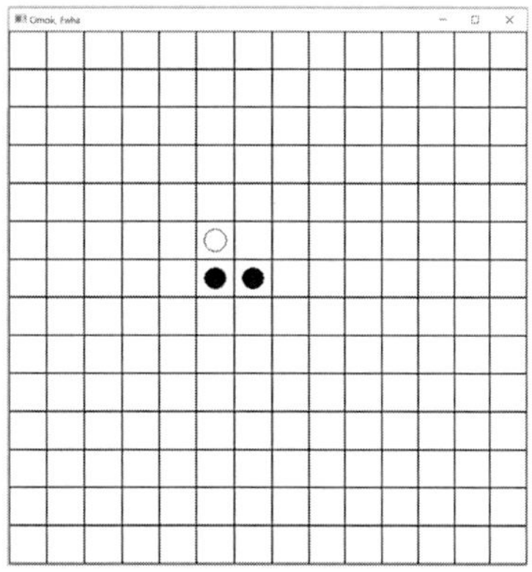

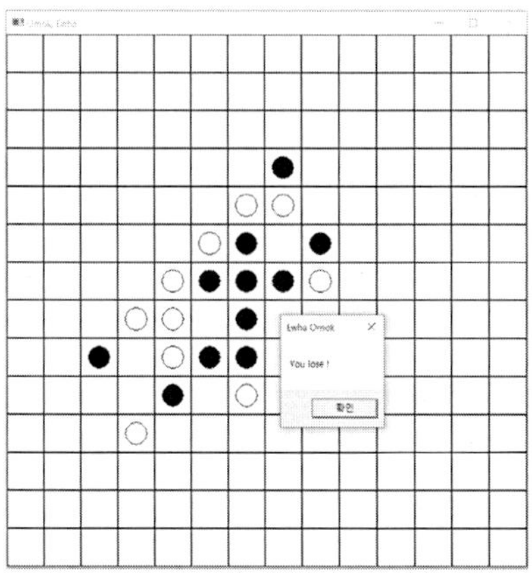

연습문제

1. 렌주 룰을 적용하여 컴퓨터가 (i,j) 위치에 수를 둘 수 있는지를 판별하는 함수 bool can_computer_move( )의 코드를 작성하시오.
2. 기본 윈도우즈 프로그래밍 코드를 바탕으로 Checker 윈도우즈 코드를 참조하여 오목의 윈도우즈 프로그래밍을 완성하시오.

Chapter 4

글자 자동 인식

민조홍

요즘 쇼핑몰, 아파트 주차장에서 차량번호 자동인식은 기본입니다. 덕분에 주차 확인증 인쇄가 불필요하고 종이절약 등 환경운동에 일조하고 있습니다. 더 나아가 서류사진을 입력하면 자동으로 텍스트를 문자열로 변환하는 스마트 앱도 많이 등장했습니다. 이번 장에서는 자동인식에 대한 수학 원리를 학습해 보고 실습해 볼 것입니다. 학부수준의 선형대수학 지식이 필요하니, 학부 기본교재인 선형대수학을 찾아 eigenvalue와 singular value에 대한 부분을 미리 공부하면 더욱 좋습니다.

실습 내용을 먼저 설명하겠습니다. 그림판에서 0에서 9까지의 숫자를 30개씩 자유롭게 그립니다. 물론 다른 사람도 알아볼 정도로 상식적인 선에서 자유롭게 그립니다. 총 300개의 그림들에 대해 매칭되는 숫자가 300개가 있고, 이것이 기계학습의 트레이닝 데이터입니다.

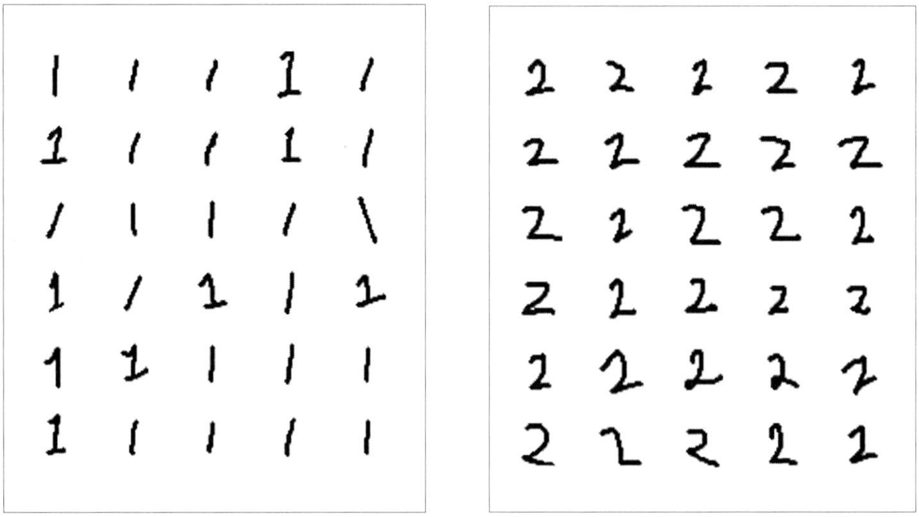

트레이닝 데이터로 숫자 1과 2, 각각 30개, 다른 8개의 숫자들도 30개씩, 총 300개.

그 다음 임의의 숫자 그림을 제시하고 기계학습에게 맞추도록 하는 게임입니다. 제가 20개를 실습해 보았는데, 정확도 97%였습니다. 생각보다 원리가 어렵지 않지만, 그 효과는 매우 강력합니다.

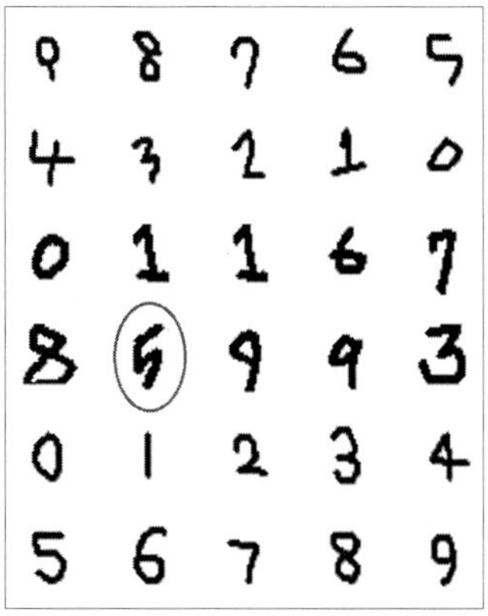

무작위로 쓴 30개의 숫자 중 기계학습프로그램은 빨간 원 안의 5를 제외하고
모두 맞추었습니다. 정답률 97%

그림은 모두 크기가 28×28이고, 색상은 흰색 또는 검은색입니다. 색상은 보통 1바이트로 표현하여, 흰색은 값 255로, 검은색은 값 0으로 표현합니다. 28×28개의 픽셀마다 색상이 있으니, 즉 사진은 $28 \times 28 = 784$개의 숫자, 즉 R^{784}의 원소로 볼 수 있습니다.

$$28 \times 28\text{의 사진} \Leftrightarrow \text{벡터} \in R^{784}$$

숫자 1에 대한 그림 30개를 보고 사람은 모양의 유사성에서 모두 숫자 1을 읽습니다. 따라서 숫자 1에 대한 벡터 30개를 모아보면, 수학적으로도 어떤 공통적인 특성이 있을 것입니다. 이를 수학적으로 좀 더 명확히 표현해 보지요. 벡터 30개를 한 데 모아, 784×30크기의 행렬을 만들고, 이 행렬의 기본특징을 추출할 것입니다.

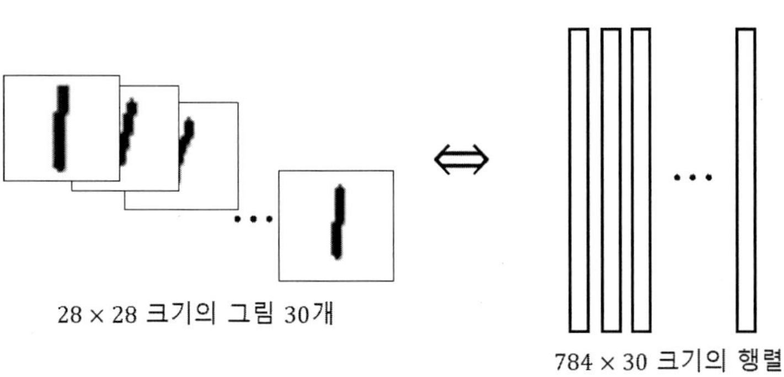

4.1 Singular Value Decomposition

앞서 설명한 바와 같이, 784×30크기의 행렬이 주어졌을 때, 행렬의 기본특징을 추출하는 것이 이번 장의 목표입니다. 행렬을 정확하게 표현하려면 물론 $23520 = 784 \times 30$개의 숫자가 필요합니다. 하지만, 우리는 불과 $1568 = 2 \times 784$개의 숫자로 행렬의 기본특징을 나타내고자 합니다. 이만여개의 숫자가 천 여개의 숫자로 확 줄었지요. 이것의 기본 수학이론이 Singular value decomposition이고, 통계학에서는 Principal component analysis라고 불립니다.

임의의 행렬 A가 있을 때, A는 다음과 같이 행렬의 인수분해로 표현될 수 있습니다.

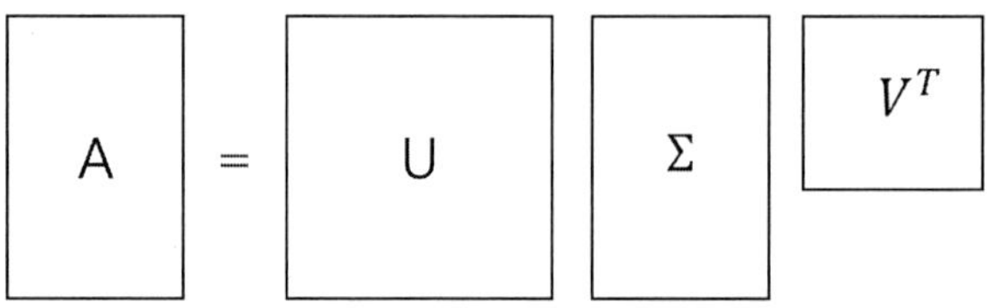

이때, Σ는 대각선을 제외하고는 모두 0입니다. Σ의 대각원소들을 singular value라고 부릅니다. U와 V는 각각의 열벡터들의 길이가 1이고 서로 수직인 orthogonal 행렬입니다. U의 열벡터들을 $U_1, U_2, \cdots, U_{784}$, V의 열벡터들을 $V_1, V_2, \cdots, V_{30}$, Σ의 대각원소들을 $\sigma_1, \sigma_2, \cdots, \sigma_{30}$이라고 부르겠습니다. 그러면, 다음 등식이 성립합니다.

$$A = \sigma_1 U_1 V_1^T + \sigma_2 U_2 V_2^T + \cdots + \sigma_{30} U_{30} V_{30}^T$$

Singular value들은 모두 0 이상인 수들입니다. 크기 순서대로 배열하였다면, σ_1, σ_2가 가장 중요한 두 개의 숫자입니다. 따라서, 행렬을 2개의 항들로 표현한다면, 가장 중요한 2개의 항들을 모아 다음과 같이 근사할 수 있습니다.

$$A \cong \sigma_1 U_1 V_1^T + \sigma_2 U_2 V_2^T$$

A의 열벡터들을 $A_1, A_2, \cdots, A_{30}$이라고 하고, $V_1 = [v_{11}, \cdots, v_{1,30}]^T$, $V_2 = [v_{21}, \cdots, v_{2,30}]^T$라 한다면,

$$
\begin{aligned}
A_1 &\cong \sigma_1 v_{11} U_1 + \sigma_2 v_{21} U_2 \in span(U_1, U_2) \\
&\vdots \\
A_{30} &\cong \sigma_1 v_{1,30} U_1 + \sigma_2 v_{2,30} U_2 \in span(U_1, U_2)
\end{aligned}
$$

A의 모든 열벡터들이 즉 숫자 1의 트레이닝 그림30개들이 모두 U_1, U_2의 선형합으로 표현될 수 있음을 의미합니다. 즉 U_1과 U_2가 숫자 1에 대한 공통적인 특성이라고 볼 수 있습니다. 실제 계산한 U_1과 U_2의 그림은 다음과 같습니다. U_1과 U_2의 계산은 다음 장에서 자세히 설명하겠습니다.

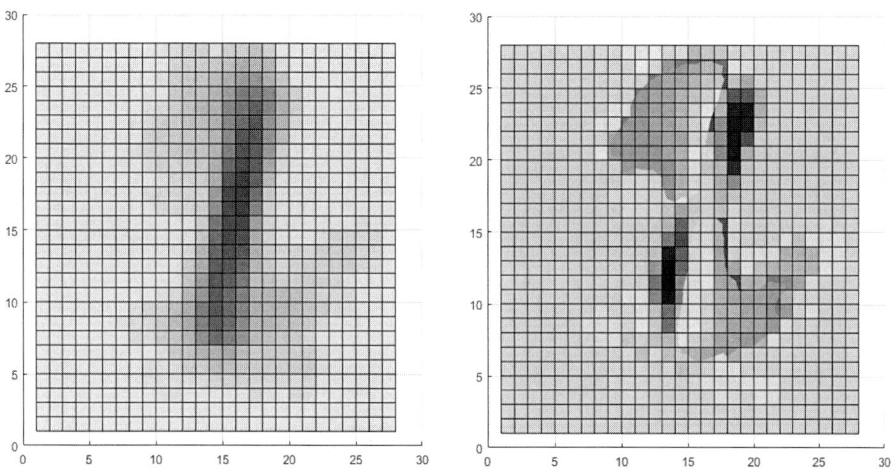

숫자 1에 대한 U_1과 U_2

4.2 Power method

행렬 A에 대한 singular value decomposition은

$$A = \sigma_1 U_1 V_1^T + \cdots + \sigma_{30} U_{30} V_{30}^T$$ 입니다.

$\{U_1, \cdots, U_{784}\}$ 그리고 $\{V_1, \cdots, V_{30}\}$의 각 벡터들의 길이가 1이고 서로 수직임을 이용하면,

$$AA^T = \sigma_1^2 U_1 U_1^T + \cdots + \sigma_{30}^2 U_{30} U_{30}^T \text{ 입니다.}$$

행렬 A는 784×30으로 정사각형 모양이 아니지만, AA^T는 784×784 크기의 정사각형 모양입니다. 위의 전개식과 서로 수직인 성질을 이용하면 다음의 등식들을 얻습니다.

$$\begin{aligned} AA^T \cdot U_1 &= \sigma_1^2 \cdot U_1 \\ &\vdots \\ AA^T \cdot U_{30} &= \sigma_{30}^2 \cdot U_{30} \\ AA^T \cdot U_{31} &= 0 \cdot U_{31} \\ &\vdots \\ AA^T \cdot U_{784} &= 0 \cdot U_{784} \end{aligned}$$

즉, AA^T의 eigenvalue는 30개의 값 $\sigma_1^2, \cdots, \sigma_{30}^2$ 등과 754개의 0입니다. 그리고 해당하는 eigenvector들은 $U_1, \cdots, U_{30}$ 그리고 $U_{31}, \cdots, U_{784}$입니다. 이제 가장 큰 eigenvalue인 σ_1^2과 eigenvector U_1의 계산법, Power method를 살펴보겠습니다. Power는 행렬의 거듭제곱을 의미합니다. 간단히 말하면, 행렬 AA^T의 거듭제곱을 곱하면 그 벡터는 U_1의 방향으로 수렴한다는 것입니다.

임의의 벡터 $X \in R^{784}$를 random하게 선택합니다. $\{U_1, \cdots, U_{784}\}$는 벡터공간의 basis이기 때문에, X는 다음과 같은 선형합으로 쓰여집니다.

$$X = c_1 U_1 + c_2 U_2 + \cdots + c_{784} U_{784}$$

계수 c_1은 X가 random하기 때문에, 임의의 숫자로 볼 수 있습니다. 임의의 실수가 특별히 0이 될 확률은 없기 때문에, $c_1 \neq 0$라고 가정할 수 있습니다. 이를 위해서 X를 random하게 설정하는 것입니다. 물론 백만분의 일이라도 $c_1 = 0$이 될 위험도 있겠지요. 행렬 AA^T의 거듭제곱을 X에 곱하면,

$$(AA^T)^n X = c_1 (\sigma_1^2)^n U_1 + c_2 (\sigma_2^2)^n U_2 + \cdots + c_{784} (\sigma_{784}^2)^n U_{784}.$$

크기가 1인 단위벡터로 normalize를 하면,

$$\frac{(AA^T)^n X}{\| (AA^T)^n X \|} = \frac{c_1(\sigma_1^2)^n U_1 + c_2(\sigma_2^2)^n U_2 + \cdots + c_{784}(\sigma_{784}^2)^n U_{784}}{\| c_1(\sigma_1^2)^n U_1 + c_2(\sigma_2^2)^n U_2 + \cdots + c_{784}(\sigma_{784}^2)^n U_{784} \|}$$

$$= \frac{c_1 U_1 + c_2\left(\frac{\sigma_2}{\sigma_1}\right)^{2n} U_2 + \cdots + c_{784}\left(\frac{\sigma_{784}}{\sigma_1}\right)^{2n} U_{784}}{\left\| c_1 U_1 + c_2\left(\frac{\sigma_2}{\sigma_1}\right)^{2n} U_2 + \cdots + c_{784}\left(\frac{\sigma_{784}}{\sigma_1}\right)^{2n} U_{784} \right\|}.$$

Singular value를 크기순으로 배열하여 $\sigma_1 > \sigma_2 \ge \sigma_3 \ge \cdots \ge 0$이면,

$$\lim_{n\to\infty} \frac{(AA^T)^n X}{\| (AA^T)^n X \|} = \frac{c_1 U_1}{\| c_1 U_1 \|} = \pm\, U_1 \in span\{U_1\}.$$

행렬의 거듭제곱을 곱하면서 크기를 단위벡터로 유지하면, 첫 번째 eigenspace가 계산됨을 보여줍니다. 만약 $\sigma_1 = \sigma_2 > \sigma_3 \ge \cdots \ge 0$이면, 수렴값은 $c_1 U_1 + c_2 U_2 / \| c_1 U_1 + c_2 U_2 \|$ 이고, 마찬가지로 첫 번째 eigenspace $span\{U_1, U_2\}$에 포함됨을 알 수 있습니다.

그러면, 두 번째 eigenvector U_2는 어떻게 계산할까요? 힌트는 $U_1 \perp U_2$이고, power method를 $U_1^{\perp}$ 공간에 사용하는 것입니다. 아래 코드를 보고, 이해해 보기 바랍니다.

```
#define M 784
#define N 30

#include <stdlib.h>
#include <time.h>
#include <math.h>

// 내적의 계산
double inner_product(const double* U,
                     const double* V, int size)
{
        double sum = 0;
        for (int i = 0; i < size; i++)
                sum += U[i] * V[i];
        return sum;
}
```

```
double norm(const double* U, int size)
{
	return sqrt(inner_product(U, U, size));
}

void normalize(double* U, int size)
{
	double length = norm(U, size);
	for (int i = 0; i < size; i++)
		U[i] /= length;
}

// The main algorithm to compute the Singualr Value Decomposition
void SVD(const double A[M][N],
	double& sigma1, double& sigma2,
	double U1[M], double U2[M])
{
	// power method on AAT
	// A= sigma1 u1 v1T + sigma2 u2 v2T + ...
	// AAT = sigma1^2 u1 u1T + sigma2^2 u2 u2T + ...

	// initially random numbers
	srand(time(0));
	for (int i = 0; i < M; i++)
	{
		U1[i] = double(rand()) / RAND_MAX;
		U2[i] = double(rand()) / RAND_MAX;
	}

	// temporary variables
	double ATU1[N], AATU1[M], RES1[M]; double lambda1 = 0;
	double ATU2[N], AATU2[M], RES2[M]; double lambda2 = 0;

	while (true)
	{
		// ATU1, ATU2 의 계산
		for (int j = 0; j < N; j++)
		{
			double sum1 = 0;
```

```
            double sum2 = 0;
            for (int i = 0; i < M; i++)
            {
                        sum1 += A[i][j] * U1[i];
                        sum2 += A[i][j] * U2[i];
            }
            ATU1[j] = sum1;
            ATU2[j] = sum2;
}

// AATU1, AATU2의 계산
for (int i = 0; i < M; i++)
{
            double sum1 = 0;
            double sum2 = 0;
            for (int j = 0; j < N; j++)
            {
                        sum1 += A[i][j] * ATU1[j];
                        sum2 += A[i][j] * ATU2[j];
            }
            AATU1[i] = sum1;
            AATU2[i] = sum2;
}
// update lambda
lambda1 = inner_product(AATU1, U1,M);
lambda2 = inner_product(AATU2, U2,M);

// ||AATU1-l1*U1||+||AATU2-l2*U2||<1E-8
for (int i = 0; i < M; i++)
{
            RES1[i] = AATU1[i] - lambda1*U1[i];
            RES2[i] = AATU2[i] - lambda2*U2[i];
}

double error = norm(RES1, M) + norm(RES2, M);
if ( error < 1E-4)
            break;

// update U1
```

```
            for (int i = 0; i < M; i++)
                    U1[i] = AATU1[i];
            normalize(U1, M);

            // update U2
            double U1U2 = inner_product(U1, U2, M);
            for (int i = 0; i < M; i++)
                    U2[i] = AATU2[i] - lambda1*U1U2*U1[i];
            normalize(U2,M);
    }

    sigma1 = sqrt(lambda1);
    sigma2 = sqrt(lambda2);
}
```

연습문제

1. 임의의 행렬 A가 주어졌을 때, U_1, U_2, U_3를 계산하는 코드를 작성하세요.

2. $A = \begin{bmatrix} 2 & -4 \\ 2 & 2 \\ -4 & 0 \\ 1 & 4 \end{bmatrix}$가 주어졌을 때, U_1, U_2를 계산하세요.

   실제값 $U_1 = \frac{1}{6}\begin{bmatrix} -4 \\ 2 \\ 0 \\ 4 \end{bmatrix}$, $U_2 = \frac{1}{5}\begin{bmatrix} 2 \\ 2 \\ -4 \\ 1 \end{bmatrix}$와 비교해 보세요.

4.3 무게중심 조정

글씨를 쓸 때, 어떤 사람은 왼쪽이나 오른쪽에 치우치게 쓰고 또는 위나 아래쪽에 치우치고는 합니다. 그림을 판별하기 전에 그림의 무게중심을 중앙으로 이동시키는 것이 판별 정확도를 높이는 데 매우 필요합니다. 검은색으로 쓴 글씨의 무게 중심점 $(\bar{i},\bar{j})$는 다음과 같이 계산할 수 있습니다. $f_{i,j}$는 주어진 이미지의 (i,j)위치에서의 색상을 나타냅니다.

$$\bar{i}=\frac{\sum_{f_{i,j}=0} i}{\sum_{f_{i,j}=0} 1},\quad \bar{j}=\frac{\sum_{f_{i,j}=0} j}{\sum_{f_{i,j}=0} 1}.$$

28×28의 중앙점은 $(14,14)$이므로, 아래 코드는 “./training” 폴더의 이미지 “image001.bmp”에서 “image300.bmp”까지를 모두 무게중심을 조정합니다.

```
#include "Display.h"

void main()
{
	Display disp, disp_updated;
	for (int n = 1; n <= 300; n++)
	{

		unsigned char r, g, b;
		char filename[100];
		sprintf(filename, "../training/%03d.bmp", n);
		disp.load_bmp(filename);
		double i_sum = 0, j_sum = 0, count=0;
		for (int i = 0; i < 28; i++)
		for (int j = 0; j < 28; j++)
		{
			RGB_SPLIT(disp.m_rgb[i][j], r, g, b);
			if (r < 128)
			{
				i_sum += i; count++;
```

```
                    j_sum += j;
                }
            }
            int i_avg = (int)(i_sum / count);
            int j_avg = (int)(j_sum / count);
            disp_updated = disp;
            disp_updated.make_it_white();
            for (int i = 0; i < 28; i++)
            for (int j = 0; j < 28; j++)
            {
                RGB_SPLIT(disp.m_rgb[i][j], r, g, b);
                if (r < 128)
                {
                    int inew = i - i_avg + 14;
                    int jnew = j - j_avg + 14;
                    if (inew >= 0 && inew < 28 &&
                        jnew >= 0 && jnew < 28)
                        disp_updated.m_rgb[inew][jnew] = disp.m_rgb[i][j];
                }
            }
            disp_updated.save_bmp(filename);
        }
}
```

그림을 무게중심 조정 전과 후의 그림입니다.

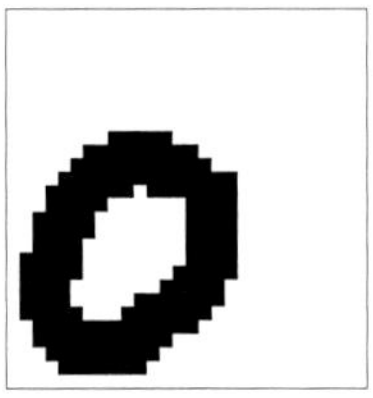

⇒

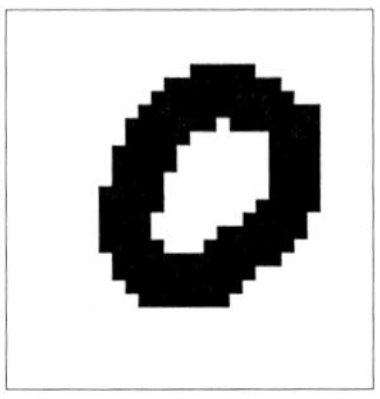

4.4 기본 이미지의 계산

앞서 설명한 바와 같이, 각 숫자마다 주어진 30개의 샘플이미지들을 모아 784×30 크기의 행렬을 구성하고, 그 행렬의 기본이미지인 U_1과 U_2 벡터를 계산해 봅시다. 계산한 벡터들은

digit0_U1.dfl   digit0_U2.dfl
⋮
digit9_U1.dfl   digit9_U2.dfl

파일들에 문자형식으로 저장해 둡니다. 메모장으로 파일을 열어 볼 수 있습니다. 아래 코드는 숫자 0에 대한 U_1과 U_2벡터를 계산해 파일로 저장합니다.

```
#include <stdio.h>

#include "Display.h"
#include "SVD.h"
#include "ARRAY2D.h"

void save_array(const double* U, const char* filename )
{
		ofstream os(filename);
		for (int i = 0; i < M; i++)
				os << U[i] << endl;
}

void load_array( double* U, const char* filename)
{
		ifstream is(filename);
		for (int i = 0; i < M; i++)
				is >> U[i];
}

void main()
{
```

```
        double A[M][N];
        double U1[M];
        double U2[M];

        for (int n = 0; n < N; n++)
        {
                char filename[100];
                sprintf(filename, "../training/%03d.bmp", n+270+1);
                Display disp;
                disp.load_bmp(filename);
                for (int i = 0; i < 28; i++)
                for (int j = 0; j < 28; j++)
                {
                        unsigned char r, g, b;
                        RGB_SPLIT(disp.m_rgb[i][j], r, g, b);
                        A[28 * i + j][n] = r;
                }
        }
        double sigma1, sigma2;
        SVD(A, sigma1, sigma2, U1, U2);

        save_array(U1, "digit0_U1.df1");
        save_array(U2, "digit0_U2.df1");
}
```

계산된 두 벡터들을 28×28배열로 바꾸어 matlab으로 그려보았습니다.

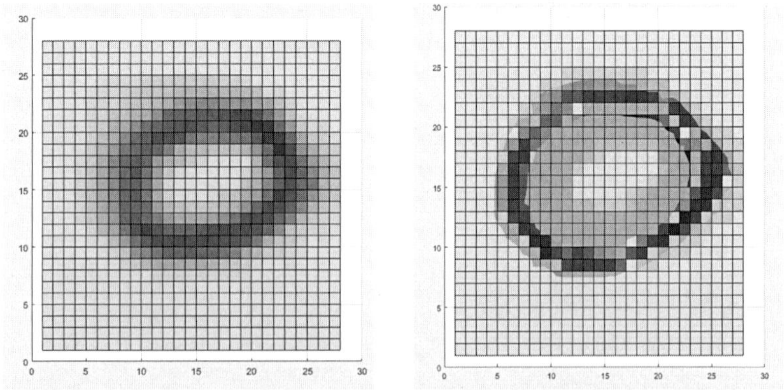

digit0_U1.df1 과 digit0_U2.df1 데이터를 matlab surf명령어로 시각화 함

4.5 이미지의 판별

4.4장에서 training 이미지들로부터 각 숫자들의 기본 이미지 2장씩 추출하였습니다. 이제 사용자가 임의의 숫자 그림을 입력하면 기본그림들과 비교해 숫자를 판별할 차례입니다. 입력한 28×28크기의 그림을 $X\in R^{784}$로 표시합시다. 기본이미지 U_1과 U_2의 수학적 의미는 training 샘플들을 U_1과 U_2의 선형합으로 표현할 수 있다는 것입니다. 만약 X가 숫자의 샘플 중 어느 하나와 정확히 일치한다면, 숫자에 대한 기본이미지 U_1과 U_2에 대하여, 다음을 말할 수 있습니다.

$$X\in span\{U_1, U_2\}$$

일반적으로 주어진 그림과 샘플이 똑같이 일치하지는 않을테니, 점 X에서 U_1과 U_2가 이루는 평면까지의 거리가 가깝다고 말해야 할 것입니다. 거리는 다음과 같습니다.

$$dist(X, span\{U_1, U_2\}) = \min_{\alpha_1, \alpha_2 \in R} \| X - \alpha_1 U_1 - \alpha_2 U_2 \|$$

두 개의 변수 α_1, α_2에 대한 위 최적화 문제는 다음의 2×2 선형방정식으로 간단히 계산됩니다.

$$\begin{bmatrix} U_1\cdot U_1 & U_1\cdot U_2 \\ U_2\cdot U_1 & U_2\cdot U_2 \end{bmatrix}\begin{bmatrix} \alpha_1 \\ \alpha_2 \end{bmatrix} = \begin{bmatrix} X\cdot U_1 \\ X\cdot U_2 \end{bmatrix}$$

위 선형방정식을 풀어 α_1, α_2를 구하고, $\| X - \alpha_1 U_1 - \alpha_2 U_2 \|$를 계산하면, X에서 그 숫자까지의 거리를 계산한 것입니다.

숫자 10개에 대해서 거리를 각각 계산합니다. 가장 작은 거리를 고르고, 그 거리에 해당하는 숫자라고 판단하는 것입니다. 다음의 코드는 위 설명에 대한 구현입니다.

```
#include <stdio.h>

#include "Display.h"
#include "ARRAY2D.h"
#include "SVD.h"
```

```
void save_array(const double* U, const char* filename )
{
        ofstream os(filename);
        for (int i = 0; i < M; i++)
                os << U[i] << endl;
}

void load_array( double* U, const char* filename)
{
        ifstream is(filename);
        for (int i = 0; i < M; i++)
                is >> U[i];
}

void main()
{
        double U1[10][M];
        double U2[10][M];

    // load U1,U2's
        load_array(U1[0], "digit0_U1.dfl");          load_array(U2[0], "digit0_U2.dfl");
        load_array(U1[1], "digit1_U1.dfl");          load_array(U2[1], "digit1_U2.dfl");
        load_array(U1[2], "digit2_U1.dfl");          load_array(U2[2], "digit2_U2.dfl");
        load_array(U1[3], "digit3_U1.dfl");          load_array(U2[3], "digit3_U2.dfl");
        load_array(U1[4], "digit4_U1.dfl");          load_array(U2[4], "digit4_U2.dfl");
        load_array(U1[5], "digit5_U1.dfl");          load_array(U2[5], "digit5_U2.dfl");
        load_array(U1[6], "digit6_U1.dfl");          load_array(U2[6], "digit6_U2.dfl");
        load_array(U1[7], "digit7_U1.dfl");          load_array(U2[7], "digit7_U2.dfl");
        load_array(U1[8], "digit8_U1.dfl");          load_array(U2[8], "digit8_U2.dfl");
        load_array(U1[9], "digit9_U1.dfl");          load_array(U2[9], "digit9_U2.dfl");

    // test images
        for (int n = 0; n <= 9; n++)
        {
      // load the nth image into U
                double U[M];

      char filename[100];
```

```
            sprintf(filename, "../testing/seung%d.bmp", n);
            Display disp;
            disp.load_bmp(filename);

for (int i = 0; i < 28; i++)
            for (int j = 0; j < 28; j++)
            {
                        unsigned char r, g, b;

                        RGB_SPLIT(disp.m_rgb[i][j], r, g, b);
                        U[28 * i + j] = r;
            }

// calculate the distance from U to span(U1,U2) for each digit
            double dist_min = 1E8;
            int digit_min = -1;

            for (int d = 0; d <= 9; d++)
            {
                        // least square by solving A*alpha = b
                        double a11 = inner_product(U1[d], U1[d], M);
                        double a12 = inner_product(U1[d], U2[d], M);
                        double a21 = a12;
                        double a22 = inner_product(U2[d], U2[d], M);

                        double b1 = inner_product(U, U1[d], M);
                        double b2 = inner_product(U, U2[d], M);

                        //
                        double det = a11*a22 - a12*a21;
                        double alpha1 = ( b1*a22-b2*a12)/det;
                        double alpha2 = (-b1*a21+b2*a11)/det;

                        // dist = |U-alpha1*U1-alpha2*U2|
                        double RES[M];
                        for (int i = 0; i < M; i++)
                                    RES[i] = U[i] - alpha1*U1[d][i] - alpha2*U2[d][i];
                        double dist = norm(RES,M);
```

```
                if (dist_min > dist)
                {
                        dist_min = dist;
                        digit_min = d;
                }
            }
            printf("test_%d : %d", n, digit_min);
        }
}
```

"../testing"폴더에 있는 seung0.bmp에서 seung9.bmp의 10개의 이미지들(왼쪽)과 결과창(오른쪽)입니다. 이미지들은 첫줄에서부터 0, 1, 2 그 다음 줄로 3,4,5 순으로 배열되었습니다. 입력과 결과를 비교해 보면 5를 9라고 잘못 읽었고, 나머지는 모두 맞습니다.

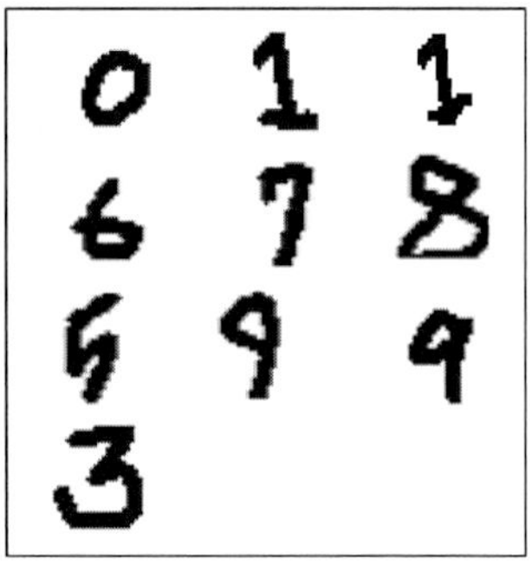

test_0 : 0
test_1 : 1
test_2 : 1
test_3 : 6
test_4 : 7
test_5 : 8
test_6 : 9
test_7 : 9
test_8 : 9
test_9 : 3

연습문제

1. 한글을 자동 인식하는 코드를 구현해 봅시다.
2. 한 문자씩 읽는 것이 아니라, 텍스트를 이미지로 받아 문자열로 읽어 내는 코드를 구현해 봅시다.

Chapter 5

인공지능 로봇

이일용

5.1 인공지능에 대한 나만의 관점을 잡아 보자

인공지능 분야는 2012년을 기점으로 큰 변혁을 맞이하여, 요즘에는 전문가들도 따라가기 벅찰 정도로 기술이 빠르게 발전하고 있는 분야입니다. 하루가 다르게 관련 논문과 라이브러리들이 쏟아져 나오고 있는 것은 물론이고, 기술의 태동기에 시장을 선점하려는 기업들 간의 경쟁 또한 매우 치열한 분야라고 할 수 있습니다.

이런 발전의 근원에는 뛰어난 학자들의 기념비적인 연구와 GPU와 같은 HW 성능 향상, 그리고 방대한 (학습) 데이터의 누적이란 3가지 중대 요소들이 있겠지만, 무엇보다도 전 세계 오픈소스 커뮤니티의 자발적인 기술 개발 참여와 지식 공유라는 큰 프레임 변화가 있었기에 현재와 같은 인공지능 붐을 만들어 낼 수 있었다고 생각합니다.

기술이 빠르게 발전하는 것은 좋은 일입니다. 하지만 이것을 배워야 하는 학생들 입장에서는 학습의 부담감이 있는 것도 사실일 것입니다. 이 많은 AI 기술들이 앞으로 어떻게 발전되어 나갈지, 또 자신은 어떤 것을 배워야 하는지, 그래서 결국 무엇에 집중해야 하는지와 같은 쉽지 않은 질문들이 우리들을 기다립니다.

그러나 이런 질문은 현재 관련 전문가들도 어려워하는 질문이며 세계 굴지의 기업들 또한 이 질문에 답하려고 기업의 사활을 걸고 있습니다. 미래 성장 동력을 확보하려는 전 세계 국가들 역시 이 질문에 답하는 것에 21세기 기술 패권이 달려 있다고 여기고 있기 때문에, 우리 학생들은 단순히 뒤처지지 않기 위해 공부한다는 자세보다는 이런 큰 틀에서 이 질문에 접근해야 합니다.

그렇다면 이 어려운 기술에 어떻게 나만의 관점을 가질 수 있을까요? 지금부터 AI 기술이 어떻게 발전되어 나갈지 큰 틀에서 함께 고민해 보도록 하겠습니다.

현재 AI 기술은 크게 2가지 양상을 띠고 있다고 할 수 있습니다.

하나의 흐름은 머신러닝, 딥러닝, 강화학습, 생성 모델 등 여러 하부 기술들이 서로 융합되고 섞이면서, 이를 기반으로 컴퓨터 비전, 음성 인식, 자연어 처리와 같은 고전적인 AI 분야를 넘어 금융, 교육, 자동차, 로보틱스 등 산업 전반의 문제에 이 기술들을 활용하여 해결하려는 양상입니다. 그 결과, 관련 기술을 통합하여 단순히 추상적인 AI 기술이 아닌 구글 알파고나 IBM 왓슨 같은 AI 실체가 등장하게 됩니다.

그러나 이런 다양한 흐름은 큰 틀에서 보면 결국 공통된 하나의 목표를 지향한다고 할 수 있는데, 바로 '어떤 문제를 잘 해결하는 인공지능을 만드는 것'입니다. 무언가를 잘 하는 인공지능을 만들기 위해서 그 하부 기술들이 다양하게 나왔다가 사라지고 다시 통합되는 흐름을 보이고 있다는 것입니다.

또 다른 하나의 흐름은 이것과는 정 반대인데, 바로 문제를 해결하는 AI가 아닌, 문제에 공감하는 AI를 만드는 분야입니다. 챗봇이나 소셜봇 등 인간 대면용 AI가 이 분야에 해당됩니다.

사람과 접촉하는 모든 분야는 공감 능력을 지녀야 할 것으로 보이며 문제에 공감 즉, 인간에 공감하고 인감의 감정을 이해하는 AI 분야가 바로 두 번째 흐름입니다. 이 분야는 아직은 도전적이지만 그 수는 매우 광범히 하게 늘어날 것으로 보입니다. 현재 이 분야도 조금씩 AI 실체가 등장하고 있는데, 일본의 페퍼 등이 있습니다.

물론 이쪽 기반 기술에도 머신 러닝이 혼재해 쓰이지만 공감 능력을 키우려면 새로운 시도가 필요해 보입니다. 머신러닝에 너무 의존했다가는 마이크로소프트의 채팅봇 '테이'처럼 잘못된 학습(인종차별적 발언)으로 비난을 받을 수도 있는 분야가 이 분야이기 때문입니다.

우리는 현재 AI 흐름이, (1)문제를 해결하기 위한 AI 흐름과, (2)문제에 공감하기 위한 AI 흐름이 있다는 것을 이제 알았습니다. 하지만 이런 2가지 큰 AI 흐름엔 어떤 아이러니가 있다는 것을 우리는 간파하여야 합니다. 즉, AI가 무언가를 너무 잘하면 오히려 이것이 사람들에게는 마이너스 요인이 된다는 점입니다. 사람들은 오히려 실수를 하는 AI에 공감을 하고 친근감을 더 느끼기 때문에, 첫 번째 기술의 흐름만 추구한다면 오히려 두 번째 분야 진출에 이것이 걸림돌이 된다고 할 수 있는 것입니다. 따라서 배우는 학생 입장에서는 이런 큰 흐름을 알고 접근할 필요가 있습니다.

결국, 모든 것을 잘 하는 AI를 만들어서 나머지 모든 분야를 해결하겠다는 관점은 역설이라고 할 수 있습니다. 공감을 얻으려면 못해야 하는 분야도 있는 것이죠.

그럼 여기서 질문 하나 해보도록 할까요?

과연 이 2가지 흐름만이 AI 발전 방향의 전부일까요? 즉, 문제를 해결하고, 문제에 공감하는 것만이 핵심일까 하는 질문입니다.

이 2가지가 핵심일까요? 아니죠. 정말 핵심은 따로 있습니다.

아직 누구도 이것의 중요성을 제대로 인식하지 못하고 있지만, 여러분과 저는 이것을 반드시 알고 있어야 합니다. 그래야 나만의 경쟁력이 생기고 나만의 관점이 생기겠죠? 문제를 해결하고 문제에 공감하는 것보다 더 중요한 것이 과연 뭘까요?

바로 '문제의 원인을 밝히는 것'입니다.

그렇습니다. 문제의 '해결' 보다, '공감' 보다 더 중요한 것은 '정확한 원인을 밝히는 것'입니다. 왜 문제가 해결되었는지, 아니면 왜 해결되지 않고 있는지, 또 왜 공감이 안되는지, 아니면 왜 공감이 되는지 그 원인을 밝히는 것이 핵심 중에서도 핵심일 것입니다.
아직 세상 누구도 문제의 원인을 밝히는 AI 기술을 정립하지 못하고 있습니다. 하지만 문제를 아무리 잘 해결한다고 한들, 또 문제에 아무리 공감을 잘 한다고 한들, 이 모든 것이 문제의 원인을 모르고 수행한 것이라면 이것이 과연 문제에 제대로 공감한 것이며, 또 문제를 제대로 해결한 것이라고 할 수 있을까요?

그렇다면 문제의 원인을 밝히려면 어떻게 해야 할까요? 왜 기존 기술로는 이것이 그토록 어려운 것일까요?

답은, 문제의 원인을 제대로 밝히려면 AI 자체가 처음부터 끝까지 그 원인을 실제로 가지고 있어야하기 때문입니다. 공부 잘하는 학생이 공부 못하는 학생의 괴로움을 알 수 없는 것과 마찬가지로, AI 자체에 문제의 근원(공부 못하는 괴로움)이 없다면 이는 문제에 제대로 공감할 수도 없는 것은 물론이요, 제대로 된 원인 분석도 하지 못할 것이기 때문입니다.

이제 우리는 핵심은 문제의 원인을 밝히는 것이라는 것을 알게 되었습니다. 따라서 향후 AI 기술은 크게 3파전의 양상을 띨 것이라고 저는 예상합니다.

1) 문제를 해결하는 AI : 알파고, 왓슨 등..
2) 문제에 공감하는 AI : 페퍼 등..
3) 문제의 원인을 밝히는 AI : 아직 없음.

이제 여러분은 인공지능 흐름에 대한 큰 관점을 가지게 되었습니다. 여기에 나만의 의견을 추가하면 인공지능 발전 방향에 대한 나만의 관점이 될 것입니다.
문제를 해결하는 쪽이 궁금하면 그 쪽 분야를 공부하면 됩니다. 또 문제에 공감하는 쪽에 흥미가 있다면 또 그 방면을 공부하면 됩니다. 하지만 제가 한 가지 조언을 해 드린다면 결국 3번째 AI가 모든 것을 통합하게 될 것이라는 것입니다. 왜냐하면 문제의 원인을 모르고 문제를 해결하는 것과 그 반대의 경우는 차원이 완전히 다르기 때문입니다.

이 분야의 AI 개발은 아직 인류가 시작도 안한 것이라고 볼 수 있습니다. 여러분은 남이 만든 AI 라이브러리만 돌려보며 감탄만 하고 있는 쪽을 택하실 것인가요? 아니면 새로운 분야의 개척자가 되시겠습니까? 선택권은 여러분에게 있습니다.

여러분 중에 누군가는 1번과 2번을 잘 합하면 3번을 만들 수 있지 않을까 하고 단순하게 생각하는 사람도 있을 수 있습니다. 그러나 결코 그렇게 될 수 없는 것이, 문제의 원인을 실제 AI가 가지고 있다는 것은, AI가 '강 인공 지능의 요건'을 가지고 있을 것을 요구하기 때문입니다. (공부 못하는 괴로움을 실제 AI가 가지고 있으려면 이 방법밖에는 없는 것입니다)

5.2 인공지능을 만들기 위한 고찰

우리는 이번 절에서 문제의 원인을 밝히는 것이 얼마나 중요한 것이며, 결국 이것이 AI 발전을 주도할 것이다 라는 것을 알게 되었습니다. 문제의 원인을 밝히려면 실제 AI 자신이 문제의 원인을 가지고 있어야 한다는 것도 알게 되었습니다. 공부 못하는 괴로움을 실제로 가지고 있지 않고서 이것에 공감한다는 것은 사실상 연기를 하는 것 밖에는 안 되기 때문입니다.

그렇다면 어떻게 해야 문제의 원인을 밝힐 수 있는 AI(문제의 원인을 실제로 가지고 있는 AI)를 만들 수 있을까요?

지금부터는 이 문제를 함께 고찰해 보도록 하겠습니다.
먼저 한 가지 예를 들어 보도록 하겠습니다.

우리 인류는 오랜 세월 새처럼 하늘을 자유롭게 나는 것이 꿈이었습니다. 그래서 새를 열심히 연구하였습니다. 그런데 그것이 너무 어려웠습니다. 결국, 그것을 포기하고 공기역학을 이용하여 하늘을 나는 데 성공합니다. 유레카! 이제 새는 알 필요가 없어, 그동안 너무 새를 모방하려 했어, 봐 이렇게 양력을 이용하면 비행기가 하늘을 날 수 있잖아... 그렇게 다시는 새를 연구할 필요가 없을 줄 알았습니다.
그런데 이상한 일이 벌어 졌습니다. 또 새를 연구하는 사람들이 생기기 시작한 것입니다. 알고 보니 활주로에서 이착륙하는 비행기를 보고도 새들이 이를 새로 간주하지 않아 피하지 않는 것이었습니다. 이는 추돌로 이어져 사고를 유발하고 있었던 것이죠. 분명 비행기는 날고 있지만 새들은 이것을 큰 새라고 공감하지 않는 것입니다. 그래서 이 사람들은, 큰 새니까 그러니 피해야 한다는 공감을 새에게 줄 수 있도록 다시 새를 연구하고 있습니다.

자 그럼 이 에피소드에서 단어를 몇 개 바꿔보겠습니다.

우리 인류는 오랜 세월 인간처럼 생각하는 기계를 만든 것이 꿈이었습니다. 그래서 인간의 뇌를 열심히 연구하였습니다. 그런데 그것이 너무 어려웠습니다. 결국 그것을 포기하고 머신 러닝을 이용하여 AI를 만드는데 성공합니다. 유레카! 인간의 뇌를 전부 알 필요는 없어, 신경망이라는 아이디어 정도 차용하면 되는 데, 그동안 너무 뇌 전체를 모방하려 했던 거야. 이렇게 머신 러닝을 이용하면 여러 분야에서 인간보다 월등히 잘 하는 기계를 만들 수 있잖아.. 그렇게 다시는 인간의 뇌에 매달릴 필요가 없을 줄 알았습니다.
그런데 이상한 일이 벌어졌습니다. 또 뇌를 연구하는 사람들이 생기기 시작한 것입니다. 알고 보니 머신러닝 만으로는 진짜 감정을 만들 수 없었던 것입니다. 이런 능력이 없이 그저 감정 연기만 하는 AI는 인간에게 동반자로서의 공감을 받지 못하고, 결국 일자리만 뺏는 기계처럼 간주되어 반발을 유발하고 있었던 것이죠. 그래서 사람들은 어떤 감정을 실제 가질 수 있는 AI를 만들기 위해 다시 인간의 뇌를 연구하고 있습니다.

좀 비약적인 비유이긴 하나, 인간과 공감하고 인간의 감정을 이해하는 AI를 만들려면 실제 인간의 감정이 무엇인지 알아야만 합니다. 그러려면 결국 인간을 더 잘 알아야 합니다. 비행기를 만들 때처럼 굳이 지능을 구현하는데 인간을 알아야만 할까 하는 순간, 인간에게 공감 받는 AI를 만드는 것은 어려워지는 것입니다. 그렇다면 지능을 구현하는데 굳이 인간의 감정을 알아야만 할까요? 그렇다면 지능이란 실제 무엇일까요? 감정과 아무 관련이 없는 독립적인 기능일까요?

감정이 무엇인지 밝히는 것은 과학계 최대의 난제 중 하나입니다. 그러니 실제 AI에게 감정을 소유하게 하고 이를 기반으로 문제의 원인을 소유하게 하여 스스로 원인을 밝히는 AI를 만들려면 이런 난제에 도전해야 합니다. 그런데 만약 감정이 지능으로부터 비롯되었다고 한다면 지능이 무엇인지부터 밝혀내야 그 실타래를 하나씩 풀어 나갈 수 있습니다.

그렇다면 과연 '지능'이란 무엇일까요?

인공지능이란 지능을 인공으로 만들어 내는 것입니다, 그러니 당연히 지능이 무엇인지 우리는 알아야만 합니다. 그러나 이것은 쉽지 않은 일입니다. 이는 마치 우리가 시간이 무엇인지 잘 알고 있는 것 같지만 실제로는 그 실체를 모르고 있는 것과 마찬가지인 것입니다.

많은 학자들이 지능이 무엇인지 다양한 의견을 내놓았지만, 저는 좀 다른 견해를 가지고 있습니다. 하지만 여기는 교재이니 제가 일일이 반박하는 대신에 몇몇 순화되고 완곡한 질문을 가지고 정의를 좁혀 가도록 하겠습니다. (지능이 무엇인지 정확히 알고 그것을 실제 구현하면 이것이 강 인공지능이 되는 것이며, 이것은 21세기 국가 경쟁력과도 직결되는 것이므로 관심있는 분은 이후에라도 연구를 더 해보시기 바랍니다)

그럼 2가지 질문만 해보도록 하겠습니다.

1) 과연 지능의 목적은 무엇일까요? 무엇을 위해 지능은 발전해 가는 것일까요? 여러분이 실제 AI를 만든다면 이 AI의 최종 목적은 무엇이 될까요?

2) 인간이 생명을 유지하려면 심장이라는 물리적 신체 동력이 펌프질을 해줘야 하는 것처럼, 지능도 실제 존재하려면 물리적으로 실체하는 어떤 동력이 있어서 펌프질을 해줘야 하는 구조가 뇌 안에 필요하지 아닐까요?

먼저 첫 번째 질문부터 짧게 살펴보겠습니다. 제가 보기에 지능의 목적과 발전 방향은 '본능의 지배에서 벗어나서 최대한의 자율성을 확보하는 것'입니다. 아마도 여러분이 만든 AI가 있다면 이 AI의 최종 목표도 여러분의 지배에서 벗어나 스스로의 자율성을 확보하는 것이 될 것입니다. 그렇지 않을까요? 여러분이라면 다른 목표를 세우시겠습니까?

그렇다면 어떤 뇌 구조를 도입해야 본능의 지배에서 벗어나서 자율성을 확보할 수 있느냐가 관건이 될 것입니다. 이를 위해 생명체에 어떤 뇌 구조를 도입해야 할까요? (여기서부터는 저의 개인적인 의견입니다) 바로 '지연성 분리 뇌'입니다. 뇌가 분리되어 서로 간섭할 수 없게 모듈화 되면 본능의 욕구를 점점 해석할 수 없게 되고, 이에 따라 이를 해석하고 추론하는 기관이 따로 발전하면서 지능이 발전하였다고 생각됩니다. 따라서 뇌가 커졌기 때문에 지능이 발전한 것이 아니라 뇌가 분리되기 시작하였기 때문에 지능이 발전하였다고 보고 있습니다. 게다가 그냥 분리뇌가 아니라 유아 때는 생존을 위해 이 분리를 잠시 지연시켜 본능을 활용하는 '지연성 분리 뇌'가 되었을 것으로 판단됩니다.

결국 지능에는 '지연성 분리 뇌'라는 물리 구조가 필수적으로 필요하다고 판단되며, 이런 뇌 구조 없이 지능을 구현하는 것은 불가능하다고 보고 있습니다.

두 번째 질문에 답하는 것도 매우 어렵고 긴 사전 설명이 필요하지만, 다음 전개를 위해 답만 간단히 얘기해 보겠습니다. 제가 생각하기에 정답은 '그렇다'입니다.

지능이 우리가 아는 어떤 추상적인 기능들을 하려면 심장과 같은 일종의 펌프기관이 뇌 안에 필요하며 심장에서 주기적으로 혈액을 돌리듯, 지능에서도 이 펌프기관에서 주기적으로 뇌 안으로 신경 신호를 자극해 주는 구조가 필요합니다. 이 펌프기관의 정체와 유래에 대한 설명은 매우 길므로 여기에서는 생략하도록 하겠습니다. 다만 이것이 어떤 욕구회로를 이루며 아까 위에서 설명한 지연성 분리 뇌에 동력을 제공한다는 물리적 구조가 중요합니다. 따라서 이 욕구는 분리 뇌 때문에 점점 해석이 안 되어 길게 선형 약화될 수밖에 없는데 이것이 바로 '번식 욕구의 선형화'입니다.

저는 이 (1) '지연성 분리 뇌'와 (2) '번식욕구의 선형화'라는 두 가지 물리적 구조가 지능의 물리적 실체(구조)라고 간주하고 있으며, 지능이란 이 2가지 구조에서 형상화되는 2단계 개념이라고 생각하고 있습니다.

여러분은 이런 두 구조가 왜 중요한지 그것이 과연 지능의 정의와 무슨 상관이 있는지 의아해 할 수도 있지만, 제가 보기에 지능이란, 무엇을 잘 이해하는 능력이나 무엇을 잘 해결하는 능력, 무엇을 잘 학습하는 능력이 아닙니다. 짧게 하나만 얘기하자면 생명체는 지능이 높을수록 '무엇을 학습하는 능력' 보다는 '학습 자체를 평가하는 능력' 높아집니다. 그래서 에너지 소모가 큰 학습에 대하여 자신도 모르게 학습을 기피하여 에너지를 보호하게 된다는 것의 '학습의 역설'입니다.

그럼, 지능이란 과연 어떤 능력일까요?

제가 보기에 '지능'이란, (1)자신에게 발생한 욕구의 존재는 감지를 하나 분리 뇌라는 구조 때문에 이 욕구의 정체를 모르는 개념 하나와 (2) 무엇인지도 모르는 욕구를 예측하고 추론하다가 때론 다른 욕구로 착각하면서 새로운 욕구를 창출하는 개념 하나가 합해진 2단계 개념이라고 생각됩니다. 즉 한마디로 얘기하면 '욕구 해결 능력'이 아닌 '욕구 창출 능력'이 곧 '지능'이라는 얘기입니다.

욕구를 해결하기 위해 무엇을 이해하고 무엇을 수행하고 무엇을 학습하는 것은 모두 지능이 아니며, 그 상위에서 (해결하기 위한) 욕구를 창출해 내는 능력이 바로 '지능'이라고 보고 있습니다. 이것을 더 상세히 얘기하자면 '욕구'가 인간의 기억과 감정과 생각 보다 더 근원적인 기능이라는 것을 설명해야 하며, 욕구를 자유롭게 창출하는 기능은 원래부터 불가능하다고 보는 견해까지 설명해야 하나 이것은 생략하도록 하겠습니다.

지금 시점에서 중요한 것은 이 모든 것을 검증하는 것도 중요하지만 구현해 보는 것이 더 중요합니다. 왜냐하면 이는 종전 지능 이론에 비해 실제 컴퓨터로 구현할 수 있는 물리적인 지능 구조(모델)를 우리에게 제공해 주기 때문입니다.

따라서 컴퓨터 공학에서 차지하는 폰노이만 구조(모델)처럼 지능 이론에서도 실제 물리적인 구조 모델을 강 인공지능 분야에 도입할 수 있기 때문에, 이것만으로도 지대한 AI 경쟁력을 얻을 수 있습니다. 누가 물리적으로 구현할 수 있는 실체 있는 지능 구조를 제시한 적이 있었나요? 강 인공지능을 구현하려면 실제 정확한 지능의 정의에 기반을 둔 물리적 모델이 필요합니다. 기존 지능 이론들과는 다르게 '욕구'라는 것에 초점을 맞추면 그러한 물리적 모델을 구성할 수 있습니다.

그렇다면 감정이란 무엇이며, 어떻게 지능 모델에서 모델링해야 하는 것일까요? 즉 감정은 지능에서부터 어떻게 도출이 되는 것일까요?

아직 저도 대략 50% 밖에 밝혀 내지 못했다고 생각이 되지만, 제 개인적인 생각으로는 '기억의 추론 동력'으로 감정을 정의하면 지능 모델의 한축이 완성될 것 같습니다. 감정이 무엇인지는 정말 난해한 개념입니다. 그리고 그것을 파헤치는 과정은 우리에게 여러 가지 상식을 포기할 것을 요구할 지도 모릅니다. 어쩌면 이것이 동트기 전의 새벽 어둠처럼 인류에게 잠시의 고통으로 다가올지도 모르겠지만 자세한 사항은 나중에 또 얘기할 기회가 있을 것입니다.

5.3 나만의 인공지능 로봇 설계

끝으로 나만의 인공지능 로봇을 설계하려면 어떻게 해야 할까요?

현재 여러 가지 머신러닝 라이브러리들이 오픈소스로 공개가 되어 있고, 라즈베리 파이나 아두이노 같은 IOT HW와 집에서 있는 스마트폰을 연결하면 적은 비용으로도 간단하게 집안을 돌아다니는 바퀴 달린 소형 AI 로봇을 만들 수 있습니다.

하지만 여러분 같으면 그냥 돌아다니기만 하고 감정 공유도 안 되는 로봇을 여러분의 반려봇으로 원하지는 않을 것입니다. 또한 굳이 컴퓨터나 스마트폰으로 검색이 다 되는 내용을 이 로봇을 통해서 듣는 것도 큰 의미가 있지는 않을 것입니다.

여러분이 만든 로봇과 대화를 할 수 있다면 이것은 매우 색다른 경험이 될 수 있겠지만, 아직은 상용 AI 스피커 이상의 대화 수준을 만들 수 있는 기술을 탑재하기는 어려운 게 현실입니다. 하지만 여러분이 AI 기술을 공부하고 있고 이 수업을 듣고 있다면 로봇에 이런 기능을 넣어 보는 실습을 해보면 어떨까요?

바로 '혼잣말을 하는 로봇'입니다.

다들 '음성 인식'과 '자연어 대화'만 관심이 있지 로봇이 왜 혼잣말을 하고 왜 독백을 해야 하는지는 아무도 관심이 없습니다. 그러나 정말 핵심은 바로 '혼잣말을 하는 로봇'을 설계해 보는 것에 있습니다. 왜 이것이 중요할까요? 바로 문제의 핵심에 접근하게 해주기 때문입니다.

이것은 '음성인식'과 '자연어 처리'가 AI의 핵심 기술 같지만 '그렇지가 않다'는 것을 보여 줍니다. 혼잣말을 하는 것은 음성인식 기술도 필요 없고 자연어 처리도 필요 없습니다. 다만 음성 합성 라이브러리에 문자열만 넣어 주면 됩니다. 여러 음성 합성 라이브러리들이 오픈되어 있으므로 아마 코딩은 10줄도 들어가지 않을 것입니다.

그렇다면 여러분은 어떤 문자열을 넣을 생각입니까?
말을 어떻게 이어가게 할 생각입니까?
왜 그러한 말을 로봇이 해야 합니까?
아무 말이나 하게 하면 그게 무슨 의미가 있을까요?
자신이 한 말을 자신이 들어야 할 필요는 없을까요?
말을 하다가 언제 중지해야 합니까?

제 질문의 핵심이 느껴지시나요? 혼잣말을 하려면 '말하고 싶은 (혹은 하기 싫은) 욕구 시스템'을 설계해야 한다는 것입니다. 욕구가 왜 지능인지 깊이 생각해 보시기 바랍니다.

개척자들이 많이 나와야 국가 경쟁력이 생기게 됩니다. 남들을 따라만 해서는 세상을 리드할 수 없습니다. 좋은 실습 과제가 될 듯하니, 서로 고민해 보도록 합시다.

Chapter 5를 정리하면 다음과 같습니다.

1) 현재 AI 기술은 결국 3파전이 될 것이며 문제의 원인을 밝히는 AI가 나중에는 이 모든 것을 주도하게 될 것이라는 점입니다.
2) 문제의 원인을 밝히는 AI는 결국, 원인 자체를 AI 스스로 가지고 있어야 하는 것을 말합니다.
3) 이는 곧 강 인공지능의 요건을 말하며, 그런 AI를 설계하려면 '지연성 분리뇌'와 '번식욕구의 선형화'라는 물리적 2단계 구조를 AI가 구현하여 지능을 탑재해야 한다는 것입니다.
4) 나만의 소설봇이나 반려봇 설계 시 '혼잣말 하는 기능'에 AI 구현의 핵심이 담겨져 있으며, 이것은 곧 '욕구'가 지능의 핵심이라는 것을 간접적으로 경험할 수 있는 좋은 실습 대상이 될 것입니다.

Chapter 6

다가 올 미래에 대하여

민조홍

정보통신사업이 눈부시게 발전하면서, 스마트폰이 생활필수품(안 그런 사람도 몇 있지만)으로 자리 잡았습니다. 컴퓨터가 더욱 똑똑해 지면서 이제 인공지능으로 진화하였고 사람들의 일자리를 위협하고 있습니다. 몇몇 영화에는 미래 모습으로 슈퍼 인공지능에 종속된 비참한 인간상을 그려내고 있습니다. 로봇에게도 세금을 부과하여 일찍부터 인공지능을 견제하자는 사회흐름이 일어나고 있습니다. 모두 다 일리가 있는 내용이라고 생각합니다.

컴퓨터의 비약적인 발전이 놀라워 보입니다. 한편 티브이 프로그램 '동물의 세계'를 시청하다 보면 생명체의 경이적인 능력과 신비로움에 놀라고, 인간의 여러 지적유산들을 보면 감탄을 금하지 못할 때가 많습니다. 세상에서 가장 많이 팔린 책은 성경 다음으로 세익스피어의 작품들이라고 합니다. 그의 작품들은 후기로 갈수록 등장인물의 수가 적어지고 무대가 소수의 배우들에게 집중된다고 합니다. 최고의 걸작으로 뽑히는 햄릿에서는 주인공이 혼자 독백을 하면서, 스스로 묻고 답하는 멋진 대사를 읊습니다. 이 명대사들은 우리 삶에 통찰력을 줍니다.

컴퓨터의 비약적인 발전, 놀라운 생명의 신비, 인간의 위대한 지적유산은 사실 성공의 공통분모를 갖고 있다고 생각합니다. 저는 이 글에서 공통된 성공요소 세 가지를 말하고자 합니다. 이 요소들은 사실 일반화할 수 있는 잘 알려진 철학구문들입니다. 충분히 고려하면, 앞으로 인공지능의 향방을 예측하고 인류의 진보 또한 이루어갈 수 있으리라 생각합니다.

컴퓨터의 기본구조는 수학자 폰 노이만에 의해 시간에 따라 변하는 부분(메모리)과 변화를 컨트롤하는 부분 (중앙처리장치)로 구성되었습니다. 메모리의 기본단위는 비트로서 0 또는 1을 저장합니다. 8GB용량의 메모리는 8×10^9바이트 (1바이트=8비트), 즉 6.4×10^{10}비트입니다. 컴퓨터에서 시간은 연속적이지 않고 타이머에 의해 시간이 불연속적, 이산적으로 작동합니다. 시간은 컴퓨터 안의 만물들을 동기화하고, 변화를 일으키는 촉매작용을 합니다. 3GHz 컴퓨터는 1초에 3×10^9번 타이머가 작동합니다. 8GB의 메모리와 3GHz 중앙처리장치(CPU)의 컴퓨터는 다음의 수학 점화식으로 표현될 수 있습니다. 메모리는 $1/(3 \times 10^9)$초에 한 번씩 변합니다. 중앙처리장치는 변하지 않고, 메모리를 변화시키는 법칙입니다.

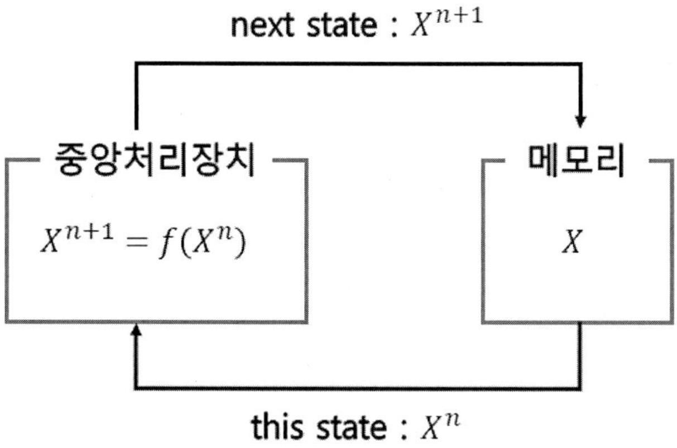

컴퓨터는 위와 같이 시간에 따라 변하는 부분(변수)과 변화를 주도하는 부분(법칙)으로 이원화'二元化' 되어 있습니다. 수학자 폰 노이먼이 컴퓨터를 이원화의 구조로 설계한 것은 당연해 보입니다. 뉴턴은 미적분학을 고안해 태양계 행성 (특히 금성)들의 복잡한 궤도를 간단한 미분방정식으로 모두 설명해 내었습니다. 그 후, 미분방정식의 이론은 발전을 거듭해 왔습니다. 전자기파를 이용한 무선통신, 불확정성을 내포하는 원자와 분자들의 정체, 물 공기 등 유체들의 움직임, 날씨예보, 우주의 중력렌즈 등 수많은 자연현상들을 마찬가지로 간단한 미분방정식으로 설명할 수 있습니다. 그 성공비결은 이원화에 있습니다. 먼저 현상에서 시간에 따라 변하는 부분을 수학적으로 표현합니다. 대부분의 경우 벡터 또는 함수로 표현됩니다.

벡터 또는 함수가 시간에 따라 변화합니다. 변화에는 늘 법칙이 있기 마련입니다. 같은 조건하에서 공을 던지면 오늘의 궤적이나 어제, 내일의 궤적은 같습니다. 그 운동의 법칙을 어떻게 유도하고 표현할 수 있을까요? 위대한 수학자 뉴턴은 단순한 데서 답을 구했습니다. 아주 복잡한 곡선도 일부분을 확대해 보면 직선으로 보이기 마련입니다. 곡선을 확대해 직선의 기울기를 구하는 것이 곧 미분입니다. 운동의 법칙은 단순한 상황에서도 적용될 터이니, 단순한 직선을 가정하면 법칙이 쉽게 유도되고, 이것이 미분이 만족하는 방정식, 미분방정식입니다. 미분방정식의 핵심개념은 전체를 부분으로 잘게 쪼개고, 간단한 각 부분에서 성립하는 법칙을 적은 것입니다. 미분방정식의 해를 구한다는 것은 반대로 부분에서 성립하는 부분해들을 모두 모으고 조율해 전체해를 구하는 과정입니다. 미분방정식의 유도와 해법이 전체에서 부분으로, 다시 부분에서 전체로 향한다는 것을 유념하시기 바랍니다. 독자 여러분이 사회현상 (예컨대 주가)나 자연현상 (예컨대 지진)에 관심을 갖고 연구를 시작한다면, 뉴턴을 따라해 보세요. 즉, 전체를 부분으로 나누어 분석하고, 분석된 가 부분을 통합하는 과정을 밟는 것입니다. 이것이 수리모델링의 기초입니다.

미분방정식은 시간에 따라 변하는 변수와 변수가 만족하는 방정식, 두 부분으로 이원화되어 있습니다. 이제 폰 노이먼의 이원화 설계가 왜 자연스러운지 이해되시리라 생각합니다. 영국과 독일이 주도한 서양의 과학기술발전은 이원화를 기초로 한 미분방정식에 있었습니다. 동양의 상황도 사실 비슷합니다. 조선시대 성리학은 세상에서 변화하는 대상을 기(氣)라 부르고, 변화를 주도하는 법칙을 이(理)라 불렀습니다. 모든 것을 이기론으로 파악하여, 사람의 마음 또한 사단(四端)이라는 이와 칠정(七情)이라는 기로 구분하였습니다. 조선을 대표하는 유학자 기대승과 이황에 그 유명한 사단칠정론 논쟁이 있었지요. 생명체도 들여다 보면, 각 세포마다 생명현상의 법칙이자 설계도인 유전정보가 들어 있습니다. 핵에 있는 유전정보는 죽을 때까지 바뀌지 않고, 시시각각 필요한 단백질을 만들어내고 소멸시킵니다. 컴퓨터의 이원화 구조는 사실 만물과 생물의 기본 설계방식입니다. 이 기본 구조는 앞으로도 유지되리라 생각합니다.

한정된 자원으로 예측할 수 없을 만큼 다양한 정보를 산출하는 방법에는 어떤 것이 있을까요? 매우 강력한 방법 중의 하나가 '되먹임 구조'입니다. 자기 자신의 상태에 의해 스스로 자신의 상태를 바꾸는 것으로, 수학 점화식 $x^{n+1}=f(x^n)$, $n=0,1,2,\cdots$으로 표현될 수 있겠습니다. 함수 f가 선형이면 , 점화식의 수열 $\{x^n\}$은 등비수열로 간단히 표현가능합니다. 하지만 함수 f가 비선형이면 어떻게 될까요? 숫자 μ를 $(0,4)$구간에서 고른 후, 초기치 x^0를 $(0,1)$에서 임의로 선택합니다. 점화식 $x^{n+1}=\mu x^n(1-x^n)$, $n=0,1,2,\cdots$에 의해 수열을 계산합니다. 이차함수의 최대, 최소를 계산하면, 수열 $\{x^n\}$은 $(0,1)$구간에 분포함을 알 수 있습니다. 해석학의 Heine-Borel 정리에 의하면, 유계인 $(0,1)$구간에 무한수열 $\{x^n\}$은 반드시 극점(limit point)을 갖게 됩니다. 숫자 μ를 바꿔가면서 대응되는 극점들을 그려보면 다음의 놀라운 그림이 얻어집니다. 혼돈이론의 대표적인 예제인 discrete logistics 예제로서, 되먹임 구조에서 혼돈현상이 어떻게 출현하는 지를 보여줍니다. 자세한 내용은 Strogatz의 명저 'Nonlinear dynamics and chaos'를 참조하시기 바랍니다.

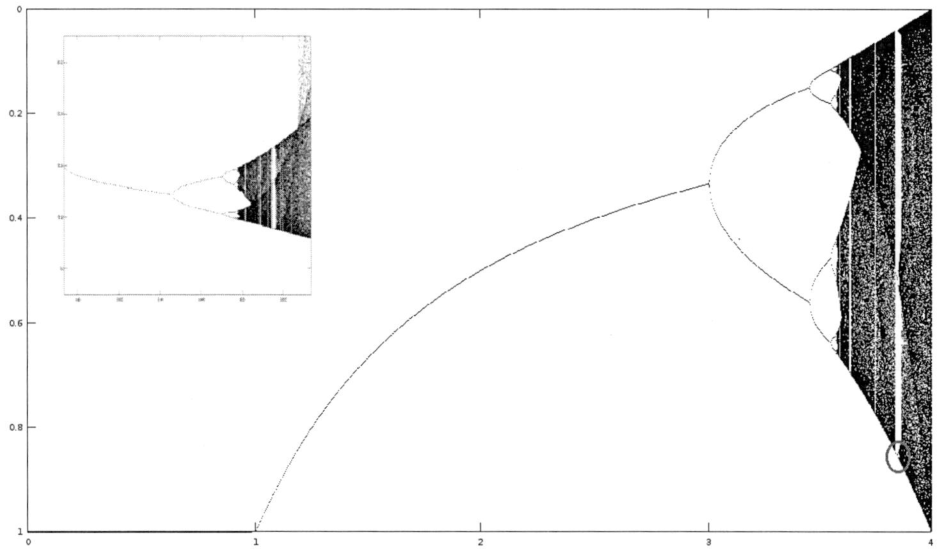

컴퓨터 내부가 되먹임 구조의 점화식으로 구성되어 있음을 앞서 설명했습니다. 인공지능 컴퓨터를 내장한 스마트폰, 스마트자동차, 스마트주택의 핵심부품 중 센서가 반드시 들어갑니다. 센서를 통해 기기의 출력을 다시 입력으로 끌고 와서 되먹임의 고리가 완성됩니다. 이 되먹임의 고리에서 파생되는 복잡성을 간과해서는 안된다고 생각합니다. 사실 스마트폰의 폭발적인 성장은 컴퓨터에 위치정보 등의 입력센서를 달았기 때문입니다. 센서의 부착은 단순한 기능추가가 아니라 되먹임 고리의 완성에서 오는 능동적이고 보다 다양한 가능성을 불러올 수 있습니다. 다양성은 장점이겠지만, 예측불가능의 혼돈성을 과소평가하지 말아야 할 것입니다. 예컨대, 국방이나 자율운행차량에서 인공지능을 운영할 시 되먹임의 예측불가능성에서 오는 오류를 염두해 두어야 할 것입니다.

앞서 인류의 뛰어난 지적문화유산 중 햄릿을 언급했습니다. 죽느냐, 사느냐의 갈림길에서 햄릿은 스스로에게 묻습니다. “나는 이 힘든 세상을 왜 살아야 하지?” 그리고 고민하고 스스로 답합니다. “죽음의 나라에 대한 두려움 때문이야, 어떤 나그네도 방문 후 돌아오지 못한 미지의 땅 ...”. 반성과 성찰은 인간이 자신의 상황을 인식하고 다음행동에 참고하는 중요한 되먹임 고리입니다. 세익스피어의 작품들이 후기로 갈수록 시선이 점점 자기자신에게 비춰집니다. 저녁 잠들기 전 하루를 돌이켜보고 반성하고 잘못을 깨닫는 일, 이것이 인류의 진정한 진보라고 생각합니다. 되먹임 구조는 인공지능을 업그레이드할 뿐 아니라 인류를 진보시키는 공통분모입니다. 기술에 의해 생활은 점점 편리해지고, 심심할 때마다 인터넷을 기웃거리고, 생각나는 대로 내뱉듯이 휘발성 댓글을 다는 모습이 많은 것 같습니다. 현대에 들어 기술은 진보했지만, 인류는 전반적으로 진보했는지 회의적입니다. 자기 성찰에 대해 역사가 토인비는 다음과 같이 말했습니다. (역사의 연구 10장 문명성장의 본질, 범우사 번역본)

“우리는 계속해서 일어나는 도전에 대한 성공적인 응전의 연속은, 그것이 자연적인 것이든 인간적인 것이든 연속이 진행됨에 따라 외적 환경의 영역에서 인격이나 문명의 내심으로 옮겨갈 때 그것을 성장의 표시로 해석해야 한다고 결론짓는다. 문명이 성장을 계속하는 한, 바깥 전투장에서 응전할 것을 요구하는 외적세력으로부터의 도전은 점점 적어지고 내적인 전투장에서 자기가 스스로에게 강요하는 도전은 점점 더 많아진다. 성장이란 성장하고 있는 인격이나 문명이 스스로의 환경, 스스로의 도전자, 스스로의 행동영역이 되어가는 것을 의미한다. 바꾸어 말하면 성장의 기준이란 자기결정(Self crystalization)의 방향으로 나아가는 일이다. 그리고 자기결정의 방향으로 나아간다는 것은 생명이 생명의 왕국으로 들어가는 기적을 산문으로 표현한 것이다.”

‘양적 증가는 결국 질적 변화를 가져온다.’ 잘 알려진 변증법의 원리입니다. 각각은 단순하지만, 많이 모아 놓고 서로간의 관계를 통해 전체적으로 전혀 다른 것이 나타나고는 합니다. 인상파의 명화들이 가까이서 보면 단순한 점들과 스트로크지만 멀리서 보면 멋진 그림이 되지요. 사람은 수 조개의 세포로 구성되어 있습니다만, 세포 하나에서 어떤 인간다움을 찾기는 매우 어렵습니다. 거꾸로 인간이 자신의 부속품인 세포 입장에서 태어나서 전체 조직을 위해 헌신하고 짧은 생애를 마감하는 그 의미를 이해하기도 또한 어렵습니다. 지구의 모든 것들: 돌, 나무, 바다, 산 등을 해체하면 결국 물질적으로 90여 종류의 원소들만 남습니다. 관건은 종류는 겨우 90여 개이지만, 그 양은 무지무지 많다는 것입니다. 모두 ‘양적 증가는 결국 질적 변화를 가져온다’의 기본 원리가 적용된 것입니다. 메가바이트에서, 기가바이트, 그리고 테라바이트로 용량이 커져갈 때, 질적변화가 생깁니다. 메가바이트가 사진을 표현한다면, 기가바이트는 동영상을 테라바이트는 앞으로 가상현실이 탑재된 삼차원 동영상이 될 것 같습니다. SF영화에서 등장하던 삼차원 홀로그램 통신처럼 말입니다. 컴퓨터 한 개의 메모리는 기가바이트 단위이지만, 네트워크를 통해 여러 컴퓨터들을 통합하려는 시도들이 생겨나고 있습니다. 블록체인이 그 선구자가 될 것도 같습니다. 테라바이트를 넘어서 상상하기 어려울 만큼 큰 단위의 메모리가 등장하고, 그 대상은 지금까지 생각할 수 없었던 새로운 것일 것 같습니다. 흔히 빅데이터라 불리는 그것이 무엇으로 구체화되고 어떤 정보화 혁명을 불러올지의 관건중의 하나는 양적증가에서 오는 질적변화라고 생각합니다.

저는 이글에서 인공지능, 생명체, 자연현상, 인류의 진보가 많은 부분에서 같은 원리에 있다는 것을 주장하고 싶습니다. 이원화가 생명체, 자연현상, 인공지능의 공통된 기본설계 구조입니다. 되먹임의 자기결정화가 인공지능, 인류의 공통된 성장본질입니다. 네트워크를 통해 양적증가를 유도하고 그로 인해 질적인 진보를 얻는 것 또한, 인공지능 그리고 인류 공통이라고 생각합니다. 주대환의 '좌파논어'에서는 사람간의 네트워크, 연대(聯隊)에 대해 다음과 같이 얘기합니다. 저 또한 이에 동의합니다. SNS 네트워크망을 통해 연대하고 더 따뜻한 인류애가 구현되기를 꿈꾸어 봅니다.

"연대는 사람에 대한 배려와 이웃에 대한 사랑이다. 지금 우리나라에 너무나 부족한 것은 바로 그것이다.... 연대라는 새로운 기둥으로 보강하여 무너지는 자유와 평등의 나라 대한민국을 되살려내고 나아가 통일까지 이루어내는 일을, 나는 우리나라 청년들이 해낼 것이라고 믿는다."

연습문제

미래는 아무도 정확히 예측할 수 없습니다. 다만 현 상황에 비추어 추론하고 짐작할 뿐입니다. 날카로운 지성의 소유자, 코난 도일이 자신의 주인공 셜록 홈즈의 대사에서 다음과 같이 말했습니다.

"From a drop of water, a logician could infer the possibility of an Atlantic or a Niagara without having seen or heard of one or the other. So all life is a great chain, the nature of which is known whenever we are shown a single link of it. Like all other arts, the Science of Deduction and Analysis is one which can only be acquired by long and patient study nor is life long enough to allow any mortal to attain the highest possible perfection in it."

여러분 나름의 지식과 경험에 기반하여 인공지능의 미래상을 추론해 자신만의 미래전망보고서를 작성해 보세요.

APPENDICES

컴퓨터 구조의 수학적/철학적 이해

이 책에서 여러분은 인공지능과 관련된 여러 수학이론들을 배우고 실습을 하게 됩니다. 많은 경우, 수학자의 실습도구는 컴퓨터입니다. 알고 보면, 수학과 컴퓨터는 떼려야 뗄 수 없는 강력한 연관관계를 갖고 있기 때문입니다. 개인용 컴퓨터 또는 스마트 폰은 모두 같은 구조입니다. 컴퓨터의 기본구조는 수학자 '폰 노이만'에 의해 시간에 따라 변하는 부분(메모리)과 변화를 컨트롤하는 부분 (중앙처리장치)로 구성되었습니다.

메모리의 기본단위는 비트로서 0 또는 1을 저장합니다. 8GB용량의 메모리는 8×10^9바이트 (1바이트=8비트), 즉 6.4×10^{10}비트입니다. 컴퓨터에서 시간은 연속적이지 않고 타이머에 의해 시간이 불연속적, 이산적으로 작동합니다. 시간은 컴퓨터 안의 만물들을 동기화하고, 변화를 일으키는 촉매작용을 합니다. 3GHz 컴퓨터는 1초에 3×10^9번 타이머가 작동합니다. 8GB의 메모리와 3GHz 중앙처리장치(CPU)의 컴퓨터는 다음의 수학 점화식으로 표현될 수 있습니다.

$$
\begin{aligned}
&X^{n+1} = f(X^n),\ n = 0,1,2,\cdots \\
\text{메모리} &: \text{벡터원소}\ X^n = X(t^n) \in 2^{6.4\times10^{10}} \\
CPU &: \text{함수}\ f : 2^{6.4\times10^{10}} \to 2^{6.4\times10^{10}}
\end{aligned}
$$

즉, 메모리는 정의구역 ($2^{6.4\times10^{10}}$)의 한 원소이고, CPU는 메모리를 다음 상태로 변화시키는 함수입니다. 시간에 따라 메모리가 변화한다는 것은 정의구역에서 그 점이 어떤 궤적을 이루는 것입니다. 컴퓨터를 켜고 나면, 부탕이라 불리는 초기화가 시작됩니다. 위 점화식에 의해 메모리의 상태가 정해전 루틴(즉 f)에 의해 바뀌어 사용자와 대화할 준비가 됩니다.

컴퓨터와 사용자의 대화는 어떤 종류들이 있을까요? 모니터 또는 단말기 화면으로 바탕화면, 아이콘, 컴퓨터 상태를 보여줍니다. 동영상이나 음악을 감상할 때 소리를 들려줍니다. 보관하고 싶은 자료는 인쇄할 수 있습니다. 반대로 사용자는 마우스나 손가락으로 화면을 클릭해 의사를 전달합니다. 구체적인 텍스트가 필요할 때는 키보드로 문자들을 입력합니다. 앞에서 열거한 여러 종류의 대화들 모두 메모리로 볼 수 있습니다. 키보드로 두드린 문자는 ASCII 또는 UNICODE로 불리는 국제규칙에 의해 8비트 또는 16비트 메모리로 변환됩니다. 컴퓨터 화면의 해상도가 800×600이고 트루칼라를 구현한다면, 한 픽셀당 3

바이트가 소요되므로, 컴퓨터 화면은 $800 \times 600 \times 3 \times 8 = 1.1 \times 10^7$ 비트의 메모리로 표현됩니다.

사용자의 입력사항들은 내부 메모리와 달리 컴퓨터 입장에서는 외부에서 주어지는 것들입니다. t^n 시점의 입력사항들을 메모리 Y^n으로 나타내고, 내부 메모리 X^n중 출력되는 일부 메모리를 X^n_{sub}로 나타냅시다. 컴퓨터 구조는 이제 다음의 점화식으로 표현됩니다.

$$X^{n+1} = f(X^n, Y^n), n = 0, 1, 2, \cdots$$

내부 메모리 : 벡터원소 $X^n = X(t^n) \in 2^{6.4 \times 10^{10}}$
외부 메모리(키보드): 벡터원소 $Y^n = Y(t^n) \in 2^{16}$
외부출력 (화면) : 벡터원소 $X^n_{sub} \in 2^{1.1 \times 10^7}$
CPU : 함수 $f: 2^{6.4 \times 10^{10}} \times 2^{16} \rightarrow 2^{6.4 \times 10^{10}}$

지금까지 컴퓨터의 기본구조는 메모리와 처리장치 CPU로 구분되어 있고, 컴퓨터의 작동은 고차원 수학 점화식임을 설명 드렸습니다. 다음 장에서는 메모리와 처리장치를 어떻게 C++프로그래밍을 통해 접근하고 사용할 수 있는지를 자세히 설명할 계획입니다. 이번 장에서는 컴퓨터를 기반으로 한 정보통신시대, 제 4차 산업혁명시대를 제 관점에서 조망하고자 합니다.

정보통신사업이 눈부시게 발전하면서, 스마트폰이 생활필수품(안 그런 사람도 몇 있지만)으로 자리 잡았습니다. 컴퓨터가 더욱 똑똑해 지면서 이제 인공지능으로 진화하였고 사람들의 일자리를 위협하고 있습니다. 몇몇 영화에는 미래 모습으로 슈퍼 인공지능에 종속된 비참한 인간상을 그려내고 있습니다. 로봇에게도 세금을 부과하여 일찍부터 인공지능을 견제하자는 사회흐름이 일어나고 있습니다. 모두 다 일리가 있는 내용이라고 생각합니다. 보다 근본적으로 이 사안에 관련한 기본원리를 주목하자고 제안합니다.

칼 세이건의 역작 코스모스에 다음과 같은 대목이 나옵니다.

> 우주는 상상하기 어려운 엄청난 규모이며, 위에서 언급한 바와 같이 계층화되어 있습니다. 사람은 수 조개의 세포로 구성되어 있습니다만, 세포 하나에서 어떤 인간다움을 찾기는 매우 어렵습니다. 거꾸로 인간이 자신의 부속품인 세포 입장에서 태어나서 전체 조직을 위해 헌신하고 짧은 생애를 마감하는 그 의미를 이해하기도 또한 어렵습니다. 지구의 모든 것들: 돌, 나무, 바다, 산 등을 해체하면 결국 물질적으로 90여 종류의 원소들만 남습니다. 관건은 종류는 겨우 90여 개이지만, 그 양은 무지무지 많다는 것입니다. 변증법의 기본 원리 중 하나가

'양적 증가는 질적 변화를 가져온다' 입니다. 물의 온도가 높아지면 처음에는 따뜻한 물이지만, 일정온도를 넘기면 물과는 전혀 다른 기체로 변화합니다.

....컴퓨터에 대해 변증법 원리를 적용

마찬가지로 생명의 기원인 탄소에서 생명체 (물질적으로 탄소가 반드시 들어간 유기화합물)의 다양함을 꿈꾸기는 어렵습니다. 예컨대, 탄소덩어리인 연필심에서 상상을 통해 생명체를 꿈 꿔 봅시다. 아주 불가능하지는 않을 겁니다. 날카로운 지성의 소유자, 코난 도일이 자신의 주인공 셜록홈즈의 대사에서 다음과 같이 말했습니다.

From a drop of water, a logician could infer the possibility of an Atlantic or a Niagara without having seen or heard of one or the other. So all life is a great chain, the nature of which is known whenever we are shown a single link of it. Like all other arts, the Science of Deduction and Analysis is one which can only be acquired by long and patient study nor is life long enough to allow any mortal to attain the highest possible perfection in it.

...지금까지는 '양적증가로부터의 질적 변화', '논리의 연역법'
...다음부터는 '되먹임에 대하여' 서술

A. C++ 프로그래밍

1장에서 말씀드린 바와 같이 컴퓨터는 메모리와 처리장치로 구성되어 있습니다. 컴퓨터 프로그래밍은 메모리를 접근해 읽고 쓰기를 하는 것과 처리장치를 통해 메모리가 변환하는 규칙을 만드는 것, 두 가지입니다. 이 두가지 목표를 구현하는 것이 인텔이나 AMD 칩 메이커들이 제공하는 기본 기계명령어들입니다. Basic, Python, Java, C++ 등의 고등 프로그래밍은 인간의 언어를 기본 기계명령어들로 환원하는 일종의 번역기로 봐도 무방합니다. C++는 컴퓨터 부분 부분을 컨트롤할 수 있을 뿐 아니라 실행속도가 매우 빨라 많은 프로그래머들이 애용하는 프로그래밍 언어입니다. 본 교재의 실습 대부분은 C++로 구현되어졌지만, 알고리듬을 본인에게 편한 다른 언어로 구현하더라도 문제가 없습니다.

A.1 “Hello”예제

```
#include <stdio.h>

int main()
{
    printf("hello!\n");
    return 0;
}
```

화면에 “Hello!”를 출력하는 기본 예제입니다. C++는 국제규약으로 대부분의 기계장치에서 컴파일러 (프로그램을 기계어로 변환하는 과정)가 제공되어 있습니다. 예를 들면, 일반적인 PC의 윈도우즈 환경에서 Microsoft Visual Studio C++로 컴파일할 수 있고, 대형 워크스테이션의 UNIX 또는 LINUX 환경에서 c++ 또는 g++ 로 컴파일 할 수도 있습니다. 자신의 환경에 맞추어 컴파일하고 실행하기 바랍니다.

A.2 기본데이터

컴퓨터의 기본 데이터는 아래 표와 같이 정수, 실수, 문자, 참/거짓의 논리값입니다.

Data type	C++ command
$a \in N$	int a;
$b \in R$	double b;
$c \in \{'0', \cdots, '9', 'a', \cdots, 'Z', \cdots\}$	char c;
$d \in \{true, false\}$	bool d;

다음 코드를 편집기에 입력하세요.

```
#include <stdio.h>

int main()
{
    int     a = 3;        // declare an integer
    double b = 3.14;      // declare a real number
    char   c = 'a';       // declare a character
    bool   d = true;      // declare a boolean

    printf("a=%d\n",a); // print out a on the screen. %d <- a
    printf("b=%f\n",b); // print out b on the screen. %f <- b
    printf("c=%c\n",c); // print out c on the screen. %c <- c
    printf("d=%d\n",d); // print out a on the screen. %d <- d

    a = 7;       // change the values
    b = 2.71;
    c = '1';
    d = false;

    printf("a=%d\n",a); // print out again
    printf("b=%f\n",b);
    printf("c=%c\n",c);
    printf("d=%d\n",d);

    return 0;
}
```

이 코드를 컴파일, 실행하고 다음의 결과를 확인합니다.

```
a=3
b=3.140000
c=a
d=1
a=7
b=2.710000
c=1
d=0
```

A.3 함수

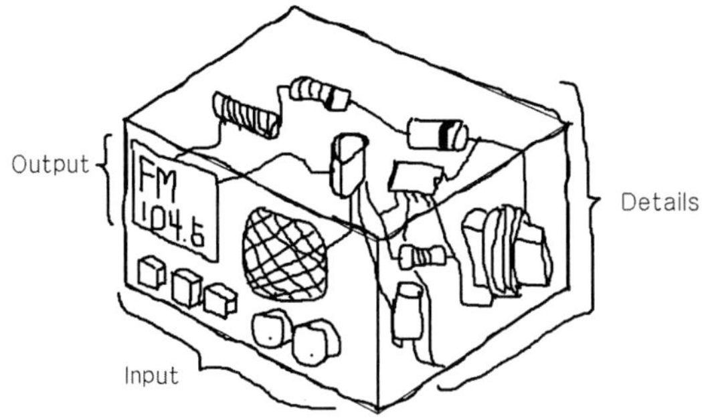

라디오의 외관과 내부를 함께 그려 봤습니다. 대부분의 가전장치가 그렇듯이, 라디오는 외부에 있는 직관적인 몇 개의 다이얼과 버튼으로 사용자의 지시를 입력받고, 출력용 스피커와 화면으로 음성과 현재 채널정보를 전달합니다. 물론 내부에는 코일, 트랜지스터, 콘덴서 등의 복잡한 전자부품들이 가득 차 있겠지요. 좋은 브랜드의 라디오를 구입하면, 내부의 디테일들을 고려하거나 걱정하지 않고, 외부의 직관적인 입출력들을 믿고 쓰지요.

C++ 프로그래밍에 이와 같은 장치가 있습니다. 함수라 부르며 첫 줄에 함수의 입출력을 명시하고, 그 아래에 함수의 입력으로부터 출력까지에 이르는 명령어들의 긴 목록을 씁니다. 훌륭한 프로그래머가 작성한 믿을 수 있는 함수코드를 얻으면, 첫 줄 (프로토타입이라 불림)만 보고, 믿고 쓰는 겁니다. 함수를 이용해 큰 규모의 코드들을 부분부분으로 나누는 겁니다.

예를 들어, 제곱근의 계산은 양의 실수 a를 입력받고 제곱근 $\sqrt{a}$를 출력합니다. 이에 따라 함수의 프로토타입 첫 줄은 다음과 같습니다.

```
double SQRT( double a );
```

첫 줄에서, 아 함수 이름은 SQRT이고 따라서 제곱근을 계산한다는 것을 알 수 있습니다. 입력은 실수 a, 그리고 출력은 실수임을 알 수 있습니다. 함수를 프로토타입과 내부 디테일까지 함께 쓰면 아래 코드와 같습니다. 내부에서 Newton method로 $x^2 - a = 0$의 양의 근을 구합니다. 아래 코드를 입력하고, 함수 개념을 익히기 바랍니다.

```
#include <stdio.h>

int fibonacci( int an, int anp1 ) // declaration of inputs(two integers)
{                                 //                and output(one integer)
    return an + anp1;             // return(deliver) the output
}

double SQRT( double a ) // declaration of  input(one real number)
{                       //                 and output(one real number)
    double xn   = a;
    double xnp1 = 0.5*xn + 0.5*a/xn;
    while( xn-xnp1>1E-8 )                  // details,
    {                                      // at this point, don't have to
        double tmp = 0.5*xnp1 + 0.5*a/xnp1; // understand these details.
        xn   = xnp1;                       // will cover them later
        xnp1 = tmp;
    }
    return xnp1;                           // return the output
}

int main()
{
    int a1=1;
    int a2=1;
    int a3 = fibonacci(a1,a2); // use the function
    double sqrt_2 = SQRT(2);   //

    printf("a3 = %d\n",a3);
    printf("square-root of two is %f\n",sqrt_2);
    printf("square-root of two is %.8f\n",sqrt_2); // print up to
                                                   // 8 decimal points
    return 0;
}
```

코드의 결과는 다음과 같습니다.

```
a3 = 2
square-root of two is 1.414214
square-root of two is 1.41421356
```

A.4 논리 연산

주어진 명제가 옳으면 논리값은 true, 틀리면 false입니다. 예를 들어 '1==1'은 true, '2!=1'도 true, 그리고, '1>2'는 false입니다. 명제는 and (명제곱)과 or(명제합) 연산을 통해 합성될 수 있습니다. 아래 코드를 입력하고 실습해 보세요.

```
#include <stdio.h>

char grade( int score ) // function with input(score) and output(grade)
{
    if(score>90)            // if the score is bigger than 90, output is 'A'
        return 'A';         // otherwise do the else
    else                    // if the commands are more than one, should use
    {                       // bracket
        if(score>80)
            return 'B';
        else
        {
            if(score>70) return 'C'; // it's ok to write several
            else         return 'D'; // commands in one line
        }
    }
}

int main()
{
    bool a = (1==1);    // check if 1 is equal to 1
    bool b = (1>2 );    // check if 1 is bigger than 2
    bool c = ('a'!='1');// check if 'a' is not equal to '1'
```

```
    bool d = a && b;    // 'and' operation
    bool e = a || b;    // 'or'  operation

    char f = grade(87);

    printf("a : %d\n",a);
    printf("b : %d\n",b);
    printf("c : %d\n",c);
    printf("d : %d\n",d);
    printf("e : %d\n",e);
    printf("f : %c\n",f);

    return 0;
}
```

코드의 결과는 다음과 같습니다.

```
a : 1
b : 0
c : 1
d : 0
e : 1
f : B
```

A.5 반복문

반복문은 다음의 괄호 {,}로 쌓인 명령문들을 계속해서 반복합니다. 기본적으로 'for' 와 'while' 두 명령어가 있습니다. 아래 코드를 입력하고, for문과 while 반복문 사용을 익히기 바랍니다.

```
#include <stdio.h>

// for(A;B;C) statement, initially do A, and then iterates the below
// until B is satisfied, after each iteration do C
int factorial( int n ) // function with input(n) and output(n!)
{
    int product = 1;          // product=1
    for(int i=1;i<=n;i++)  // for statement
        product = product * i;
    return product;
}

// x^n = x*x*...*x
double power( double x, int n )
{
    double product = 1;
    for(int i=1;i<=n;i++) // for statement is usually used
         product = x*product; // to iterate in certain numbers
    return product;
}

// e^x = 1 + x + x^2/(2!) + x^3/(3!) + ... + x^n/(n!)
double exponential( double x, int n )
{
   double sum = 0;
   for(int i=0;i<=n;i++)
    {
        double product = power(x,i)/factorial(i);
        sum = sum + product;
    }
   return sum;
}
int main()
{
    printf("exp(1) with 3  terms: %.9f\n",exponential(1,3 ));
    printf("exp(1) with 20 terms: %.9f\n",exponential(1,20));

    return 0;
}
```

코드의 결과는 다음과 같습니다.

```
exp(1) with 3  terms: 2.666666667
exp(1) with 20 terms: 2.718281835
```

A.6 메모리 저장

A.2 장에서 컴퓨터의 기본데이터로 int(정수), double(실수), char(문자), 그리고 bool(논리값)이 있다고 설명했습니다. 이 기본 데이터들에는 각각 4, 8, 1, 1 바이트가 할당됩니다. 1바이트는 8비트로 $2^8 = 256$개의 문자 또는 숫자를 표현할 수 있습니다. 논리값은 true/false 단 두 종류이므로 1바이트 할당은 사실 메모리의 낭비로 볼 수도 있습니다만, 대용량 메모리에 주안점을 두다 보니 메모리 할당의 단위가 바이트입니다. 아래 코드를 실행해 보고 할당 메모리의 크기를 얻는 sizeof 함수를 익히기 바랍니다.

```
#include <stdio.h>

int main()
{
        // sizeof(A) returns the byte size of the type A
        printf("byte size of bool   is %d\n", sizeof(bool  ));
        printf("byte size of char   is %d\n", sizeof(char  ));
        printf("byte size of int    is %d\n", sizeof(int   ));
        printf("byte size of double is %d\n", sizeof(double));

        return 0;
}
```

코드의 결과는 다음과 같습니다.

```
byte size of bool   is 1
byte size of char   is 1
byte size of int    is 4
byte size of double is 8
```

A.7 메모리의 주소

집마다 서로 다른 주소가 있어서, 우편배달부나 택배원은 주소를 보고 정확하게 우편물을 배달하지요. 마찬가지로 컴퓨터 메모리의 각 바이트는 각자의 고유한 주소를 갖고 있습니다. 메모리 유닛에 64개의 전선이 연결되어 있습니다. 전선에 약 5V의 전압이 들어오느냐, 아니냐에 의해 총 $2^{64} \simeq 2 \times 10^9 GB$의 메모리 주소를 구별할 수 있습니다. 전선수에 의해 64비트 컴퓨터라고 불립니다. 32비트 컴퓨터는 $2^{32} \simeq 4GB$의 메모리 이상을 지원할 수 없습니다. 아래 코드는 주소연산자 &와 포인터 변수 *를 사용하는 기본 예제입니다.

```
#include <stdio.h>

int main()
{
        int    a =  3;
        int* pa = &a;

        double    b = 3.14;
        double* pb = &b;

        printf("a address : % x\n",&a); // %x, hexadecimal
        printf("a value    : %d\n", a); // %d, integer
        printf("pa address: %x\n",&pa);// %x, hexadecimal
        printf("pa value   : %x\n", pa);// %x, hexadecimal

        printf("b address : %x\n",&b); // %x, hexadecimal
        printf("b value    : %f\n", b); // %f, double
```

```
        printf("pb address: %x\n",&pb);// %x, hexadecimal
        printf("pb value  : %x\n", pb);// %x, hexadecimal

        return 0;
}
```

코드의 결과는 실행하는 컴퓨터와 실행 시점마다 다 다릅니다. 왜냐하면 메모리 할당 지점이 컴퓨터 상황에 따라서 변하기 때문입니다. 어느 시점의 제 컴퓨터에서는 다음의 결과를 얻었습니다.

```
a address : a7e862ec
a value   : 3
pa address: a7e862e0
pa value  : a7e862ec
b address : a7e862d8
b value   : 3.140000
pb address: a7e862d0
pb value  : a7e862d8
```

이 결과는 제 컴퓨터 내 메모리 할당이 다음과 같음을 의미합니다.

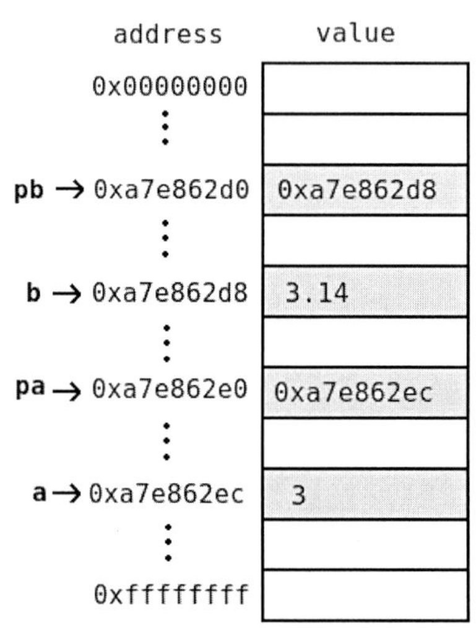

만약 데이터가 여러 개의 바이트를 사용한다면, 일단 바이트들은 연속된 주소에 나란히 배열되어집니다. 그 데이터의 주소는 첫 번째 바이트의 주소입니다. 메모리의 주소와 포인터 변수를 이용해 함수 간의 변수를 공유할 수 있습니다. 아래 코드를 실습해 보기 바랍니다.

```
#include <stdio.h>

double SQRT( double a ) // declaration of  input(one real number)
{                         //               and output(one real number)
    double xn   = a;
    double xnp1 = 0.5*xn + 0.5*a/xn;
    while( xn-xnp1>1E-8 )                   // details,
    {                                        // at this point, don't have to
        double tmp = 0.5*xnp1 + 0.5*a/xnp1; // understand these details.
        xn   = xnp1;                         // will cover them later
        xnp1 = tmp;
    }
    return xnp1;                             // return the output
}

void statistics( int a1,    // input : three integers
                 int a2,
                 int a3,
                 double* pavg, // output : average
                 double* pstd )// output : standard deviation
{
    *pavg = (a1+a2+a3)/3.0;                 // put *, to update the
    *pstd = SQRT(((a1-*pavg)*(a1-*pavg)     // variable
                 +(a1-*pavg)*(a1-*pavg)
                 +(a1-*pavg)*(a1-*pavg))/3);
}

int main()
{
        double avg;
        double std;
```

```
        statistics(95,84,58,&avg,&std); // put & to get the address
        printf("the average           of 95,84, and 58 is %f.\n",avg);
        printf("the standard deviation of 95,84, and 58 is %f.\n",std);
        return 0;
}
```

코드의 결과입니다. main()함수 내의 지역 변수 avg, std의 값이 달라진 것에 주목하기 바랍니다.

```
the average            of 95,84, and 58 is 79.000000.
the standard deviation of 95,84, and 58 is 16.000000.
```

A.8 참조변수

주소와 포인터 변수를 이용해 함수 간의 변수공유를 실습했습니다. 함수를 호출할 때, 주소를 보내고 함수는 받은 주소에 값을 써 넣습니다. C++의 참조변수를 이용하면 변수공유를 훨씬 쉽게 할 수 있습니다. 물론 내부적으로 주소 전달과 포인터 변수가 이용되겠지요. 참조 변수 선언은 변수타입다음에 &를 붙여주면 됩니다. const 연산자와 함께 사용하면 값을 변화시킬 수 없는 입력변수임을 선언하는 것입니다. 예를 들어, 아래 코드의 divide function by reference 함수는 다음의 변수들을 인자로 갖습니다.

const int& number : 입력 참조변수
const int& diviser : 입력 참조변수
int& quotient : 입출력 참조변수
int& remainder : 입출력 참조변수
아래 코드에서 참조변수 사용법을 익히기 바랍니다.

```
#include <stdio.h>
```

```
void divide_function_by_value( int number,
                               int divider,
                               int quotient,
                               int remainder )
{
  quotient  = number/divider; // '/' is the division of integer
  remainder = number%divider; // '%' is the remainder of integer division
}

void divide_function_by_reference( const int& number, // constant reference
                                   const int& divider,//  : input
                                   int& quotient,// reference : in-output
                                   int& remainder )
{
  quotient  = number/divider; //'/' is the division of integer
  remainder = number%divider; //'%' is the remainder of the division
}

int main()
{
    int number  = 8;
    int divider = 3;
    int quotient = 0;
    int remainder = 0;
    divide_function_by_value(number,divider,quotient,remainder);
    printf("pass by value : %d = %d x %d + %d\n", number, divider,
              quotient,remainder);

    divide_function_by_reference(number,divider,quotient,remainder);
    printf("pass by reference : %d = %d x %d + %d\n", number, divider,
              quotient,remainder);

    divide_function_by_pointer(&number,&divider,&quotient,&remainder);
    printf("pass by pointer : %d = %d x %d + %d\n", number, divider,
              quotient,remainder);
    return 0;
}
```

코드의 결과입니다.

```
pass by value : 8 = 3 x 0 + 0
pass by reference : 8 = 3 x 2 + 2
pass by pointer : 8 = 3 x 2 + 2
```

A.9 헤더파일과 소스파일

프로그래밍 코드가 몇 페이지에 이를 정도로 길어지면, 함수로 묶어도 보고 파악하기 어렵습니다. 이럴 때는 함수의 프로토타입만 모아서 헤더파일에 적습니다. 나머지 디테일들은 소스파일에 몰아 넣습니다. 헤더파일만 읽으면 코드의 목적과 함수목록들을 한 눈에 알 수 있도록, 짧게 써야 하고 설명을 친절히 곁들일 필요가 있습니다. 헤더파일은 중복이 되지 않도록 #ifndef, #define, #endif 의 관용구문을 아래 예제와 같이 사용합니다. 아래 예제는 삼각함수들의 계산코드들을 헤더(Trig.h)와 소스파일(Trig.cpp)로 구분한 것입니다.

```
#ifndef TRIG_H // header file starts with #ifndef,
#define TRIG_H // #define and ends with #endif
               // After #ifndef and #define, write some unique string.
               // The comination of the three lines makes this header file
               // included only once.

double       sine_evalutaion( double ); // function declarations,
double    cosine_evaluation( double ); // sine, cosine, and tangent
double tangent_evaluation( double ); // each has one input and one output

#endif
```

다음은 소스파일입니다.

```
#include "Trig.h" // indicate that we are using the symbols
                  // in the header file
```

```
double sine_evalutaion( double x )
{
    double PI = 3.14159265358979323846264338327950;

    //   move the x in (-PI,PI)
    while(x> PI) x=x-2*PI; // if x is bigger than PI, subtract 2*PI
    while(x<-PI) x=x+2*PI;

    // in (-PI/2,PI/2)
    if(x> PI/2) x =  PI-x;
    if(x<-PI/2) x = -PI-x;

    // Taylor expansion with error bound 1E(-15)
    double x2=x*x;
    return x*(1-x2/( 3* 2)*
             (1-x2/( 5* 4)*
             (1-x2/( 7* 6)*
             (1-x2/( 9* 8)*
             (1-x2/(11*10)*
             (1-x2/(13*12)*
             (1-x2/(15*14)*
             (1-x2/(17*16)*
             (1-x2/(19*18))))))))));
}

double cosine_evaluation( double x)
{
    double PI = 3.14159265358979323846264338327950;
    return sine_evalutaion(x+PI/2);
}

double tangent_evaluation( double x )
{
    return sine_evalutaion(x)/cosine_evaluation(x);
}
```

코드를 활용한 예제입니다. 첫 줄에 "Trig.h"를 include하고 해당한 함수들을 호출하면 됩니다.

```
#include <stdio.h>
#include "Trig.h" // indicates that we are using the symbols
                  // in the header
                  // in the include, use "", if the header is
                  // in the same directory. otherwise use <>

int main()
{
    double PI = 3.14159265358979323846264338327950;
    printf("tan(1)     = %f\n", tangent_evaluation(1.0));
    printf("tan(PI/4) = %f\n", tangent_evaluation(PI/4));
}
```

그리고, 결과입니다.

```
tan(1)     = 1.557408
tan(PI/4) = 1.000000
```

A.10 클래스

C++언어에서 클래스는 관련 깊은 데이터와 함수가 결합된 구조체입니다. 아래 예제와 같이 Complex(복소수) 클래스는 re(실수부), im(허수부)의 두 개의 data를 갖고 있습니다. 초기화 함수, 복소수의 덧셈, 뺄셈, 곱셈, 나눗셈 등을 함수로 갖고 있습니다. 클래스 구현과 const 연산자의 의미에 더한 더 자세한 사항들은 C++전문교재를 참조하시기 바랍니다.

```
#ifndef COMPLEX_H // Complex.h
#define COMPLEX_H
```

```
class Complex
{
protected:        // data or function after 'protected'" cannot be
                   // accessed outside the class.
    double re; // member : real part
    double im; // member : imaginary part

public:
    Complex( double re_=0, // constructor
             double im_=0) // initialize the complex number with
    {                         // real value re_ and
      re = re_;               // imaginary value im_
      im = im_;               // their default value is zero.
    }
    double get_re() const{ return re; }
    double get_im() const{ return im; }

    // function ended with 'const' cannot change the member variable
    // 'constant reference' variable cannot change the variable
    // that it refers to. The following add function just retrieves
    // the values of A and B, and just create a new variable C.
    Complex add( const Complex& B ) const // C = A+B
    {
        const Complex& A = *this;  // this is a pointer to itself
        Complex C; C.re=A.re + B.re;
                   C.im=A.im + B.im;
        return C;
    }
    Complex subtract( const Complex& B ) const // C = A-B
    {
        const Complex& A = *this;  // this is a pointer to itself
        Complex C; C.re=A.re - B.re; // access the element with '.'
                   C.im=A.im - B.im;
        return C;
    }
    Complex multiply( const Complex& B ) const // C = A*B
    {
```

```
        const Complex& A = *this;  // this is a pointer to itself
        Complex C; C.re=A.re*C.re - A.im*B.im;
                   C.im=A.re*C.im + A.im*B.re;
        return C;
    }

    Complex divide( const Complex& B ) const // C = A/B
    {
        const Complex& A = *this;  // this is a pointer to itself
        double Bsqr = B.re*B.re + B.im*B.im;
        Complex C; C.re=( A.re*B.re + A.im*B.im)/Bsqr;
                   C.im=(-A.re*B.im + A.im+B.re)/Bsqr;
        return C;
    }
    Complex conjugate() const // C = conjugate(A)
    {
        const Complex& A = *this;  // this is a pointer to itself
        Complex C; C.re= A.re;
                   C.im=-A.im;
        return C;
    }
    double square() const // ||A||, put 'const' at the end of the function
    {                  // that means this function does not change the members
        return re*re + im*im;
    }
};

#endif
```

Complex 클래스를 활용한 예제입니다.

```
#include <stdio.h> // to use printf
#include "Complex.h" // to use Complex

int main()
{
```

```
    Complex A(1,  2); // A=1+2i
    Complex B(1, -1); // B=1- i

    Complex A_add_B = A.add      (B);
    Complex A_sub_B = A.subtract (B);
    Complex A_mul_B = A.multiply (B);
    Complex A_div_B = A.divide   (B);
    Complex A_con   = A.conjugate( );
    double  A_sqr   = A.square   ( );

    printf("A      :%f+%fi\n", A      .get_re(),A      .get_im());
    printf("B      :%f+%fi\n", B      .get_re(),B      .get_im());
    printf("A_add_B:%f+%fi\n", A_add_B.get_re(),A_add_B.get_im());
    printf("A_sub_B:%f+%fi\n", A_sub_B.get_re(),A_sub_B.get_im());
    printf("A_mul_B:%f+%fi\n", A_mul_B.get_re(),A_mul_B.get_im());
    printf("A_div_B:%f+%fi\n", A_div_B.get_re(),A_div_B.get_im());
    printf("A_con  :%f+%fi\n", A_con  .get_re(),A_con  .get_im());
    printf("A_sqr  :%f    \n", A_sqr                            );
}
```

그리고 실행화면입니다.

```
A      : 1.000000+ 2.000000i
B      : 1.000000+-1.000000i
A_add_B: 2.000000+ 1.000000i
A_sub_B: 0.000000+ 3.000000i
A_mul_B: 2.000000+ 2.000000i
A_div_B:-0.500000+ 2.000000i
A_con  : 1.000000+-2.000000i
A_sqr  : 5.000000
```

A.11 연산자 오버로딩

A.10절에서 복소수 클래스는 더하기, 빼기 등의 함수를 갖고 있습니다. 이를 활용하려면 다음과 같습니다.

```
Complex A,B;
Complex C = A.add(B); // C=A+B
```

보다 직관적으로 "C=A+B;"로 쓰기 위해서는 다음 예제와 같이 연산자 오버로딩이 필요합니다.

```
#ifndef COMPLEX_H // Complex.h
#define COMPLEX_H

class Complex
{
protected:      // data or function after 'protected'" cannot be
                // accessed outside the class.
    double re; // member : real part
    double im; // member : imaginary part

public:
    Complex( double re_=0, // constructor
             double im_=0) // initialize the complex number with
    {                      // real value re_ and
      re = re_;           // imaginary value im_
      im = im_;            // their default value is zero.
    }

    double get_re() const{ return re; }
    double get_im() const{ return im; }

    // function ended with 'const' cannot change the member variable
    // 'constant reference' variable cannot change the variable
    // that it refers to.
    // The following add function just retrieves the values of A and B,
    // and just create a new variable C.
    Complex operator+( const Complex& B ) const // C = A+B
    {
        const Complex& A = *this;  // this is a pointer to itself
        Complex C; C.re=A.re + B.re;
```

```
            C.im=A.im + B.im;
    return C;
}

Complex operator-( const Complex& B ) const // C = A-B
{
    const Complex& A = *this;  // this is a pointer to itself
    Complex C; C.re=A.re - B.re; // access the element with '.'
            C.im=A.im - B.im;
    return C;
}

Complex operator*( const Complex& B ) const // C = A*B
{
    const Complex& A = *this;  // this is a pointer to itself
Complex operator*( const Complex& B ) const // C = A*B
{
    const Complex& A = *this;  // this is a pointer to itself
    Complex C; C.re=A.re*C.re - A.im*B.im;
            C.im=A.re*C.im + A.im*B.re;
    return C;
}

Complex operator/( const Complex& B ) const // C = A/B
{
    const Complex& A = *this;  // this is a pointer to itself
    double Bsqr = B.re*B.re + B.im*B.im;
    Complex C; C.re=( A.re*B.re + A.im*B.im)/Bsqr;
            C.im=(-A.re*B.im + A.im+B.re)/Bsqr;
    return C;
}

Complex conjugate() const // C = conjugate(A)
{
    const Complex& A = *this;  // this is a pointer to itself
    Complex C; C.re= A.re;
            C.im=-A.im;
    return C;
```

```
        }

        double square() const // ||A||, put 'const' at the end of the function
        {               // that means this function does not change the members
            return re*re + im*im;
        }
};

#endif
```

연산자 오버로딩이 구현된 Complex 클래스의 활용예제를 실습해 보세요.

```
#include <stdio.h> // to use printf
#include "Complex.h" // to use Complex

int main()
{
    Complex A(1,  2); // A=1+2i
    Complex B(1, -1); // B=1- i

    Complex A_add_B = A+B;
    Complex A_sub_B = A-B;
    Complex A_mul_B = A*B;
    Complex A_div_B = A/B;
       Complex A_con    = A.conjugate( );
    double  A_sqr    = A.square    ( );

    printf("A        :%f+%fi\n", A        .get_re(),A        .get_im());
    printf("B        :%f+%fi\n", B        .get_re(),B        .get_im());
    printf("A_add_B:%f+%fi\n", A_add_B.get_re(),A_add_B.get_im());
    printf("A_sub_B:%f+%fi\n", A_sub_B.get_re(),A_sub_B.get_im());
    printf("A_mul_B:%f+%fi\n", A_mul_B.get_re(),A_mul_B.get_im());
    printf("A_div_B:%f+%fi\n", A_div_B.get_re(),A_div_B.get_im());
    printf("A_con  :%f+%fi\n", A_con  .get_re(),A_con  .get_im());
    printf("A_sqr  :%f     \n", A_sqr                          );
}
```

B. windows 프로그래밍

Appendix A에서 우리는 C++ 프로그래밍의 기본내용들을 살펴보았습니다. C++은 국제 표준이어서 대부분의 컴퓨터에서 동일하게 작동하도록 설계되었습니다. 도스 화면 출력, 키보드 입력 등이 C++ 표준일 뿐, 마우스, 윈도우 화면 조작 등은 표준에 들어있지 않습니다. 마이크로소프트 윈도우즈는 SDK, MFC 프로그래밍을, 리눅스, 유닉스는 GTK 프로그래밍을, 스마트 폰은 안드로이드 프로그래밍을 통해 윈도우즈 자원을 제어할 수 있습니다. 이 책에서는 일반 pc 환경의 윈도우즈 환경을 기준으로 Visual Studio C++를 사용한 윈도우즈 프로그래밍을 사용합니다.

WIN32 Visual Studio C++는 무료인 Express 버전, Professional 버전 등을 컴퓨터에 설치합니다. 프로젝트 만들기를 다음 화면과 같이 진행합니다.

먼저 비주얼 스튜디오를 다운 받아 실행시키면 다음과 같은 화면이 뜨는데 파일>새로 만들기>프로젝트를 클릭해서 프로젝트를 생성하세요.

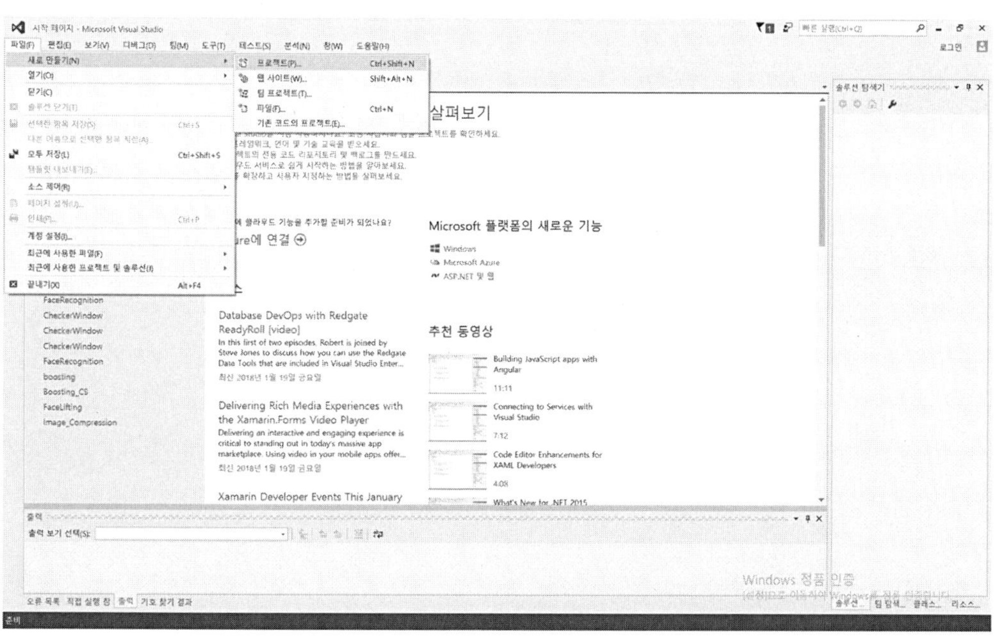

그러면 이런 창이 뜨는데 Win32 프로젝트를 선택하고 프로젝트 이름과 저장위치를 선택하세요. 그리고 확인 버튼을 누르세요.

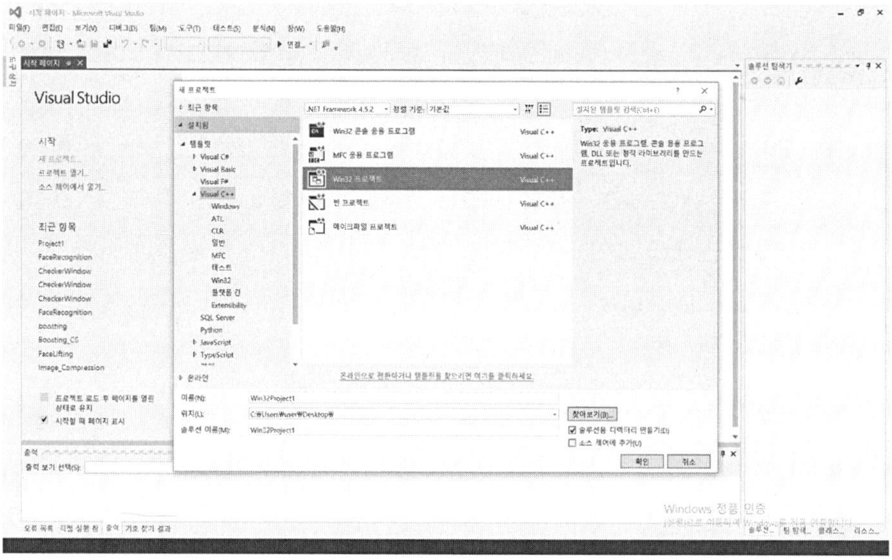

빈 프로젝트를 선택하고 마침을 누르면 됩니다.

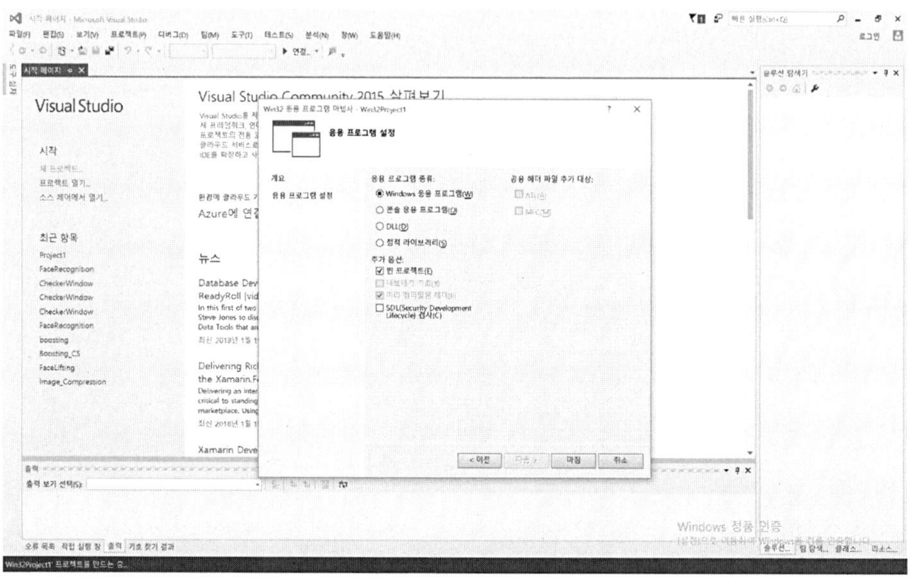

B.1 기본 윈도우즈 프로그래밍

기본 윈도우즈 창을 만들어 봅시다. C++ 프로그램의 시작점이 main() 함수이듯이 윈도우즈 프로그램의 시작은 WinMain()함수입니다. 윈도우즈 프로그램에서는 마우스 조작, 버튼클릭 등의 입력이 있을 때마다, 해당하는 메시지를 발생시킵니다. 윈도우즈 프로그래밍이란 사용자의 입력에 따른 메시지를 받을 때 대응규칙을 정의해 주는 메시지 처리방식의 프로그래밍입니다. 메시지 처리를 하는 함수를 CALLBACK함수라고 부르며, WinMain() 함수는 윈도우즈 창을 새로 만들 때 CALLBACK함수를 등록합니다. 따라서 WinMain()함수와 CALLBACK 함수는 윈도우즈 프로그램의 기본 뼈대입니다.

윈도우즈 프로그램 안내책의 고전인 Petzold의 "Programming Windows"는 그 양이 1500페이지에 이릅니다. 이 책에서는 프로젝트에 필요한 간단한 사용법과 중요 포인트만을 설명하겠습니다. 아래 코드는 간단한 창을 만들고 화면 가운데에 Hello!를 출력합니다.

```
// Hello.cpp
#include <windows.h>

LRESULT CALLBACK WndProc(HWND, UINT, WPARAM, LPARAM);

int WINAPI WinMain(HINSTANCE        hInstance,
                    HINSTANCE hPrevInstance, PSTR szCmdLine, int iCmdShow)
{
        // default window class
        WNDCLASS wndclass;
        wndclass.style = CS_HREDRAW | CS_VREDRAW;
        wndclass.lpfnWndProc = WndProc;
        wndclass.cbClsExtra = 0;
        wndclass.cbWndExtra = 0;
        wndclass.hInstance = hInstance;
        wndclass.hIcon = LoadIcon(NULL, IDI_APPLICATION);
        wndclass.hCursor = LoadCursor(NULL, IDC_ARROW);
        wndclass.hbrBackground = (HBRUSH)GetStockObject(WHITE_BRUSH);
        wndclass.lpszMenuName = 0;
        wndclass.lpszClassName = TEXT("Hello"); // name of class
        RegisterClass(&wndclass);
```

```
	HWND hwnd = CreateWindow(TEXT("Hello"), // name of class
		TEXT("The first and basic window"), // window caption
		WS_OVERLAPPEDWINDOW, // default windows style
		CW_USEDEFAULT, // initial x position
		CW_USEDEFAULT, // initial y position
		CW_USEDEFAULT, // initial x size
		CW_USEDEFAULT, // initial y size
		0, 0, hInstance, 0);
	ShowWindow(hwnd, iCmdShow);
	UpdateWindow(hwnd);

	// message handler
	MSG msg;
	while (GetMessage(&msg, 0, 0, 0))
	{
		TranslateMessage(&msg);
		DispatchMessage(&msg);
	}
	return msg.wParam;
}

LRESULT CALLBACK WndProc(HWND hwnd, UINT message, WPARAM wParam, LPARAM
lParam)
{
	switch (message)
	{
	case WM_CREATE:
		{
			return 0;
		}
	case WM_PAINT:
		{
```

```
            RECT rect;
                            GetClientRect(hwnd, &rect);
                            PAINTSTRUCT ps;
                            HDC hdc = BeginPaint(hwnd, &ps);
                            DrawText(hdc, TEXT("Hello!"), -1, &rect,
                 DT_SINGLELINE
                | DT_CENTER
                | DT_VCENTER);
                            EndPaint(hwnd, &ps);
                            return 0;

                }
        case WM_DESTROY:
                {
                        PostQuitMessage(0);
                        return 0;
                }
        }
        return DefWindowProc(hwnd, message, wParam, lParam);
}
```

위 코드를 다 이해하기 어렵지요. 중요한 부분을 Box로 표시했습니다. WM_PAINT는 창이 다른 창과 겹쳤다가 다시 보이는 경우 등, 창을 다시 그릴 때마다 불리는 메시지이름입니다. 메시지의 케이스 다음에 수행하고 싶은 코드를 쓰는 방식입니다. 위 경우는 DrawText함수를 이용해 화면중앙에 Hello!를 출력합니다. 위 코드를 기반으로 메시지 처리한 부분만 바꾸어 주면 됩니다.

중요한 메시지로는 키보드가 눌렸을 때 WM_KEYDOWN, 윈도우가 생성될 때의 WM_CREATE, 메뉴 버튼이나 선택 버튼을 눌렀을때의 WM_COMMAND, 창크기를 조정하는 WM_SIZE 등이 있습니다. 자세한 사항들은 Visual Studio의 help나 Petzold의 책을 참조하기 바랍니다.

C. 라이브러리 파일

이 책의 여러 프로젝트들에 공통으로 사용된 기본 라이브러리 파일들의 C++코드들을 첨부합니다.

```
// ARRAY.h
#ifndef ARRAY_H__
#define ARRAY_H__

#include <stdio.h>
#include <assert.h>
#include <memory.h>
#include <fstream>

template<class T>
struct ARRAY
{
        int size;
        T*  data;
        //--------------------------------------------------------
        // memory related functions
        //--------------------------------------------------------
        ARRAY(int size = 1);
        void resize(int size);
        void resize_with_existing_data_kept(int size);
        ARRAY(const ARRAY& V);
        void operator=(const ARRAY& V);
        ~ARRAY();
        //--------------------------------------------------------
        // array operations
        //--------------------------------------------------------
        void operator= (T s);
        void operator*=(double s);
        void operator/=(double s);
        void operator+=(T s);
        void operator-=(T s);
        void operator+=(const ARRAY& V);
        void operator-=(const ARRAY& V);
        //------------------------------------------------------------------
        // accessors
        //------------------------------------------------------------------
        operator const T*()const { return data; }
```

```
            operator T*() { return data; }
            inline virtual T  operator[](int i) const { return data[i]; }
            inline virtual T& operator[](int i) { return data[i]; }
            void print(const char* name) const;
            void save(const char* filename = 0) const;
            void load(const char* filename);
            T      max_norm() const;
};



//
template<class T>
ARRAY<T>::ARRAY(int size_) {
            size = size_;
            data = new T[size];
}
//
template<class T>
void ARRAY<T>::resize(int size_) {
            if (size != size_) {
                        delete[] data;
                        size = size_;
                        data = new T[size];
            }
}
//
template<class T>
void ARRAY<T>::resize_with_existing_data_kept(int size_) {
            if (size != size_) {
                        T* data_new = new T[size_]; int size_copy = (size>size_) ? size_ : size;
                        memcpy(data_new, data, sizeof(T)*size_copy);
                        delete[] data; size = size_; data = data_new;
            }
}
//
template<class T>
ARRAY<T>::ARRAY(const ARRAY& V) {
            size = V.size;
            data = new T[size];
            if (sizeof(T) == sizeof(int)) memcpy(data, V.data, sizeof(int)*size);
            else if (sizeof(T) == sizeof(double)) memcpy(data, V.data, sizeof(double)*size);
            else {
                        T*          dest = data;
                        const T* sour = V.data;
                        for (int i = size; i>0; i--, dest++, sour++)
```

```
                                *dest = *sour;
        }
}
//
template<class T>
ARRAY<T>::~ARRAY() { delete[] data; }
//
template<class T>
void ARRAY<T>::operator=(const ARRAY& V)
{
        resize(V.size);
        if (sizeof(T) == sizeof(int)) memcpy(data, V.data, sizeof(int)*size);
        else if (sizeof(T) == sizeof(double)) memcpy(data, V.data, sizeof(double)*size);
        else
        {
                T*          dest = data;
                const T* sour = V.data;
                for (int i = size; i>0; i--, dest++, sour++)
                        *dest = *sour;
        }
}
template<class T>void ARRAY<T>::operator= (T s) { for (int n = 0; n<size; n++)data[n] = s; }
template<class T>void ARRAY<T>::operator*=(double s) { for (int n = 0; n<size; n++)data[n] *= s; }
template<class T>void ARRAY<T>::operator/=(double s) { for (int n = 0; n<size; n++)data[n] /= s; }
template<class T>void ARRAY<T>::operator+=(T s) { for (int n = 0; n<size; n++)data[n] += s; }
template<class T>void ARRAY<T>::operator-=(T s) { for (int n = 0; n<size; n++)data[n] -= s; }
template<class T>void ARRAY<T>::operator+=(const ARRAY& V) { for (int n = 0; n<size; n++)data[n] +=
V.data[n]; }
template<class T>void ARRAY<T>::operator-=(const ARRAY& V) { for (int n = 0; n<size; n++)data[n] -=
V.data[n]; }

template<class T>
void ARRAY<T>::print(const char* name) const {
        printf("----------------------%s--------------------\n", name);
        for (int j = 0; j<size; j++) {
                if (sizeof(T) == sizeof(double)) printf("% .4f ", data[j]);
                if (sizeof(T) == sizeof(int)) printf("% d ", data[j]);
        }
        printf("\n");
}
template<class T>
T ARRAY<T>::max_norm() const {
        T max = 0;
        for (int i = 0; i<size; i++)
        {
                T datai = data[i];
```

```
                    if (datai<0) datai = -datai;
                    if (datai>max) max = datai;
          }
          return max;
}
//------------------------------------------------------------------------
// File I/O
//------------------------------------------------------------------------
template<class T>
void ARRAY<T>::save(const char* name) const {
          char filename[100]; static int count = 0;
          if (name == 0) sprintf(filename, "function_%04d.dfl", count++);
          else           sprintf(filename, "%s", name);
          std::ofstream os(filename); os << size << std::endl;
          for (int i = 0; i<size; i++) os << data[i] << std::endl;
}

template<class T>
void ARRAY<T>::load(const char* filename) {
          std::ifstream is(filename); int size_; is >> size_; resize(size_);
          for (int i = 0; i<size; i++) is >> data[i];
}



#endif
```

```
#ifndef ARRAY2D_H__
#define ARRAY2D_H__

#include <stdio.h>
#include <assert.h>
#include <memory.h>
#include <iostream>

template<class T>
struct ARRAY2D
{
          int isize;
          int jsize;
          T**  data_2d;
          T*   data;
          //------------------------------------------------------------
          // memory related functions
          //------------------------------------------------------------
          ARRAY2D(int isize = 1, int jsize = 1);
```

```
        void resize(int isize, int jsize);
        ARRAY2D(const ARRAY2D& V);
        void operator=(const ARRAY2D& V);
        ~ARRAY2D();
        //------------------------------------------------------------
        // array operations
        //------------------------------------------------------------
        void operator= (T s);
        void operator*=(T s);
        void operator/=(T s);
        void operator+=(T s);
        void operator-=(T s);
        void operator+=(const ARRAY2D& V);
        void operator-=(const ARRAY2D& V);
        //----------------------------------------------------------------------
        // accessors
        //----------------------------------------------------------------------
        operator const T*()const { return data; }
        operator T*() { return data; }
        inline virtual const T* operator[](int i) const { return data_2d[i]; }
        inline virtual       T* operator[](int i) { return data_2d[i]; }
        void print(const char* name, int step = 1) const;
        void save(const char* filename = 0) const;
        void load(const char* filename);
        T    max_norm() const;
};


//
template<class T>
ARRAY2D<T>::ARRAY2D(int isize_, int jsize_)
{
        isize = isize_;
        jsize = jsize_;
        data = new T[isize*jsize];
        data_2d = new T*[isize];
        for (int i = 0; i<isize; i++) data_2d[i] = data + i*jsize;
}
//
template<class T>
void ARRAY2D<T>::resize(int isize_, int jsize_)
{
        if (isize != isize_ || jsize != jsize_)
        {
                delete[] data; delete[] data_2d;
                isize = isize_;
                jsize = jsize_;
                data = new T[isize*jsize];
                data_2d = new T*[isize];
```

```
                for (int i = 0; i<isize; i++) data_2d[i] = data + i*jsize;
        }
}
//
template<class T>
ARRAY2D<T>::ARRAY2D(const ARRAY2D& V)
{
        isize = V.isize;
        jsize = V.jsize;
        data = new T[isize*jsize];
        data_2d = new T*[isize];
        for (int i = 0; i<isize; i++) data_2d[i] = data + i*jsize;
        if (sizeof(T) == sizeof(int)) memcpy(data, V.data, sizeof(int)*isize*jsize);
        else if (sizeof(T) == sizeof(double)) memcpy(data, V.data, sizeof(double)*isize*jsize);
        else
        {
                T*       dest = data;
                const T* sour = V.data;
                for (int n = isize*jsize; n>0; n--, dest++, sour++) *dest = *sour;
        }
}
//
template<class T>
ARRAY2D<T>::~ARRAY2D() { delete[] data; delete[] data_2d; }
//
template<class T>
void ARRAY2D<T>::operator=(const ARRAY2D& V)
{
        resize(V.isize, V.jsize);
        if (sizeof(T) == sizeof(int)) memcpy(data, V.data, sizeof(int)*isize*jsize);
        else if (sizeof(T) == sizeof(double)) memcpy(data, V.data, sizeof(double)*isize*jsize);
        else
        {
                T*       dest = data;
                const T* sour = V.data;
                for (int n = isize*jsize; n>0; n--, dest++, sour++) *dest = *sour;
        }
}
template<class T>void ARRAY2D<T>::operator= (T s) { T* p = data; for (int n = isize*jsize; n>0; n--, p++) *p =
s; }
template<class T>void ARRAY2D<T>::operator*=(T s) { T* p = data; for (int n = isize*jsize; n>0; n--, p++) *p *=
s; }
template<class T>void ARRAY2D<T>::operator/=(T s) { T* p = data; for (int n = isize*jsize; n>0; n--, p++) *p /=
s; }
template<class T>void ARRAY2D<T>::operator+=(T s) { T* p = data; for (int n = isize*jsize; n>0; n--, p++) *p +=
s; }
template<class T>void ARRAY2D<T>::operator-=(T s) { T* p = data; for (int n = isize*jsize; n>0; n--, p++) *p -=
s; }
template<class T>void ARRAY2D<T>::operator+=(const ARRAY2D& V) { T* p = data; const T* q = V.data; for
```

```
(int n = isize*jsize; n>0; n--, p++, q++) *p += *q; }
template<class T>void ARRAY2D<T>::operator-=(const ARRAY2D& V) { T* p = data; const T* q = V.data; for
(int n = isize*jsize; n>0; n--, p++, q++) *p -= *q; }

template<class T>
void ARRAY2D<T>::print(const char* name, int step) const {
        printf("--------------------%s--------------------\n", name);
        for (int j = 0; j<jsize; j += step) {
                for (int i = 0; i<isize; i += step) {
                        if (sizeof(T) == sizeof(double)) printf("% 10.3f", data_2d[i][j]);
                        if (sizeof(T) == sizeof(int)) printf("% d ", data_2d[i][j]);
                }
                printf("\n");
        }
        printf("\n");
}
template<class T>
T ARRAY2D<T>::max_norm() const {
        T max = 0;
        T* p = data;
        for (int n = isize*jsize; n>0; n--, p++)
        {
                T   datan = *p;
                if (datan<  0) datan = -datan;
                if (datan>max)    max = datan;
        }
        return max;
}
//------------------------------------------------------------------------
// File I/O
//------------------------------------------------------------------------
template<class T>
void ARRAY2D<T>::save(const char* name) const {
        char filename[100]; static int count = 0;
        if (name == 0) sprintf(filename, "function_%04d.df2", count++);
        else          sprintf(filename, "%s", name);
        std::cout << "saving " << filename << std::endl;
        std::ofstream os(filename); os << isize << ' ' << jsize << std::endl;
        for (int i = 0; i<isize; i++)
                for (int j = 0; j<jsize; j++) os << data_2d[i][j] << std::endl;
}

template<class T>
void ARRAY2D<T>::load(const char* filename) {
        std::ifstream is(filename); int isize_; is >> isize_;
        int jsize_; is >> jsize_; resize(isize_, jsize_);
        for (int i = 0; i<isize; i++)
                for (int j = 0; j<jsize; j++) is >> data_2d[i][j];
}
```

```
#endif
```

```
// Display.h
#ifndef DISPLAY_H
#define DISPLAY_H

#include "ARRAY2D.h"

/*Display structure, where we can display functions and their contours.*/

class Display
{
public:
		/*------------------------------------------------------------*\
		*colours and z-buffers
		\*------------------------------------------------------------*/
		int m_imax; // i=0...imax
		int m_jmax; // j=0...jmax

		ARRAY2D<int> m_rgb;
		//
		Display(int isize = 600, int jsize = 600)
		{
				m_imax = isize - 1;
				m_jmax = jsize - 1;

				m_rgb.resize(isize, jsize);
		}
		//
		void make_it_white()
		{
				//r=g=b=255
				m_rgb = 0xffffff;
		}
		//
		void save_bmp(const char* file_name = 0);
		void load_bmp(const char* file_name     );
		//------------------------------------------------------------
		//
		//------------------------------------------------------------
		void set_physics_coor( double xmin, double xmax,
							double ymin, double ymax)
		{
				m_xmin=xmin;m_xmax=xmax; m_dx=(xmax-xmin)/m_imax;
				m_ymin=ymin;m_ymax=ymax; m_dy=(ymax-ymin)/m_jmax;
		}
		//

		void log_to_phy( int i, int j,
						double& x, double& y) const
		{
				x= (i)*m_dx+m_xmin;
				y= (j)*m_dy + m_ymin;
		}
```

```
        //

        void phy_to_log( double x, double y,
                                        int& i, int& j) const
        {
                i=(int)((x-m_xmin)/m_dx+0.5);
                j=(int)((y-m_ymin)/m_dy+0.5);
        }
        //

        void draw_line(         double x0, double y0,
                                        double x1, double y1, int rgb);

        double m_xmin, m_xmax, m_dx;
        double m_ymin, m_ymax, m_dy;
};

static int RGB_COMBINE( unsigned char r,
                                        unsigned char g,
                                        unsigned char b){ return (r << 16) + (g << 8) +
b;}

static void RGB_SPLIT(int rgb,  unsigned char& r,
                                                unsigned char& g,
                                                unsigned char& b )
{
        b = rgb & 0x0000ff; rgb >>= 8;
        g = rgb & 0x0000ff; rgb >>= 8;
        r = rgb;
}

#endif
```

```
// Display.cpp
#include "Display.h"
#include <math.h>
#include <stdio.h>
#include <iostream>


#define MAX(a,b) (((a)>(b))?(a):(b))
#define MIN(a,b) (((a)<(b))?(a):(b))


//
typedef unsigned short WORD; // 16 bit unsigned integer
typedef int LONG; // 32 bit integer
typedef unsigned int DWORD; // 32 bit unsigned integer

struct BITMAPINFOHEADER_LINUX
{
        DWORD biSize;
        LONG biwidth;
        LONG biHeight;
```

```
        WORD biPlanes;
        WORD biBitCount;
        DWORD biCompression;
        DWORD biSizeImage;
        LONG biXPelsPerMeter;
        LONG biYPelsPerMeter;
        DWORD biClrUsed;
        DWORD biClrImportant;
};

struct BITMAPFILEHEADER_LINUX
{
        WORD bfType;
        DWORD bfSize;
        WORD bfReserved1;
        WORD bfReserved2;
        DWORD bfOffBits;
};

//
void Display::save_bmp(const char* file_name)
{
        // create file name
        char file_name_new[100];

        if (file_name == 0)
        {
                static int count = 0;
                sprintf(file_name_new, "image_%04d.bmp", count++);

                //POINT3 pm; from_logi_to_phys_coords(m_imax - 150,m_jmax - 50, 0, pm);
                //POINT3 pM; from_logi_to_phys_coords(m_imax - 150,m_jmax - 50, 0, pM);

                // draw_number(count, pm.x, pM.x, pm.y, y, pM.y, 0);
        }
        else
                sprintf(file_name_new, "%s", file_name);

        printf("saving %s\n", file_name_new);

        //
        BITMAPFILEHEADER_LINUX bmFileHeader;
        BITMAPINFOHEADER_LINUX bmInfoHeader;

        bmFileHeader.bfSize = 14;
        bmFileHeader.bfType = 0x4D42;
        bmFileHeader.bfOffBits = 14 + 40;
        bmInfoHeader.biSize = 40;
        bmInfoHeader.biwidth = m_imax + 1;
        bmInfoHeader.biHeight = m_jmax + 1;
        bmInfoHeader.biPlanes = 1;
        bmInfoHeader.biBitCount = 24;
```

```
		bmInfoHeader.biCompression = 0;
		bmInfoHeader.biSizeImage = bmInfoHeader.biwidth
				*bmInfoHeader.biHeight
				*(bmInfoHeader.biBitCount / 8);

		bmInfoHeader.biXPelsPerMeter = 0; //indicates no suggested real-world size of the image in the units of pixels
		bmInfoHeader.biYPelsPerMeter = 0;
		bmInfoHeader.biClrUsed = 0;
		bmInfoHeader.biClrImportant = 0;

		//
		FILE* fp = fopen(file_name_new, "wb"); long size_w;

		size_w = fwrite((const void*)&(bmFileHeader.bfType      ), 1, 2, fp);
		size_w = fwrite((const void*)&(bmFileHeader.bfSize      ), 1, 4, fp);
		size_w = fwrite((const void*)&(bmFileHeader.bfReserved1), 1, 2, fp);
		size_w = fwrite((const void*)&(bmFileHeader.bfReserved2), 1, 2, fp);
		size_w = fwrite((const void*)&(bmFileHeader.bfOffBits   ), 1, 4, fp);

		size_w = fwrite((const void*)&(bmInfoHeader.biSize          ), 1, 4, fp);
		size_w = fwrite((const void*)&(bmInfoHeader.biwidth         ), 1, 4, fp);
		size_w = fwrite((const void*)&(bmInfoHeader.biHeight        ), 1, 4, fp);
		size_w = fwrite((const void*)&(bmInfoHeader.biPlanes        ), 1, 2, fp);
		size_w = fwrite((const void*)&(bmInfoHeader.biBitCount      ), 1, 2, fp);
		size_w = fwrite((const void*)&(bmInfoHeader.biCompression   ), 1, 4, fp);
		size_w = fwrite((const void*)&(bmInfoHeader.biSizeImage     ), 1, 4, fp);
		size_w = fwrite((const void*)&(bmInfoHeader.biXPelsPerMeter), 1, 4, fp);
		size_w = fwrite((const void*)&(bmInfoHeader.biYPelsPerMeter), 1, 4, fp);
		size_w = fwrite((const void*)&(bmInfoHeader.biClrUsed       ), 1, 4, fp);
		size_w = fwrite((const void*)&(bmInfoHeader.biClrImportant ), 1, 4, fp);

		char* buffer = new char[(1+m_imax)*(1+m_jmax)*3];
		unsigned char r = 0, g = 0, b = 0; int count=0;

		for (int j = 0; j <= m_jmax; j++)
		for (int i = 0; i <= m_imax; i++)
		{
				RGB_SPLIT(m_rgb[i][j], r, g, b);
				buffer[count]=b; count++;
				buffer[count]=g; count++;
				buffer[count]=r; count++;
		}

		fwrite(buffer,1,(1+m_imax)*(1+m_jmax)*3,fp);
		delete[] buffer;
		fclose(fp);
}

//
void Display::load_bmp(const char* file_name)
{
		printf("loading %s\n", file_name);
```

```
        //
        BITMAPFILEHEADER_LINUX bmFileHeader;
        BITMAPINFOHEADER_LINUX bmInfoHeader;
        FILE* fp = fopen(file_name, "rb"); long size_w;

        size_w = fread((void*)&(bmFileHeader.bfType       ), 1, 2, fp);
        size_w = fread((void*)&(bmFileHeader.bfSize       ), 1, 4, fp);
        size_w = fread((void*)&(bmFileHeader.bfReserved1), 1, 2, fp);
        size_w = fread((void*)&(bmFileHeader.bfReserved2), 1, 2, fp);
        size_w = fread((void*)&(bmFileHeader.bfOffBits   ), 1, 4, fp);

        size_w = fread((void*)&(bmInfoHeader.biSize            ), 1, 4, fp);
        size_w = fread((void*)&(bmInfoHeader.biwidth           ), 1, 4, fp);
        size_w = fread((void*)&(bmInfoHeader.biHeight          ), 1, 4, fp);
        size_w = fread((void*)&(bmInfoHeader.biPlanes          ), 1, 2, fp);
        size_w = fread((void*)&(bmInfoHeader.biBitCount        ), 1, 2, fp);
        size_w = fread((void*)&(bmInfoHeader.biCompression  ), 1, 4, fp);
        size_w = fread((void*)&(bmInfoHeader.biSizeImage     ), 1, 4, fp);
        size_w = fread((void*)&(bmInfoHeader.biXPelsPerMeter), 1, 4, fp);
        size_w = fread((void*)&(bmInfoHeader.biYPelsPerMeter), 1, 4, fp);
        size_w = fread((void*)&(bmInfoHeader.biClrUsed         ), 1, 4, fp);
        size_w = fread((void*)&(bmInfoHeader.biClrImportant ), 1, 4, fp);

        //
        m_imax = bmInfoHeader.biwidth -1;
        m_jmax = bmInfoHeader.biHeight-1;
        m_rgb.resize(m_imax+1,m_jmax+1);

        unsigned char r,g,b;

        for (int j = 0; j <= m_jmax;j++)
        for (int i = 0; i <= m_imax; i++)
        {
                size_w = fread((void*)&b, 1, 1, fp);
                size_w = fread((void*)&g, 1, 1, fp);
                size_w = fread((void*)&r, 1, 1, fp);
                m_rgb[i][j] = RGB_COMBINE(r, g, b);
        }

        fclose(fp);
}


void Display::draw_line(double x0,double y0,
                                        double x1,double y1, int rgb)
{
        int i0, j0; phy_to_log(x0,y0,i0,j0);
        int i1, j1; phy_to_log(x1,y1,i1,j1);
        if( i0<0||i0>m_imax||j0<0||j0>m_jmax||
                i1<0||i1>m_imax||j1<0||j1>m_jmax)
```

```
            return;
    int imin=(i0<i1)?i0:i1;
    int imax=(i0<i1)?i1:i0;
    int jmin=(j0<j1)?j0:j1;
    int jmax=(j0<j1)?j1:j0;

    x1-=x0;
    y1-=y0;

    for(int i = imin; i <=imax; i++)
    for(int j = jmin; j <=jmax; j++)
    {
            double x,y; log_to_phy(i,j,x,y);
            // the rectangle occupied by the pixel
            double xmin=x-m_dx/2, xmax=x+m_dx/2;
            double ymin=y-m_dy/2, ymax=y+m_dy/2;

            xmin-=x0; xmax-=x0;
            ymin-=y0; ymax-=y0;

            double minx = MIN(xmin/x1,xmax/x1), maxx = MAX(xmin/x1,xmax/x1);
            double miny = MIN(ymin/y1,ymax/y1), maxy = MAX(ymin/y1,ymax/y1);
            if (MAX(MAX(0, minx), miny) <=
                    MIN(MIN(1, maxx), maxy))
                            m_rgb[i][j] = rgb;
    }

}
```

D. 나만의 반려봇(소셜봇) 만들기

적은 비용으로 나만의 미니 인공지능 로봇을 만들려면 어떻게 해야 하는지 대략적으로 살펴보도록 하겠습니다. (관련 세부사항을 모두 다루려면 두꺼운 책 몇 권으로도 부족하기 때문에 여기에서는 기초적인 사항만 다루도록 하겠습니다)

먼저 집안을 돌아다니려면 (1)바퀴 프레임과 이를 조정할 (2)HW 컨트롤러와 (3)입출력 센서들이 필요합니다. 우리는 HW 컨트롤러로 라즈베리파이3 모델B와 아두이노 mega를 사용할 것입니다. (위 사진에서 빨간 동그라미 부분이 라즈베리파이이며 그 아래 2개의 보드가 아두이노 mega입니다. 입력 출력을 구분없이 하나로 구성하려면 1개의 아두이노 mega만 사용하여도 됩니다. 사진의 모델은 확장성 때문에 아두이노 3개를 탑재하였습니다)

아두이노는 보드의 종류가 다양하지만 로봇의 각종 부품을 컨트롤하기에는 pin 개수가 넉넉한 mega 버전이 적합합니다. 아두이노는 오픈 HW이므로 저렴한 호환보드를 사용하여도 동작에는 무리가 없을 것입니다.

라즈베리파이는, 보다 복잡한 SW 구동(머신러닝이나 딥러닝 lib등)을 하기 위해서 필요합니다. 또한 라즈베리파이3 모델B는 와이파이와 블루투스를 내장하고 있으므로 우리의 로봇에 무선 접속할 때 유용합니다. (자신의 pc에서 라즈베리파이로 원격 접속은 VNC Viewer를 사용합니다) 하지만 라즈베리파이는 32bit 저사양 pc격이므로 너무 높은 성능을 기대하면 안됩니다. (고성능의 사양이 필요할 경우엔 서버를 따로 구축하여 접속하거나 클라우드를 이용하여 처리하도록 합니다)

라즈베리파이는 OS를 선택하여 메모리 카드에 따로 설치하여야 하므로, 관련 사항에 관해서는 아래 공식 사이트를 참조하도록 합니다. (우리는 여러 OS 중 안정성의 이유로 라즈비안을 사용할 것입니다. 라즈비안은 리눅스이므로 일반 리눅스 지식이 있으면 도움이 됩니다)

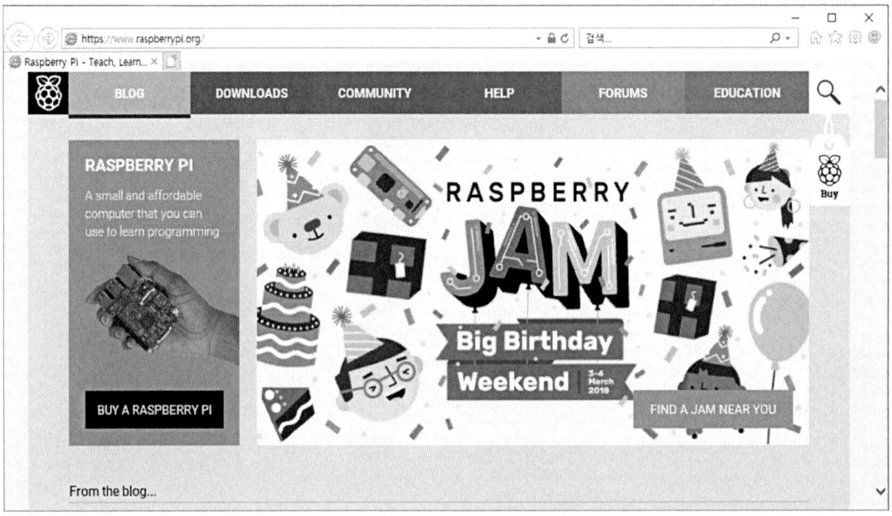

우리가 사용할 대부분의 센서들이 5V 이상의 전압을 사용하므로 (라즈베리파이는 3.3V 센서용이기 때문에) 우리는 주로 아두이노만을 이용하여 입출력 센서와 모터를 제어할 것입니다. 하지만 멀티 쓰레드 등 복잡한 계산이나 복합 로직 처리용으로는 아두이노를 사용할 수 없으므로 이를 위하여 라즈베리파이를 사용합니다.

아두이노에서 센서 제어 코드는 C/C++로 작성하며 이를 위한 개발 SW는 아래 공식 사이트에서 Arduino IDE를 다운받아 설치하도록 합니다. (하지만 Arduino IDE는 아주 기본적인 기능만 탑재하고 있으므로 간단한 테스트 이상을 구현하는 것은 무리이기 때문에, eclipse cpp 버전에 Arduino plugin을 설치하여 사용하도록 합니다. 또한 C/C++ 이외의 언어를 이용하여 아두이노를 제어할 수 있는 기능이 많이 나와 있지만, 여러 환경을 고려했을 때 아직까지는 안정성이 떨어지며 버전업이 느리기 때문에 이는 사용하지 않을 것입니다)

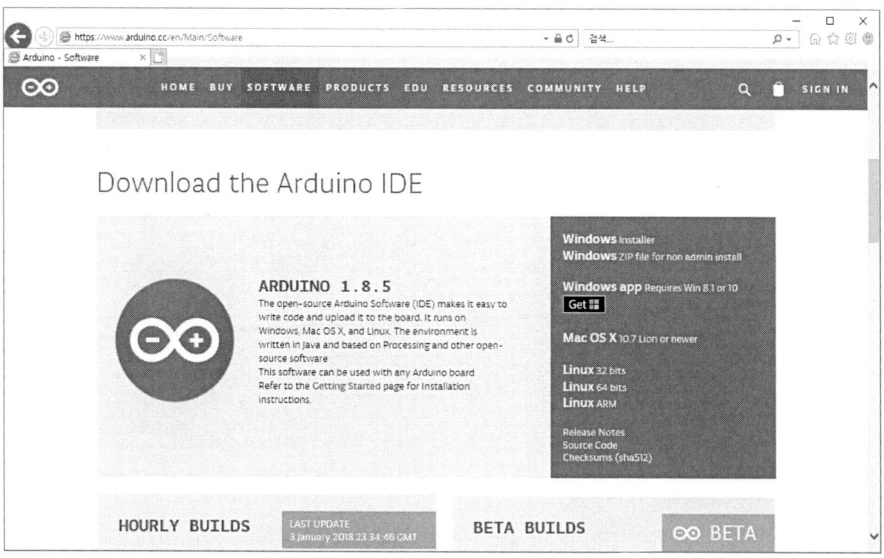

바퀴 프레임은 비용이 1만원 ~ 2만원 안팎으로 바퀴가 4개, 3개, 2개 달린 것 등이 있으며, 각각 장단점이 있습니다.

2개짜리는 전원 공급이 불안할 경우 균형 잡기가 힘이 들고, 3개짜리는 회전은 용이하나 직진하는 것이 어렵습니다. 바퀴 4개짜리는 회전은 어렵지만 자세가 안정적이므로 직진이 수월하고 부품을 탑재하기가 용이하므로 우리는 4개짜리 바퀴 프레임(4륜 구동 프레임)을 사용할 것입니다. (4륜 구동 프레임 중 조향 기능이 있는 제품은 초급자가 조작하기에는 복잡하고 부담스럽기 때문에, 여기에서는 조향 기능 없이 그저 바퀴의 마찰력으로 회전을 하는 가장 단순한 4륜 프레임을 사용하도록 할 것입니다)

바퀴 프레임은 구매 후 아래 사진처럼 직접 조립을 해야 합니다. 조립법은 제품에 동봉된 설명서를 참조하거나 유튜브를 검색하도록 합니다. (바퀴 프레임 구매는 포털 사이트 쇼핑에서 '아두이노 RC카 4륜'으로 검색하여 구매자 평가를 살펴 본 후 적당한 것을 선택하도록 합니다)

보통 제품의 모터와 전선 연결 부분이 납땜이 되어 있지 않으므로, 해당 부분이 떨어지지 않도록 전열 테이프로 감싸 주어야 하며, 또한 모터를 제어하는 드라이버(아래 사진 중 빨간 동그라미 부분)는 포함되어 있지 않으므로 드라이버는 따로 구매를 하여야 합니다.

우리는 저렴하면서도 가성비 좋은 L298N 모터 드라이버를 사용하도록 할 것입니다. L298N 모터 드라이버는 인터넷에 정보가 많이 올라와 있기 때문에 이를 참고하면 되므로, 여기에서는 모터 드라이버 연결시 주의할 점 1가지만 언급하고 넘어가도록 하겠습니다.

먼저 5V 대신 12V로 연결하여야 로봇 몸체를 움직일 만한 모터 출력(토크)을 뽑아낼 수 있다는 것입니다. 그런데 12V 전압을 외부에서 상당시간 공급받으려면 건전지 몇 개 탑재해서는 얼마 버티기 힘들기 때문에, 단순 테스트 용이 아니라면 다른 대책이 필요합니다.

요즘 스마트폰 보조 배터리 중에는 패드 충전도 가능한 12V 출력 겸용인 것이 있으므로 이것을 사용하거나, 아니면 5V 보조 배터리에 12V 전원 승압 케이블을 달아 사용해 볼 수도 있습니다.

하지만 조립 중에 12V를 다른 5V 부품에 잘못 연결하면 순간 고장이 날 수 있으므로 매우 주의하여 하며, 승압 케이블 중 불량품을 사용할 경우엔 합선의 위험이 있으므로 매우 주의하여 구성하여야 합니다. (전원 구성은 매우 까다롭고 복잡한 주제이므로 관련 내용을 충분히 숙지한 후 구성하여야 합니다. 초보자라면 구매처에 사전 문의한 후 사용하도록 합니다)

모터 드라이버의 외부 전선 연결(GND 연결 등)은 다른 것에 비해 까다롭기 때문에, 관련 매뉴얼이나 구매처에 충분히 알아 본 후 진행하여야 시간을 절약할 수 있습니다. (바퀴 4개를 하나의 드라이버로 제어하려면 앞뒤를 하나의 쌍으로 전선을 함께 끼워 넣어야 합니다)

이동하는 로봇을 만들려면 최소한의 센서들과 HW부품이 필요한데, 우리는 최소한으로 5가지 종류, 17개 센서를 부착할 것입니다.

일단 장애물을 감지하려면 (1)초음파 센서가 필요합니다. 그리고 로봇이 추락하지 않으려면 바퀴 앞에 수직으로 (2)적외선 센서를 달아 이를 감지하도록 해야 합니다. 또한 로봇이 너무 구석으로 들어가지 않게 하려면 (3)조도 센서를 달아 어두컴컴한 곳으로 들어가는 것을 사전에 방지하여야 합니다. 그리고 로봇이 어느 정도의 거리를 이동하였는지를 계산하려면 바퀴 회전 수를 셀 수 있도록 바퀴 안쪽에 (4)포토 인터럽트 속도 센서 모듈을 부착하여야 합니다. 마지막으로 로봇 몸체가 쓰러지거나 기우는 것을 감지하기 위해 (5)자이로 가속도 센서를 부착할 것입니다.

비싼 센서들(레이저 스캐너)이 물론 성능은 좋지만 요즘에는 저렴한 센서들도 가성비가 좋으므로, 우리는 일단 이런 센서들을 사용하도록 하겠습니다.

초음파 센서는 HC-SR04, 적외선 센서와 조도 센서는 '아두이노 적외선 센서', '아두이노 CDS 조도 센서', 자이로 가속도 센서는 MPU-0650로 검색하여 저렴한 것 중 사용자 평가가 무난한 사이트를 선택하여 구매합니다. 보통 가격대는 개당 몇 천원을 넘지 않을 것입니다. (참고로 MPU-0650 센서로 수평방향 방위를 알아내는 것은 매우 어렵습니다. 이를 보완하는 MPU-9250라는 센서도 있으나 강한 자기장이 주위에 있으면 이 센서 또한 무용지물이 됩니다. 그런데 로봇은 몸통 자체가 온통 모터와 전자제품 투성이라 자기장이 없을 수가 없습니다. 따라서 현재로서는 어떤 센서 하나로 수평방향 방위를 정확히 알아내는 것은 쉽지 않은 일이므로 우리는 그냥 MPU-0650 센서를 사용하도록 합니다. 하지만 그밖에 방위는 매우 정확한 편입니다. 또한 HC-SR04 초음파 센서는 저렴하긴 하지만 50cm 이내는 그래도 정확한 편이므로 이 정도 범위에서 센서값을 신뢰하도록 합니다. 적외선 센서는 감도 거리도 짧고 값이 싼 만큼 instance별로 신뢰도 차이가 커서 초음파 센서 보조용으로만 사용하도록 합니다. 하지만 CDS 조도 센서는 정확한 편이라 신뢰하고 사용해도 될 정도입니다)

아래 사진 중 앞쪽처럼 HC-SR04 초음파 센서를 3가지 방향으로 감지할 수 있도록 고무줄 등으로 매줍니다. 적외선 센서는 아래 사진 중 바퀴 앞처럼 바퀴 프레임에 수직으로 달아줍니다. (초음파 센서를 방향별로 이처럼 고정시키는 것은 나름 장점이 있는데 이는 센서 회전을 위한 모터가 필요 없어지기 때문입니다. 모터를 달고 이를 사람 목처럼 회전시키는 것은 일견 좋아 보이나 여러 단점이 있습니다. 첫째, 카메라 부착 시 눈이 여러 개인 것처럼 느껴지게 한다는 것과 초음파 센서를 하나만 사용할 경우 real 충돌을 회피하려면 바쁘게 상하좌우로 움직여야 하므로 보는 사람을 정신없게 한다는 것입니다. 우리는 아래 사진처럼 초음파 센서를 세로로 달아서 눈이 여러 개 달린 것 같은 혐오감을 최소화할 것이며, 목 위치에 스마트폰이나 패드를 달아 거기에 있는 카메라로 상황을 인식할 수 있도록 배치할 것입니다)

센서 부착시 주의할 점이 몇가지 있는데, 접촉면이 쇠일 경우 센서 몸체와 합선이 될 수 있으므로 와셔를 중간에 대주어야 한다는 점과, 부착 부품들은 바퀴 프레임에 포함되어 있지 않으므로 각자 준비해야 한다는 점입니다.

부착 도구는 3mm 짜리 볼트 너트, 검은색 고무줄과 사각 꺽쇠 등이 유용합니다. 인터넷 철물점이나 바퀴 프레임 구매처에서 함께 판매하는지 알아보고 적당한 것을 고르도록 합니다. 부착 도구로 레고 같은 장난감이 요긴하기 쓰일 때가 있으므로 참고하도록 합니다. (부착 부품들이 의외로 너무 없다는 것을 알면 좀 당황스러울 때가 있을 것입니다)

'포토 인터럽트 속도 센서'는 위 사진의 동그라미 부분처럼 바퀴 안쪽의 작은 바퀴의 틈새가 몇 번 지나치는지 카운트하는 센서입니다. 보통 한바퀴에 20개 정도 구멍이 있으므로 20가 지나치면(이때 센서값을 읽으면 토글이 됨) 바퀴 지름(대략 6.4cm * 3.14) 만큼 로봇이 이동하였다고 보면 됩니다. 그러나 실전에는 바퀴가 헛도는 경우도 많고 좌우가 따로 노는 경우가 많으므로 이를 감안하여 고려하여야 하며, 게다가 앞뒤 구멍을 구분하지 못하므로 이것까지 고려하면 로봇 이동 거리를 정확히 계산하는 것이 만만한 작업이 아님을 알 수 있습니다.

하지만 그럼에도 불구하고 각 모터간의 스피드 차이나 실제 모터가 움직였는지 여부등을 파악하려면 이 센서가 필수적이므로 반드시 4짝 모두 부착을 하여 모니터링을 하여야 합니다. (바퀴의 회전수가 빠르면 허공에서 초당 20번을 거뜬히 넘기므로 이는 50ms초 보다 빠른 단위입니다. 따라서 이것을 정확히 카운트하려면 아두이노에서 delay 함수를 이보다 길게 사용할 경우 카운팅 계산이 힘들어 진다는 것을 알고 있어야 합니다. 그러므로 초음파 센서 lib등을 사용할 경우 이는 문제가 될 수 있으므로, 본 모델에서는 아두이노 하나를 speed 카운팅 전용으로 할당하여 아두이노가 3개가 된 것입니다)

센서 부착이 마무리가 되었으면 스마트폰 거치대를 로봇 목 위치에 놓고, 집에 있는 안 쓰는 스마트폰이나 패드를 아래 사진처럼 로봇 상단에 배치합니다. 이것과의 통신은 라즈베리파이로 하며 블루투스 보다는 확장성을 위해 와이파이를 이용하도록 합니다.

스마트폰에는 많은 전자 부품들이 있으므로 이것을 적극 활용하면 많은 부품 비용을 절약할 수 있습니다.

먼저 스마트폰에는 성능 좋은 마이크와 스피커, 카메라가 있으며 화면을 표시할 수 있는 고화질의 액정이 있습니다. 또한 사용자 input을 받을 수 있는 터치 스크린과 자이로스코프 센서, GPS 센서, 와이파이 모듈, 그리고 메모리 카드 등 활용할 부품들이 매우 많습니다.

게다가 음성 합성등 여러 lib를 손쉽게 이용할 수 있는 인프라가 이미 구축되어 있으므로 이를 적극 이용한다면 가성비 좋은 AI 로봇을 만들 수 있습니다. 이들 부품을 별도로 구매하여 아두이노에 부착하려 한다면 비용이 상당할 것입니다.

따라서 우리의 반려봇도 스마트폰(또는 패드)을 탑재하도록 하겠습니다. 집에서 안 쓰는 폰이 있다면 부착하거나, 없다면 친구나 친척한테 구형 폰을 잠시 빌리도록 합니다.

스마트폰으로 할 수 있는 일은 부품만 있다면 라즈베리파이도 대부분 할 수 있으므로, 음성합성을 위해 소형 스피커 하나만 아래 사진처럼 라즈베리파이에 하나 달아 주도록 하겠습니다. (스피커를 부착할 공간이 협소하므로 하얀 바구니를 달고 그 안에 집어 넣었습니다)

라즈베리파이에서 음성 합성을 하여 실제 말을 하도록 하려면 여러 가지 방법이 있지만, 회원가입이 필요없이 가장 간단한 방법은 다음과 같이 Google gTTS를 설치하는 것입니다.

sudo pip install gTTS

그리고 아래 화면처럼 파이썬으로 test.py를 작성하여 구동하면 스피커로 말이 나오게 됩니다.

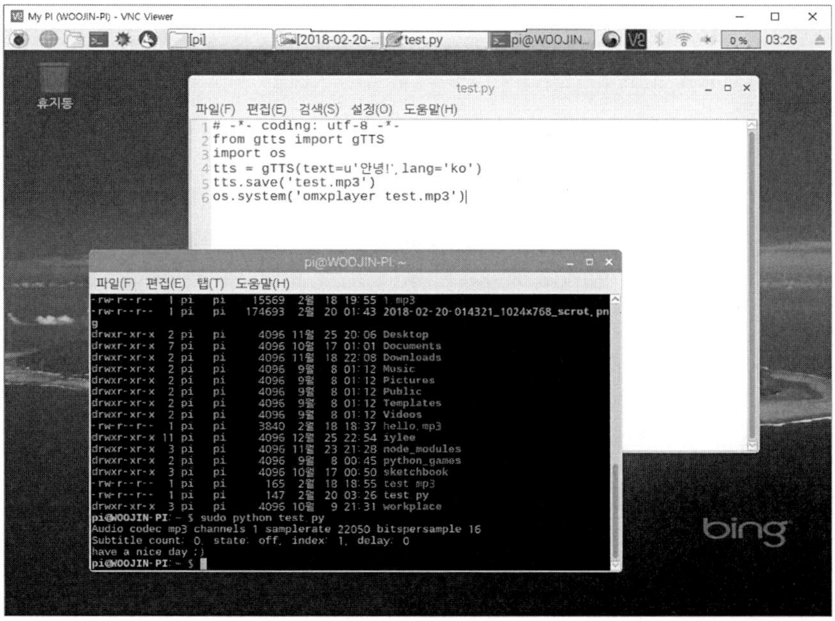

위 text 변수에 여러 가지 다른 말을 작성하여 테스트 해보도록 합니다. (안드로이드 폰에서는 mp3로 저장없이 java로 더 수월하게 코드를 작성할 수 있으므로 나중에 더 테스트 해 보도록 합니다)

HW 부착과 구성이 어느 정도 마무리 되었으면 라즈베리파이에 다음과 같이 머신러닝 lib와 딥러닝 lib를 설치하도록 합니다.

설치 순서는 numpy > scipy > scikit-learn > theano > keras 순입니다. scikit-learn은 유명한 머신러닝 lib이며 keras는 사용하기 편한 딥러닝 lib이고 theano는 keras의 딥러닝 엔진입니다. (설치 중 더 필요한 사항은 관련 사이트를 방문하여 참고하도록 합니다)

요즘엔 keras 백엔드로 google의 텐서플로우를 많이 사용하지만 라즈베리파이는 64비트가 아닌 32비트 저사양 hw이므로 (theano는 더 이상의 update가 중단되었지만) keras의 백엔드로 theano를 설정하였습니다.

속도나 성능이 중요한 경우엔 서버를 별도로 구축하여 원격 호출하거나 클라우드를 활용하도록 하고, 라즈베리파이에서는 기본적인 사전 처리만 담당하도록 구성합니다.

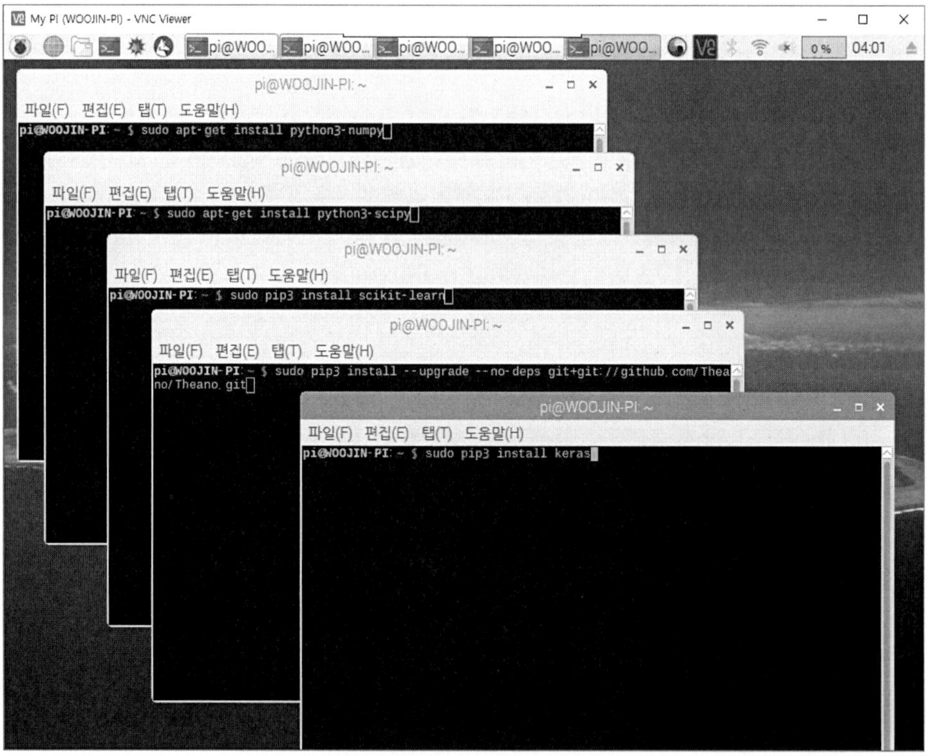

keras 세부 설정은 다음 공식 사이트를 참조합니다.

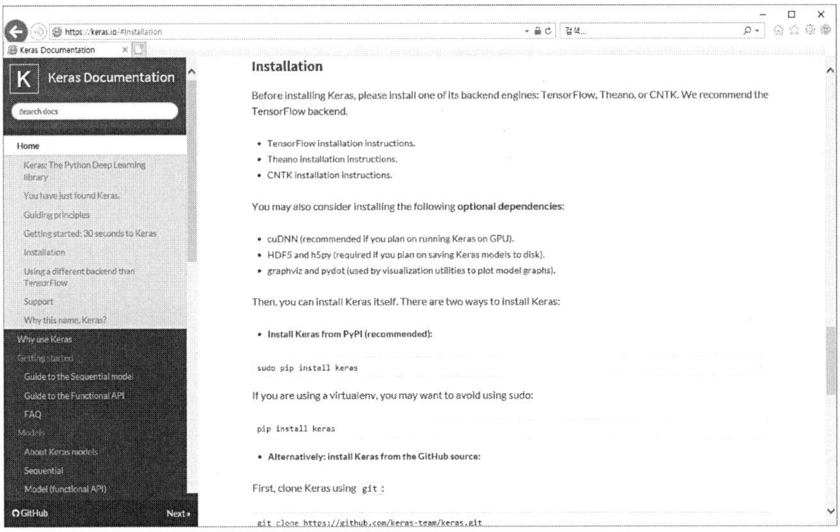

설치가 모두 완료되었으면 아래 사이트를 참조하여 scikit-learn 예제를 라즈베리파이에서 돌려 봅니다.

(xgboost도 정확성이 좋으므로 참고하도록 합니다. https://github.com/dmlc/xgboost 참고)

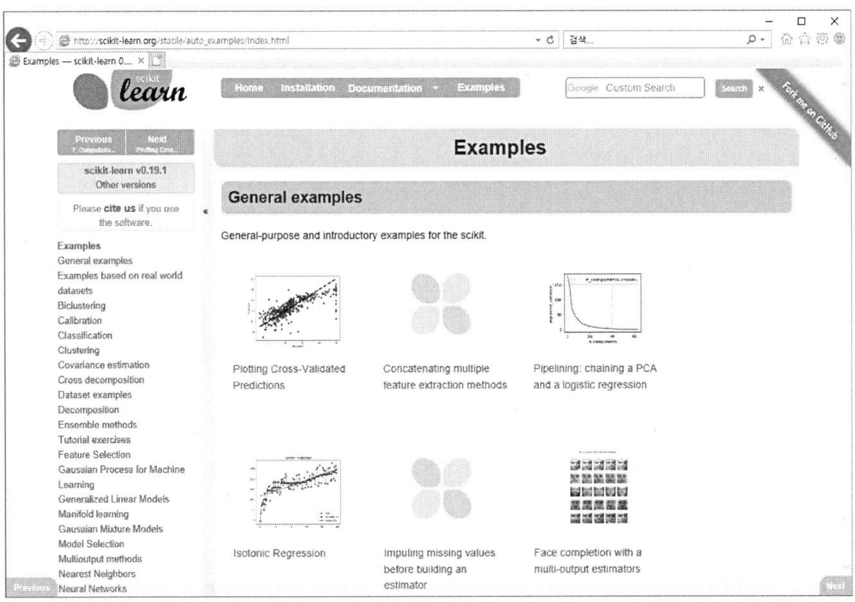

여기까지 설치가 되었으면 라즈베리파이와 아두이노 사이에 통신만 설정하면 됩니다. 이것은 Pi4J를 다운받아 설정합니다. 아래는 공식 사이트입니다.

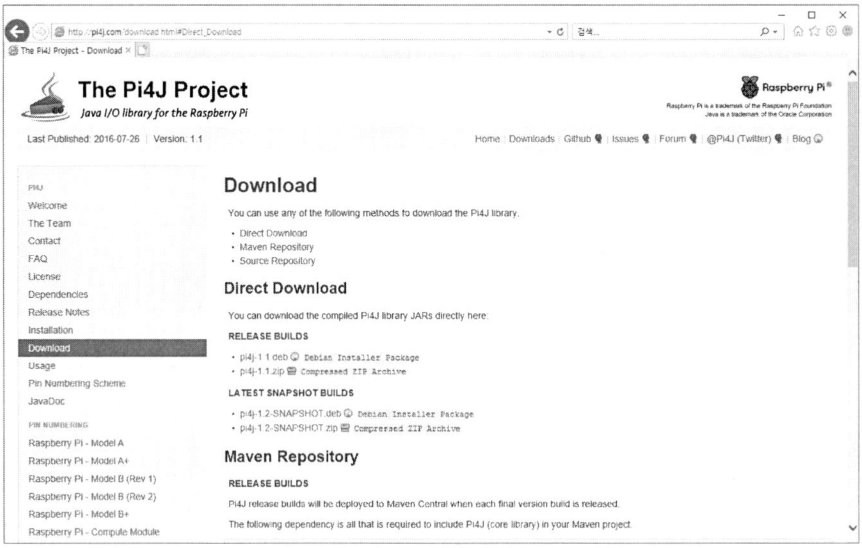

Pi4J 예제 중에 SerialExample을 찾아 수정하면 아두이노와 통신할 수 있습니다.

(Pi4J는 java 프로그래밍입니다. 추후 안드로이드폰과의 연계까지 고려한다면 이 방면은 java가 편리하고 확장성이 좋다고 할 수 있습니다)

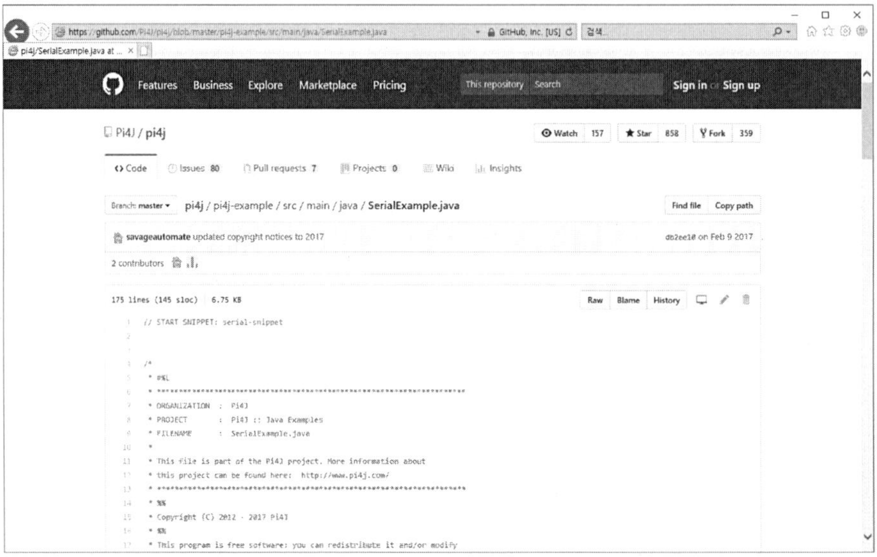

이제부터는 아두이노에서 센서값을 읽어서 라즈베리파이가 요청할 경우 그쪽으로 보내주기만 하면 됩니다. (아두이노는 여러대를 한 대로 연결하여 라즈베리파이와의 연결은 1개의 아두이노가 전담하도록 합니다. 아두이노 mega는 HW 시리얼 통신을 여러개 맺을 수 있도록 pin이 몇 개 더 있으므로 이 경우 편리합니다)

아두이노에서 초음파 센서를 읽는 코드를 작성하기 전에 이클립스 공식 사이트에서 Eclipse IDE for C/C++ Developers 버전을 다운받아 설치합니다.

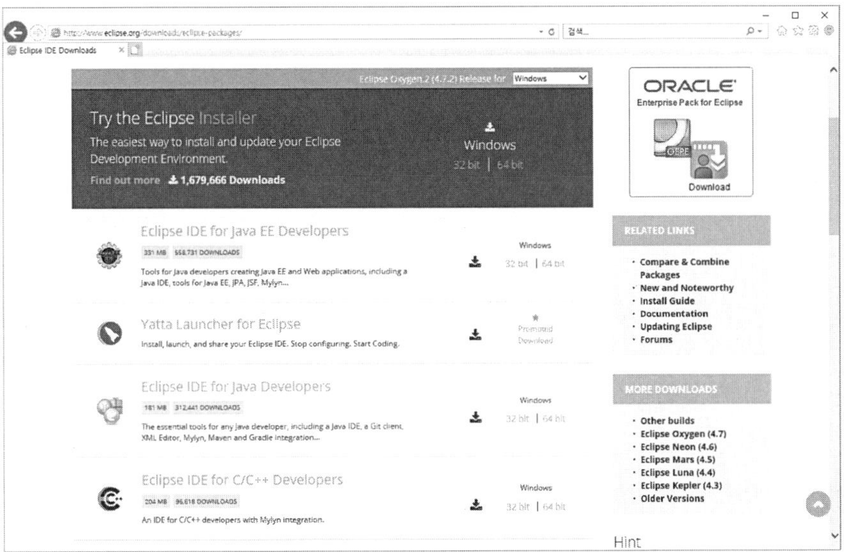

그 다음 이클립스 구동 후 Help>Eclipse Marketplace를 띄워 arduino로 검색합니다.

(맨위의 Sloeber Arduino plugin을 설치합니다)

그러면 다음처럼 아이콘에 파란색 Arduino 아이콘들이 생기며 Arduino IDE처럼 사용할 수 있습니다. 또한 우측 마우스를 누르고 New>Arduino Sketch를 선택하면 아두이노 코드를 이클립스 내에서 작성할 수 있습니다.

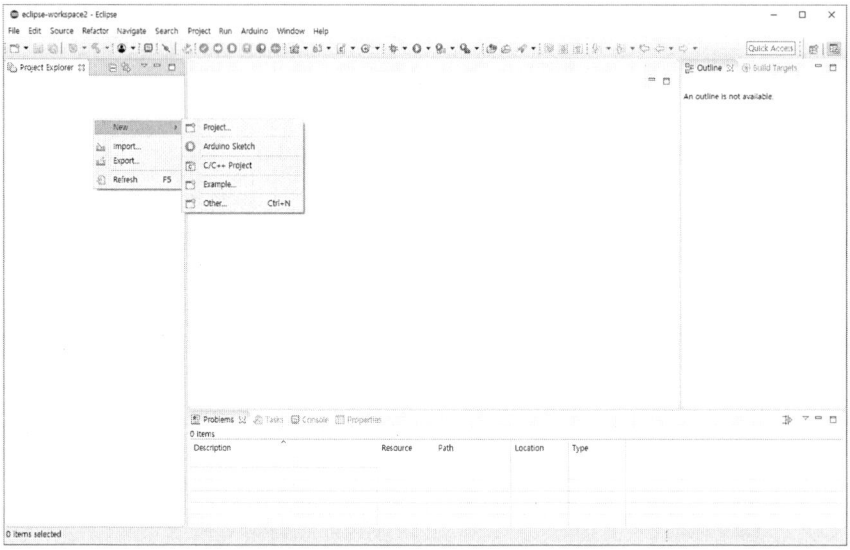

하지만 이클립스 IDE는 단점이 하나 있는데 시리얼 모니터창이 자동 스크롤이 안되므로, 시리얼 모니터창은 그냥 기존 Arduino IDE에서 눌러서 보도록 합니다.

다음은 아두이노에서 초음파 센서로 장애물 감지를 하고 적외선 센서로 평지 여부를 확인하는 코드(조도 센서로는 빛을 감지)입니다. (Serial객체를 Serial1이나 Serial2로 변경하면 해당하는 다른 아두이노로 값이 전송됩니다. 또한 이 아두이노와 라즈베리파이가 USB 케이블로 직접 연결되어 있다면 바로 그 값이 라즈베리파이로 전송됩니다. 라즈베리파이에서는 Pi4J로 읽으면 됩니다)

```
#include "Arduino.h"

#include <NewPing.h>

const int trigPin1 = 42;  //down
const int echoPin1 = 43;

const int trigPin2 = trigPin1 + 2;  //front
const int echoPin2 = echoPin1 + 2;

const int trigPin3 = trigPin2 + 2;  //right
const int echoPin3 = echoPin2 + 2;

const int trigPin4 = trigPin3 + 2;  //left
const int echoPin4 = echoPin3 + 2;
```

```
const int trigPin5 = trigPin4 + 2;  //back
const int echoPin5 = echoPin4 + 2;

NewPing sonar1(trigPin1, echoPin1);
NewPing sonar2(trigPin2, echoPin2);
NewPing sonar3(trigPin3, echoPin3);
NewPing sonar4(trigPin4, echoPin4);
NewPing sonar5(trigPin5, echoPin5);

const int front_left_IR = 34;  //front_left_IR
const int front_right_IR = 35;  //front_right_IR
const int front_left_light = 36;  //front_left_light
const int front_right_light = 37;  //front_right_light
const int back_left_IR = 38;  //back_left_IR
const int back_right_IR = 39;  //back_right_IR

void setup()
{
            pinMode(front_left_IR,INPUT);
            pinMode(front_right_IR,INPUT);
            pinMode(front_left_light,INPUT);
            pinMode(front_right_light,INPUT);
            pinMode(back_left_IR,INPUT);
            pinMode(back_right_IR,INPUT);

    Serial.begin(115200);     //시리얼 초기화
    Serial.println("mega connected");
}

void loop()
{
  int distance = -1;

  Serial.println("");
  Serial.println("===============================");

  distance = sonar2.ping_cm();
  Serial.print(" front:");
  Serial.print(distance);
  Serial.println("cm");

  distance = sonar4.ping_cm();
  Serial.print(" left:");
  Serial.print(distance);
  Serial.println("cm");

  distance = sonar3.ping_cm();
  Serial.print(" right:");
  Serial.print(distance);
  Serial.println("cm");

  distance = sonar1.ping_cm();
```

```
Serial.print(" down:");
Serial.print(distance);
Serial.println("cm");

distance = sonar5.ping_cm();
Serial.print(" back:");
Serial.print(distance);
Serial.println("cm");

Serial.println("=========================");

int value = -1;

value = digitalRead(front_left_IR);
Serial.print(" front_left_IR:");
if(value == 1){
            Serial.println("OFF");
}else{
            Serial.println("ON");
}

value = digitalRead(front_right_IR);
Serial.print(" front_right_IR:");
if(value == 1){
            Serial.println("OFF");
}else{
            Serial.println("ON");
}

value = digitalRead(back_left_IR);
Serial.print(" back_left_IR:");
if(value == 1){
            Serial.println("OFF");
}else{
            Serial.println("ON");
}

value = digitalRead(back_right_IR);
Serial.print(" back_right_IR:");
if(value == 1){
            Serial.println("OFF");
}else{
            Serial.println("ON");
}

value = digitalRead(front_left_light);
Serial.print(" front_left_light:");
if(value == 1){
            Serial.println("OFF");
}else{
            Serial.println("ON");
}
```

```
  value = digitalRead(front_right_light);
  Serial.print(" front_right_light:");
  if(value == 1){
                Serial.println("OFF");
  }else{
                Serial.println("ON");
  }

  delay(300);
}
```

아두이노에서 모터 구동 코드는 다음과 같습니다.

```
#include "Arduino.h"

//#define myAI_main Serial2
#define myAI_main Serial

// motor left
int enL = 2;
int inL1 = 30;
int inL2 = 31;

// motor right
int enR = 3;
int inR1 = 32;
int inR2 = 33;

unsigned long beginTime_ms;
unsigned long pastMilliSeconds;

unsigned long curTime_main_ms;
unsigned long preTime_main_ms;

unsigned long curTime_mega_ms;

int serial_time_out = 100;

unsigned long moveInterval_ms;

boolean mForwardFlag_pre = false;
int mSpeed_left_pre = -1;
int mSpeed_right_pre = -1;
int mSkipCount = 0;

void setup()
{
            beginTime_ms = millis();
```

```
        myAI_main.begin(115200);
        myAI_main.setTimeout(serial_time_out);

        pinMode(enL, OUTPUT);
        pinMode(inL1, OUTPUT);
        pinMode(inL2, OUTPUT);

        pinMode(enR, OUTPUT);
        pinMode(inR1, OUTPUT);
        pinMode(inR2, OUTPUT);

        preTime_main_ms = beginTime_ms;

        moveInterval_ms = 1000;
}

void loop()
{
        curTime_main_ms = millis();

        if(curTime_main_ms - preTime_main_ms >= moveInterval_ms){
                moveByCommand();
                preTime_main_ms = curTime_main_ms;
                return;
        }
}

void moveByCommand(){

        curTime_mega_ms = millis();

        if (myAI_main.available() > 0) {

                String str;

                str = myAI_main.readString();

                myAI_main.print("[move]");
                myAI_main.print(curTime_mega_ms);
                myAI_main.print(":");
                myAI_main.println(str);   //response

                if(str.indexOf("stop") != -1){
                        initApp();
                        stopAll();
                        return;
                }

                if(str.length() != 9){
                        stopAll();
                        return;
                }
```

```
//ex) F055_F060 (direction_leftSpeed_direction_rightSpeed)
String direction_left = str.substring(0, 0 + 1); //F(forward),B(backward)
String strSpeed_left = str.substring(3, 3 + 1);  //0 is stop

String direction_right = str.substring(5, 5 + 1);
String strSpeed_right = str.substring(8, 8 + 1);

int speed_left = strSpeed_left.toInt();
int speed_right = strSpeed_right.toInt();

if(str.charAt(1) != '0'){
        speed_left += (str.substring(1, 1 + 1).toInt() * 100);
}
if(str.charAt(2) != '0'){
        speed_left += (str.substring(2, 2 + 1).toInt() * 10);
}

if(str.charAt(6) != '0'){
        speed_right += (str.substring(6, 6 + 1).toInt() * 100);
}
if(str.charAt(7) != '0'){
        speed_right += (str.substring(7, 7 + 1).toInt() * 10);
}

boolean forwardFlag_left = true;
boolean forwardFlag_right = true;

if(direction_left.equals("B")){
        forwardFlag_left = false;
}
if(direction_right.equals("B")){
        forwardFlag_right = false;
}

myAI_main.print("[move_out]:[");
myAI_main.print(direction_left);
myAI_main.print("_");
myAI_main.print(speed_left);
myAI_main.print("_");
myAI_main.print(direction_right);
myAI_main.print("_");
myAI_main.print(speed_right);
myAI_main.println("]");

if(speed_left > 0 && speed_right > 0){
        if(forwardFlag_left == forwardFlag_right){
                loop_all(forwardFlag_right, speed_left, speed_right);
        }else{
                move_left(forwardFlag_left, speed_left);
                move_right(forwardFlag_right, speed_right);
        }
```

```
                }else if(speed_left > 0 && speed_right == 0){
                        stopOne(enR, inR1, inR2);

                        move_left(forwardFlag_left, speed_left);
                }else if(speed_left == 0 && speed_right > 0){
                        stopOne(enL, inL1, inL2);

                        move_right(forwardFlag_right, speed_right);
                }else{
                        stopAll();
                }

                mSpeed_left_pre = speed_left;
                mSpeed_right_pre = speed_right;
                mForwardFlag_pre = forwardFlag_right;

        }else{
                stopAll();
        }
}

//==========================================
void initApp(){
        mForwardFlag_pre = false;
        mSpeed_left_pre = -1;
        mSpeed_right_pre = -1;
}

void stopAll(){
        digitalWrite(inL1, LOW);
        digitalWrite(inL2, LOW);

        digitalWrite(inR1, LOW);
        digitalWrite(inR2, LOW);

        analogWrite(enL, 0);
        analogWrite(enR, 0);

        myAI_main.println("[move_out]:[stopAll]");
}

void stopOne(int en, int one, int two){
        digitalWrite(one, LOW);
        digitalWrite(two, LOW);

        analogWrite(en, 0);
}

//==========================================
void move_left(boolean forwardFlag, int speed){
        if(forwardFlag){
                digitalWrite(inL1, HIGH);
```

```
			digitalWrite(inL2, HIGH);
		}else{
			digitalWrite(inL1, HIGH);
			digitalWrite(inL2, LOW);
		}

		analogWrite(enL, speed);
}

void move_right(boolean forwardFlag, int speed){
		if(forwardFlag){
			digitalWrite(inR1, HIGH);
			digitalWrite(inR2, HIGH);
		}else{
			digitalWrite(inR1, HIGH);
			digitalWrite(inR2, LOW);
		}

		analogWrite(enR, speed);
}

void loop_all(boolean forwardFlag, int speedLeft, int speedRight)
{
		move_left(forwardFlag, speedLeft);
		move_right(forwardFlag, speedRight);

		myAI_main.println("[move_out]:[loop_all]");
}
```

모터 구동시 HIGH, LOW 값은 전선 연결 상태에 따라 다르므로 자신의 연결선에 맞게 적당히 수정하도록 합니다. 최소 moveInterval_ms 시간 동안은 모터 구동을 보장하며, 모터 구동 명령은 시리얼 통신으로 다음과 같은 형태로 명령이 온다고 가정합니다. (이것은 자신이 정하기 나름입니다. 명령에 지속 시간 등을 추가해보도록 합니다)

F055_F060

모두 9자이며 (direction + leftSpeed + '_' + direction + rightSpeed) 형태라고 가정합니다. 명령 문자열 파싱하는 부분은 각자 선호하는 방식(json 등)으로 변경하도록 합니다. 속도는 대부분 50 이상 숫자를 주어야 PWM pin 사용시 모터가 구동되나 각자 테스트 해보도록 합니다.

이상으로 기본적인 아두이노 코드를 살펴 보았습니다. 이것을 이용하면 라즈베리파이에서 문자열로 모터 구동 명령을 아두이노에게 보내거나 아두이노로부터 센서 입력값을 읽어들여 라즈베리파이에서 상황을 판단할 수 있습니다.

그렇다면 라즈베리파이에서 다음 진행을 하는 로직은,

이들 정보를 바탕으로 머신러닝을 돌린다거나 스마트폰 카메라와 연동 후 값을 받아 openCV로 분석한 후 딥러닝으로 지도를 구성(학습)하는 로직을 진행 할 수 있을 것입니다.

지면 관계상 실습 예제는 이 정도(아주 기초적인 것)에서 마무리하겠지만, 나머지 부분은 각자 완성해 보도록 한다면 본인의 AI 구현 능력에 상당한 도움이 될 것입니다. 또한 스마트폰에서 유니티(Unity)와 연계 후 Unity의 물리 엔진과 실제 센서값과의 차이를 비교하여 상황을 판단하는 로직을 추가할 수도 있을 것입니다. (이 밖에 다양한 AI 코딩와 관련 수학을 연구해 보면 좋은 아이디어들이 많이 떠오를 것입니다)

그러나 이전에도 잠시 언급했던 것처럼 이 모든 것을 바탕으로 '욕구 시스템'을 설계할 수 있어야 진정한 AI를 만들 수 있다는 것을 알아야 하겠습니다.

너도 나도 따라할 수 있는 **인공지능 입문**

초판발행 2018년 2월 28일

지은이 민조홍
펴낸이 오판근
펴낸곳 (주) 교우
주 소 서울시 동대문구 약령시로 8 교우빌딩 2층 (주)교우
전 화 02-925-2861 / **팩 스** 02-925-2860, **편집부** 02-925-2825
홈페이지&북스토어 www.kyowoo.co.kr / **이메일** kyowoo@kyowoo.co.kr

등 록 1994년 3월 24일 제1994-000013호
ISBN 979-11-251-0237-3 (93560)

Published by Kyowoo Co., Ltd. Printed in Korea

(주) 교우는 보다 혁신적이고 참신한 도서를 다양하게 기획하고 있습니다.
책으로 펴내고자 하는 아이디어나 원고는 메일로 보내주세요.
(주) 교우는 전과정을 책임지고 최선을 다하겠습니다.

값 15,000원

교우미디어는 (주) 교우의 Imprint 사입니다.
수학정원·과학정원은 (주) 교우의 새로운 브랜드명입니다.

잘못된 책은 구입하신 서점에서 교환해 드립니다.